Dingliche Nutzungsrechte an fremden Grundstücken
im russischen Recht

STUDIEN DES INSTITUTS FÜR OSTRECHT MÜNCHEN

IOR

Begründet von Professor Dr. Reinhart Maurach
Herausgegeben von Professor Dr. Friedrich-Christian Schroeder,
Dr. h.c. (Breslau), Regensburg

Band 67

PETER LANG
Frankfurt am Main · Berlin · Bern · Bruxelles · New York · Oxford · Wien

Matthias Farian

Dingliche Nutzungsrechte an fremden Grundstücken im russischen Recht

PETER LANG
Internationaler Verlag der Wissenschaften

Bibliografische Information der Deutschen Nationalbibliothek
Die Deutsche Nationalbibliothek verzeichnet diese Publikation in der Deutschen Nationalbibliografie; detaillierte bibliografische Daten sind im Internet über http://dnb.d-nb.de abrufbar.

Zugl.: Regensburg, Univ., Diss., 2010

Umschlaggestaltung:
Olaf Glöckler, Atelier Platen, Friedberg

Gedruckt auf alterungsbeständigem,
säurefreiem Papier.

D 355
ISSN 0073-8492
ISBN 978-3-631-60943-9

www.peterlang.de

Vorwort

Das Grundstücksrecht der Russischen Föderation ist auf Grund seiner historischen Entwicklung in einem noch frühen Stadium seiner gesetzgeberischen Ausgestaltung. Erst nach dem Zusammenbruch der Sowjetunion wurde das Privateigentum an Grund und Boden (wieder) eingeführt. In diesem Zusammenhang sind die verschiedenen Möglichkeiten schuldrechtlicher und dinglicher Nutzung von Grundstücken vor dem Hintergrund wirtschaftlicher Immobilieninvestitionen von besonderem Interesse.

Die vorliegende Arbeit widmet sich in diesem Bereich der Darstellung der dinglichen Nutzungsrechte an fremden Grundstücken.

Die Arbeit wurde im Wintersemester 2009/2010 von der Juristischen Fakultät der Universität Regensburg als Dissertation angenommen. Sie befindet sich auf dem Stand von November 2009. Einzelne Änderungen im Bezug auf die Gesetzgebung konnten bis Mai 2010 berücksichtigt werden.

Zuerst und vor allem möchte ich mich bei meinem Doktorvater Herrn Prof. Dr. Dr. h.c. Friedrich-Christian Schroeder für die Betreuung der Arbeit und Einräumung größtmöglichen wissenschaftlichen Freiraums bedanken. Herrn Prof. Dr. Martin Löhnig danke ich für die Erstellung des Zweitgutachtens.

Mein Dank gilt schließlich Prof. Dr. Evgeny Suchanov von der Staatlichen Universität Lomonosov Moskau und seinem Schüler Dr. Evgeny Samylov, welche mich während meiner Forschungsaufenthalte in Moskau bei Literaturrecherche und Diskussion begleitet haben.

Letztlich gilt mein Dank meiner Familie und meinen Freunden, die mich immer wieder ermutigt und unterstützt haben.

München, im Juni 2010

Matthias Farian

Inhaltsverzeichnis

Abkürzungsverzeichnis

a.A.	anderer Ansicht
a. F.	alte Fassung
Abs.	Absatz
AGP	Arbitražnyj i graždanski process
AP	Arbitražnaja Praktika
Art.	Artikel
AS	Arbitražnye Spory
B-A	Biznes-Advokat
BGB	Bürgerliches Gesetzbuch der Bundesrepublik Deutschland
BGH	Bundesgerichtshof
BGHZ	Entscheidungen des Bundesgerichtshofs in Zivilsachen
BMJu RF	Bjulleten' Ministerstva Justicii RF
BNP	Bjulleten' notarial'noj praktiki
BVS RF	Bjulleten' Verchovnogo Suda RF
ChiP	Chozjajstvo i Pravo
ChiP-P	Chozjajstvo i Pravo – Priloženie
DNotZ	Deutsche Notar-Zeitschrift
DP	Drevnee Pravo
ĖP	Ėkologičeskoe Pravo
ĖP DVR	Ėkonomičeskoe pravosudie na Dal'nem Vostoke Rossii
GiP	Gosudarstvo i Pravo
GP	Graždanskoe Pravo
GriP	Graždanin i Pravo
GRURInt	Gewerblicher Rechtsschutz und Urheberrecht Internationaler Teil
h.M.	herrschende Meinung
ICIK SSSR i VCIK	Izvestija Central'nogo Ispolnitel'nogo Komiteta i Vserossiskogo Central'nogo Ispolnitel'nogo Komiteta
i.H.v.	in Höhe von
i.S.d.	im Sinne des
i.V.m.	in Verbindung mit
JOR	Jahrbuch für Ostrecht
KJ	Korporativnyj Jurist
m.w.N.	mit weiteren Nachweisen
NJW	Neue Juristische Wochenschrift
NP	Nasledstvennoe Pravo
PiĖ	Pravo i Ėkonomika
PiP	Pravo i Politika
Pkt.	Punkt
PVN	Pravovye Voprosy Nedvižimosti
RCEEL	Review of Central and East European Law
RF	Russische Föderation, Russian Federation
RG	Rossiskaja Gazeta
RIW	Recht der internationalen Wirtschaft
RJu	Rossiskaja Justicija
ROW	Recht in Ost und West

RSFSR	Russische Sozialistische Föderative Sowjetrepublik (bzw. seit Art. 13 der Verfassung der UdSSR v. 1936: Russische Sowjetische Föderative Sozialistische Republik)
SA PiP RF	Sobranie aktov Prezidenta i Pravitel'stva RF
SgiP	Sovetskoe Gosudarstvo i Pravo
SP RSFSR	Sobranie Postanovleni i rasporjaženi Soveta Ministrov RSFSR
SP SSSR	Sobranie Postanovleni Pravitel'stva SSSR
SSSR	Sojuz Sovetskich Sozialističeskich Respublik
SU RSFSR	Sobranie Uzakoneni i Rasporjaženi rabočego i krest'janskogo pravitel'stva RSFSR
SZ RF	Sobranie Zakonodatel'stva RF
SZ SSSR	Sobranie Zakonodatel'stva SSSR
UdSSR	Union der Sozialistischen Sowjetrepubliken
VerfRF	Verfassung der RF
VGP	Vestnik Graždanskogo Prava
VKS RF	Vestnik Konstitucionnogo Suda RF
VMPM	Vestnik Mèra i Pravitel'stva Moskvy
VMU Pravo	Vestnik Moskovskogo Universiteta Pravo
VSND i VS SSSR	Vedomosti S''eszda Narodnych Deputatov SSSR i Verchovnogo Soveta SSSR
VSND i VS RSFSR	Vedomosti S''eszda Narodnych Deputatov SSSR i Verchovnogo Soveta RSFSR
VSND i VS RF	Vedomosti S''eszda Narodnych Deputatov i Verchovnogo Soveta RF
VVAS RF	Vestnik Vysšego Arbitražnogo Suda RF
VVS RSFSR	Vedomossti Verchovnogo Soveta RSFSR
VVS SSSR	Vedomossti Verchovnogo Soveta SSSR
WGO-MfOR	Die wichtigsten Gesetzgebungsakte in den Ländern Ost-, Südosteuropas und in den ostasiatischen Volksdemokratien, Monatshefte für Osteuropäisches Recht
WiRO	Wirtschaft und Recht in Osteuropa
ZfOR	Zeitschrift für Ostrecht
ZiĖ	Zakonodatel'stvo i Ėkonomika
ZR	Zakony Rossii: opyt, analiz, praktika
ZStW	Zeitschrift für die gesamte Strafrechtswissenschaft
ŽP	Žiliščnoe Pravo
ŽRP	Žurnal Rossiskogo Prava

Anmerkung:
Über dieses Abkürzungsverzeichnis hinaus sei verwiesen auf *Kirchner*, Abkürzungsverzeichnis der Rechtssprache, 6. Auflage 2008.

Einführung

Der Umstrukturierung des Grundstücksrechts kommt im Wege der marktwirtschaftlich orientierten Umgestaltung der Rechtsordnung Russlands ein ganz besonderer Stellenwert zu. Diese Umstrukturierung muss die Stabilität und Transparenz der Vermögensverhältnisse, die Sicherheit der Immobiliengeschäfte und das Vertrauen der Gläubiger in die Richtigkeit und Vollständigkeit des Grundbuchs schaffen. Je verlässlicher und sicherer der russische Immobilienmarkt wird, desto mehr werden Investoren und Banken bereit sein, ihr Kapital in Liegenschaften zu investieren.[1]

Das russische Grundstücksrecht kennt neben den Rechtsinstituten Eigentum und Pacht noch verschiedene beschränkt dingliche Rechte: Das Recht der ständigen (unbefristeten) Nutzung, das Recht auf Erbgrundbesitz auf Lebenszeit und die Grunddienstbarkeit (Servitut). Insbesondere die beiden erstgenannten Rechte stellen eine Besonderheit des russischen Grundstücksrechts dar. Anderen europäischen Rechtsordnungen sind sie nicht bekannt. Daraus ergibt sich ein besonderes Interesse an einer Untersuchung dieser Rechtsinstitute, führen sie regelmäßig auch zu Misstrauen ausländischer Investoren vor ihrem Eintritt in den russischen Immobilienmarkt.

Aus der Tatsache, dass das russische Recht Privateigentum an Gebäuden, Bauwerken und anderen Anlagen anerkennt, entspringt zwangsläufig die Notwendigkeit, zumindest bestimmte beschränkt dingliche Rechte an den Grundstücken, auf denen diese Gebäude stehen, anzuerkennen.[2] Besondere Bedeutung kommt diesen Rechten deshalb zu, weil eine Vielzahl von Gebäuden in Privateigentum liegt, während sich das Grundstück in öffentlichem Eigentum oder im Privateigentum einer anderen Person befindet.[3]

Die vorliegende Arbeit widmet sich diesen beschränkt dinglichen Rechten und stellt sie im Einzelnen vor. Hierbei gilt es aufzuzeigen, welche Funktion diese Rechte haben, inwieweit sie erworben werden können und zu welchen Zwecken sie eingesetzt werden können. Neben der Darstellung der Grundstrukturen wird auf gängige Gestaltungen und praktische Erscheinungsformen eingegangen.

Letztlich wird die Rechtstellung von ausländischen Personen zu untersuchen sein. Von Interesse sind dabei die Möglichkeiten eines ausländischen Investors, ein Grundstück in Russland zu nutzen, ohne dessen Eigentümer zu werden.

Im Fokus der Arbeit liegen die beschränkt dinglichen Nutzungsrechte an einem fremden Grundstück.

---

1 Die Schaffung eines funktionsfähigen Immobilienmarktes mit einer entwickelten Infrastruktur ist von der russischen Regierung als eine der wichtigsten Aufgaben bestimmt worden, weil sie direkt das unternehmerische Klima und damit die Investitionsfreudigkeit beeinflusst; vgl. Pkt. 2.3 der Anordnung der Russischen Regierung vom 15.8.2003, Nr. 1163-r, SZ RF 25.8.2003, Nr. 34, Pos. 3396.

2 *Suhanov*, Probleme des Eigentumsrechts, S. 227; *Suchanov* in: *ders.* (Hrsg.), Graždanskoe Pravo II, S. 141.

3 Vgl. *Dovlatova*, Zakonodatel'stvo 2007, Nr. 8, S. 38 (42).

Außer Acht bleiben dabei die dinglichen Sicherungsmittel, mit Hilfe derer ein Grundstück zur Kreditsicherung dienen kann[4], sowie die schuldrechtlichen Rechtsinstitute an einem fremden Grundstück (insbesondere Pacht). Ebenso bleiben die speziellen Rechte an Gebäuden einer vertiefenden Darstellung an anderer Stelle vorbehalten.

Die vorliegende Arbeit versteht sich als eine auslandsrechtliche Darstellung. Es erfolgt eine Rechtsvergleichung daher nur in abgekürzter, impliziter Art und Weise, indem punktuell rechtsvergleichende Bezüge zum deutschen Recht hergestellt werden. [5] Wo immer es dem besseren Verständnis dient, wird der Vergleich zu den entsprechenden Vorschriften des deutschen Rechts gezogen.

Neben der Auseinandersetzung mit der einschlägigen deutschen, russischen und ausländischen Literatur soll vor allem auch die Rechtssprechung der Föderalen Wirtschaftsgerichte[6], des obersten Gerichtshofs und des Höchsten Wirtschaftsgerichts ausgewertet werden.

---

4 Vgl. hierzu etwa die Arbeit von *Lassen*, Die Hypothek nach russischem Recht als Kreditsicherungsmittel.

5 Vgl. hierzu *Schroeder*, Die Bedeutung der Ostrechtswissenschaft heute, in: Blick in die Wissenschaft. For schungsmagazin der Universität Regensburg 3 (1994), S. 60 ff. (Nachdruck in WGO-MfOR 1995, S. 91); *ders.*, Methodenprobleme der Ostrechtforschung, S. 86; zu diesem Thema auch *Westen*, WGO-MfOR 1991, S. 11 ff. (insb. 18 ff.); *Kuss*, ZvglRWiss 1992, S. 405 ff.

6 *Federal'nyj Arbitražnyj Sud*: Bei den russischen Arbitragegerichten handelt es sich nicht um Schiedsgerichte, sondern um Wirtschaftsgerichte. Diese werden vorliegend in deutscher Sprache auch als solche bezeichnet. Die Entscheidungen der Föderalen Wirtschaftsgerichte werden nur selten veröffentlicht. Sie sind jedoch über die Rechtsdatenbank Consultant Plus oder im Internet unter www.arbitr.ru/bras/ verfügbar. Entsprechend werden die Entscheidungen ohne Angabe einer Fundstelle zitiert.

Kapitel 1. Das russische Grundstücksrecht

A. Geschichte des russischen Grundstücksrechts

Die historische Entwicklung des russischen Grundstücksrechts und besonders die der Nutzungsrechte an einem fremden Grundstück sind in erheblichem Maße durch das jeweilige politische System geprägt. So ähnelt das russische Sachenrecht zwar grundsätzlich der deutschen Systematik. Bis heute jedoch wird es durch den Einfluss der sowjetischen Eigentumsdoktrin geprägt.[7]

Im Folgenden sollen die wesentlichen Entwicklungsschritte dargestellt werden. Dabei wird das Hauptaugenmerk auf die Ausgestaltung der dinglichen Nutzungsrechte an fremden Grundstücken gerichtet und die Grundzüge der gesetzgeberischen Entwicklung wiedergegeben.

I. Vorbemerkung zum vorrevolutionären Grundstücksrecht

Vor der Oktoberrevolution 1917 war das Privatrecht zwar anerkannt, jedoch nicht einheitlich kodifiziert. Im Jahre 1913 wurde ein „hervorragend durchdachter" Entwurf in die Staatsduma eingebracht, jedoch aufgrund des Ersten Weltkrieges und die folgende Oktoberrevolution nie angenommen.[8] Die dinglichen Rechte wurden als „nicht vollwertige Eigentumsrechte"[9] bezeichnet, Art. 432 Bd. X Teil 1 Svod Zakonov von 1832[10].[11] Geregelt waren verschiedene Dienstbarkeiten, darunter im besonderen Grunddienstbarkeiten, zudem weitere Besitz- und Nutzungsrechte an fremden Grundstücken. Zwei wichtige beschränkt dingliche Nutzungsrechte wurden erst später anerkannt. Zum einen galt dies für das aus dem römischen Recht bekannte Rechtsinstitut *Emphyteusis,* welches 1840 in das russische Recht Eingang fand und als „Zinsrecht" (russ. *činševoe pravo*) bezeichnet wurde.[12] Zum anderen wurde 1912 das „Baurecht" (russ. *pravo zastrojki*) anerkannt, welches an das römisch-rechtliche Institut *superficies* angelehnt war.[13]

II. Das Grundstücksrecht der Sowjetunion

Eine vollständige Neuausrichtung grundstücksrechtlicher Beziehungen war durch die Abschaffung des privaten Grundeigentums bedingt.

1. Abschaffung des privaten Grundeigentums

Die Aufhebung des privaten Grundeigentums und die damit verbundene Abkehr vom Prinzip des *superficies solo cedit* wurde mit dem Dekret „Über Grund und Boden" vom 8. November

---

7 *Solotych*, Zivilgesetzbuch der RF, Teil I, S. 48, 51.

8 *Suchanow*, Das Privatrecht in der modernen russischen Zivilgesetzgebung, S. 131.

9 Russ.: *nepolnye prava sobstvennosti.*

10 Band X enthält das Zivilrecht des vorrevolutionären Russlands, dessen gesamtes Recht in einem 16 Bände umfassenden Gesetzeswerk – *Svod Zakonov* – kodifiziert war. Hierzu *Arnold*, RIW 1995, S. 897 (900).

11 Im Einzelnen *Babaev*, Sistema veščnych prav, S. 47 ff.

12 Hierzu *Ščennikova*, Veščnye prava v graždanskom prave Rossii, S. 53 ff.; *Kopylov*, Veščnye prava na zemlju, S. 98 ff.

13 *Kopylov*, Veščnye prava na zemlju, S. 136 ff.

(27.10.) 1917[14] eingeleitet. Dieses Dekret und die damit beginnende Nationalisierung des gesamten Bodens Russlands[15] ging auf einen entsprechenden Bauernnakaz[16] zurück, der Bestandteil des Dekretes wurde. Inhaltlich bedeutete dies die Abschaffung des Privateigentums an Grund und Boden (Großgrundbesitz), am Erdinneren, an Gewässern, an Wäldern und an Naturkräften, und zwar für ewig. Sämtliche auf den Grund und Boden bezogenen Rechtsgeschäfte (Verkauf, Verpachtung, Verpfändung) wurden unter Androhung gerichtlicher Verfolgung verboten[17] und der Grund und Boden somit aus dem Rechtsverkehr ausgeschlossen. Die Bodennutzung sollte auf Grundlage eines nicht näher bestimmten Nutzungsrechts erfolgen.[18]

Mit einem weiteren Dekret vom 19. Februar 1918[19] wurde der gesamte bäuerliche Grundbesitz in das Eigentum des Staates überführt und damit das Privateigentum an allen Grundstücken endgültig aufgehoben (Art. 1). Den werktätigen Bodennutzern wurde gem. Art. 2, 3 ein Nutzungsrecht eingeräumt.[20]

Wenige Monate später folgte die Aufhebung des Privateigentums an Immobilien in Städten.[21] Nur in kleineren Städten konnten Gebäude in Privateigentum verbleiben, unterlagen jedoch gem. Art. 16 des Dekrets einem Veräußerungsverbot.

Die Abschaffung privaten Grundeigentums wird auch durch das Bodengesetzbuch der RSFSR von 1922 wiederholt. „Der gesamte Boden im Gebiet der RSFSR, gleich in wessen Verwaltung er sich befindet, bildet das Eigentum des Arbeiter- und Bauernstaates“, Art. 2.
Mit der Abschaffung des privaten Grundeigentums wurde durch die Anmerkung zu Art. 21 des Zivilgesetzbuchs der RSFSR von 1922 die Unterscheidung von beweglichem und unbeweglichem Vermögen aufgehoben.

Auch in den „Grundlagen der Bodengesetzgebung von 1968“[22] wird der Grundsatz des ausschließlichen Staatseigentums an Grund und Boden aufgestellt.[23] Zudem war jede Handlung,

---

14 Dekret des Zweiten Gesamtrussischen Sowjetkongresses „Über Grund und Boden“ v. 8.11. (27. 10.) 1917, SU RSFSR 1917, Nr. 1, Pos. 3; das in Klammern angegebene Datum entspricht dem Julianischen Kalender, der damals in Russland verwendet wurde; dt. Übersetzung in: *Uljanow-Lenin*, Die ersten Dekrete der Sowjetmacht, Berlin 1970, S. 27-31.

15 Vgl. zu den Hintergründen *Meder*, Sowjetrecht, S. 65ff.

16 Ein „Nakaz“ war eine besondere Handlungsanweisung, die von den Bauern für die neue Volksregierung ausgearbeitet wurde. Sie kann mit *Anweisung, Auftrag* wörtlich, und wohl mit *Bauern-Wählerauftrag* sinngemäß übersetzt werden.

17 Punkte 1, 3 des Dekretes, Punkt 1 des Nakazes.

18 Hierzu sogleich Kapitel 1 A. II. 2. b.

19 Dekret des Gesamtrussischen Zentralexekutivkomitees „Über die Sozialisierung des Bodens“ v. 19.2.1918, SU RSFSR 1918, Nr. 25, Pos. 346.

20 Zur Nationalisierung auch *Jakobs*, Eigentumsbegriff und Eigentumssystem, S. 60 f.

21 Art. 1 des Dekretes des Gesamtrussischen Zentralexekutivkomitees „Über die Aufhebung des Privateigentums an Immobilien in Städten“ v. 20.8.1918, SU RSFSR 1918, Nr. 62, Pos. 674.

22 In der Sowjetunion stand der Union die Kompetenz zu, die Grundlagen eines bestimmten Rechtsgebiets (*osnovy zakonodatel'stva*) festzulegen. Diesen Vorgaben hatte die Gesetzgebung der Republiken dann inhaltlich zu folgen; näher *Küpper*, Rechtsgeschichte Osteuropas, S. 482. Die Grundlagen hatten normativen Charakter und galten daher nicht nur als allgemeine Rechtsprinzipien, *Hamza*, Entwicklung des Pri-

welche die direkte oder indirekte Verletzung des staatlichen Eigentums an Grund und Boden zur Folge hatte, verboten.

Die Zuordnung des Grund und Bodens zum ausschließlichen Staatseigentum und damit zum Gemeingut des Volkes erfolgte auch auf verfassungsrechtlicher Ebene: durch Art. 3 der Verfassung der RSFSR von 1918[24], Art. 6 der Verfassung der UdSSR von 1936[25], Art. 11, 12, 13 der Verfassung der UdSSR von 1977[26].

2. Möglichkeiten der Grundstücksnutzung

Mit der Abschaffung des Privateigentums und der damit verbundenen Aufgabe des Rechtsgrundsatzes *superficies solo cedit* stellte sich die Frage nach der rechtlichen Ausgestaltung der Bodennutzung.

Eine erste Kodifizierung des Grundstücksrechts erfolgte im Zivilgesetzbuch der RSFSR von 1922[27]. Zu den dinglichen Rechten zählten das private Eigentumsrecht (Art. 52ff.), das Baurecht (*pravo zastrojki,* Art. 71ff.) und das Pfandrecht (Art. 85ff.). Grund und Boden waren gem. Art. 21 aus dem Privatrechtsverkehr ausgenommen und befanden sich in ausschließlichem Staatseigentum, Art. 53. Hierin wird die grundlegende Prägung des Gesetzeswerkes durch die marxistische Ideologie deutlich.[28]
Der Besitz von Grundstücken war nur aufgrund eines nicht näher definierten Nutzungsrechts möglich, Art. 21 ZGB RSFSR 1922.

a. Baurecht

Als dingliches Recht war in der Sowjetzeit das Baurecht in Art. 71-84 ZGB RSFSR 1922 geregelt. Nach diesen Vorschriften konnte der Grundstückseigentümer mit einem interessierten Bauherrn einen Vertrag über das Baurecht schließen. Aus diesem Vertrag hatte der Bauherr das Recht, auf dem Grundstück ein Gebäude zu errichten und das Grundstück gegen die Entrichtung einer Nutzungsgebühr an den Grundstückseigentümer für einen Zeitraum von bis zu 49 Jahren zu nutzen.
Aus den gesetzlichen Vorschriften geht nicht eindeutig hervor, ob der Bauherr Eigentümer des Gebäudes wurde. Dies wird jedoch überwiegend verneint. Gegen die Eigentümerstellung

---

vatrechts in Europa, S. 205; *Dozortsev,* Development of Russian Civil Legislation, RCEEL 1993, 513 (516).

23 Art. 3 der Grundlagen der Bodengesetzgebung der UdSSR und der Unionsrepubliken v. 13.12.1968, VVS SSSR 18.12.1968, Nr. 51, Pos. 485. Ausführlich *Meder*, Sowjetrecht, S. 424 ff.

24 Verfassung der RSFSR v. 10.7.1918, SU RSFSR 1918, Nr. 51, Pos. 582.

25 Verfassung der UdSSR v. 5.12.1936, ICIK SSSR i VCIK 6.12.1936, Nr. 283; dt. Übersetzung mit Erläuterungen bei *Maurach,* Handbuch der Sowjetverfassung, S. 47 ff.

26 Verfassung der UdSSR v. 7.10.1977, SZ SSSR 1990, Teil 3, S. 14.

27 Zivilgesetzbuch der RSFSR v. 11.11.1922, SU RSFSR 1922, Nr. 71, Pos. 904; in Kraft getreten am 1.1.1923; im Weiteren mit „ZGB RSFSR 1922" abgekürzt. Für die Zeit ab 1922 wird als Beispiel die Gesetzgebung der RSFSR angeführt. Zwar lagen die meisten Gesetzgebungskompetenzen bei den Republiken, diese nahmen für ihre Zivilgesetzbücher das ZGB RSFSR 1922 aber zum Vorbild, vgl. *Genkin,* in: *ders./Bratus/Lunz/Novizki,* Sowjetisches Zivilrecht, Bd. 1, S. 99. Zur Entwicklung der Zivilgesetzgebung ab 1922 vgl. *Horn,* Die Rolle des Privatrechts, S. 11 ff.

28 *Hamza,* Entwicklung des Privatrechts in Europa, S. 203.

des Bauherrn spricht einerseits die Befristung des Baurechts und zudem die Tatsache, dass der Bauherr nicht befugt war, über das Gebäude zu verfügen. Er konnte lediglich sein Baurecht gem. Art. 79 auf eine andere Person übertragen oder es verpfänden.[29] Der entsprechende Vertrag bedurfte der Registrierung in einem amtlichen Register.
Nach Beendigung des Baurechts hatte der Bauherr dass Gebäude der zuständigen kommunalen Behörde gegen ein Entgelt zu überlassen.

Mit der Einführung des Baurechts versuchte der Gesetzgeber auf den durch den 1. Weltkrieg verursachten Wohnungsnotstand zu reagieren.[30]

Am 1. Februar 1949 wurden die Regelungen über das Baurecht aufgehoben.[31] An seine Stelle trat das Eigentumsrecht an Wohnhäusern. Der wesentliche Unterschied zwischen dem bisherigen Baurecht und dem neuen Eigentumsrecht an Wohnhäusern bestand darin, dass die sich aus dem Baurecht ergebenden Vermögensrechte zeitlich befristet waren, das Eigentumsrecht an Wohnhäusern hingegen unbefristet ist. Die den Gebäuden zugrunde liegenden Grundstücke wurden den Bürgern[32] zur „Unbefristeten Nutzung" überlassen.[33]

b. Unbefristetes Nutzungsrecht

Wie dargestellt war das Grundstücksrecht während der Sowjetzeit vom ausschließlichen Eigentumsmonopol des Staates bestimmt. Andere Eigentumsbeziehungen zu Grundstücken waren verfassungsrechtlich ausgeschlossen.[34]

Die auf Grund und Boden bezogenen Rechtsverhältnisse, insbesondere Vorschriften zum Besitz und den beschränkt dinglichen Nutzungsrechten wurden aus der Zivilgesetzgebung der RSFSR ausgeklammert und teilweise in das Bodengesetzbuch der RSFSR von 1922[35] übernommen.[36]

Die rechtliche Ausgestaltung der Bodennutzung erfolgte auf Grundlage eines dauerhaften Nutzungsrechts. Dieses wird erstmalig im Gesetz v. 22.5.1922 „Über die arbeitsmäßige Bodennutzung"[37] erwähnt. Nach diesem Gesetz konnte der Bürger den Boden einerseits auf eine ihm beliebige Art landwirtschaftlich nutzen und andererseits Gebäude und andere Anlagen

---

29 Hierzu *Babaev*, Sistema veščnych prav, S. 145 f.; *Kopylov*, Veščnye prava na zemlju, S. 157.

30 *Babaev*, Sistema veščnych prav, S. 144.

31 Pkt. 1 des Präsidiumsukaz des Obersten Sowjets der RSFSR v. 1.2.1949, VVS RSFSR 1949, Nr. 8.; als unionseinheitliche Regelung: Präsidiumsukaz des Obersten Sowjets der SSSR v. 26.8.1948, VVS SSSR 1948, Nr. 36.

32 In russischen Gesetzen wird häufig der Begriff „Bürger" (*graždanin*) verwendet, obwohl es auch die Bezeichnung „natürliche Person" (*fisičeskoe lico*) gibt. Im Folgenden werden trotz der dem deutschen Recht ungewohnten Begrifflichkeit beide Begriffe verwendet.

33 Pkt. 2 des Präsidiumsukaz des Obersten Sowjets der SSSR v. 26.8.1948, VVS SSSR 1948, Nr. 36; Pkt. 1 Abs. a der Verordnung des Ministerrats der RSFSR v. 1.3.1949, Nr. 152, SP 1949, Nr.1, Pos. 6.

34 Vgl. oben Kapitel 1 A. II. 1.

35 Bodengesetzbuch der RSFSR v. 30.10.1922, SU RSFSR 1922, Nr. 68, Pos. 901; dt. Übersetzung, *RSFSR* (Hrsg.), Agrarkodex der RSFSR, S. 5 ff.

36 Vgl. *Küpper*, Rechtsgeschichte Osteuropas, S. 492, 499.

37 SU RSFSR 1922, Nr. 36, Pos. 426; ausführlich *Meder*, Sowjetrecht, S. 119-122; vgl. auch *Zentner*, WiRO 2000, S. 333.

errichten und diese zu wirtschaftlichen und Wohnzwecken nutzen, sofern Interessen anderer Personen dadurch nicht verletzt wurden. Dieses Gesetz sollte als Maßnahme der „Neuen Ökonomischen Politik“, welche das Wirtschaftssystem des Kriegskommunismus abgelöst hatte, die Produktionsbereitschaft und Produktionsfähigkeit der Großbauern und der größeren Bauernbetriebe fördern.[38]

Bereits mit dem Bodengesetzbuch von 1922[39] wurde daher hinsichtlich der Bodennutzung das Recht der arbeitsmäßigen Bodennutzung eingeführt, welches unbefristet gewährt wurde, Art. 11. Nur aufgrund dieses Rechts war eine wirtschaftliche Verwertung des Grund und Bodens zulässig. Dieses Recht ist auf Besitz und Nutzung eines Grundstücks gerichtet und vom Staatseigentum am Boden abgeleitet und ist weder übertragbar, noch vererblich.[40] Im Falle einer Verletzung des Nutzungsrechts kann die Nutzungsgemeinde oder ein einzelner Bodennutzer die Wiederherstellung des Rechts bei der Bodenkommission beantragen, Art. 26. Aufgrund dieses bestehenden Rechtsschutzes kann diese Rechtsposition bereits als dinglich bezeichnet werden.[41]
Den Gebäudeeigentümern[42] als Grundstücksnutzern wurde damit ein Nutzungsrecht am staatlichen Boden eingeräumt.[43] Dieses Nutzungsrecht gewährte bereits eine dingliche Rechtsposition und bildete damit einen Einstieg in eine spezifisch sozialistische Eigentums- und Sachenrechtsordnung[44], die noch bis heute in die Sachenrechtssystematik der russischen Gesetzgebung hineinstrahlt. Interessanter Weise blieben gem. Art. 25 des Bodengesetzbuchs der RSFSR von 1922 die vom Bodennutzer mit dem Boden verbundenen Sachen dessen Eigentum und gingen nicht in das Grundeigentum des Staates über.

Wichtig ist in diesem Zusammenhang, dass nur ein ausdrückliches Nutzungsrecht einen Besitztitel verlieh.[45] Der faktische Besitz am Boden hatte nach sowjetischem Rechtsverständnis keine Rechtsgültigkeit.

Eine weitere Kodifizierung erfuhr das Recht auf Bodennutzung in den Art. 7-14 der „Allgemeinen Grundsätze der Bodennutzung und der Bodenorganisation“ von 1928[46]. Hiernach konnte Bürgern Land zur werktätigen Nutzung zugewiesen werden, sofern sie in eine Vereinigung von Landnutzern eintraten. Das Nutzungsrecht, welches auf unbestimmte Zeit gewährt wurde, stand damit nicht dem einzelnen Bürger, sondern einem Kollektiv zu.

---

38 *Meder*, Sowjetrecht, S. 119.

39 Zum Aufbau des Gesetzbuchs *Meder*, Sowjetrecht, S. 122 f.

40 Vgl. auch *Jakobs*, Eigentumsbegriff und Eigentumssystem, S. 76 f.

41 In diesem Sinne auch *Küpper*, Rechtsgeschichte Osteuropas, S. 500.

42 Mit Dekret des Gesamtrussischen Zentralexekutivkomitees v. 22.5.1922, SU RSFSR 1922, Nr. 36, Pos. 423, wurde u.a. privates Eigentum an Gebäuden, welches nach der Oktoberrevolution zunächst ebenfalls abgeschafft wurde, wieder anerkannt; fortsetzend Art. 54 ZGB RSFSR 1922, Art. 10 der Verfassung der UdSSR 1936.

43 Vgl. *Schultz*, Russische Rechtsgeschichte, S. 267.

44 *Küpper*, Rechtsgeschichte Osteuropas, S. 475.

45 *Grigor'ev*, Voprosy kolchosnogo i zemel'nogo prava, S. 141.

46 Allgemeine Grundsätze der Bodennutzung und der Bodenorganisation v. 15.12.1928, SZ SSSR 1928, Nr. 69, Pos. 642; ausführlich *Meder*, Sowjetrecht, S. 130f.; dt. Übersetzung von *Maurach*, ZfOR 1929, 981ff.

Auch die Verfassung der UdSSR von 1936 versuchte den Konflikt des unveräußerlichen Staatseigentum am Boden[47] einerseits und der Nutzungsüberlassung an Kolchosen und Privatpersonen andererseits zu lösen. Nach Art. 7, 8 wurde der Grund und Boden zur ewigen und unentgeltlichen[48] Nutzung zugewiesen.

Eine weitere Regelung der Grundstücksnutzung erfolgte nach Abschaffung des Baurechts.[49] Die den Gebäuden zugrunde liegenden Grundstücke wurden den Bürgern nunmehr zur „Unbefristeten Nutzung" überlassen.[50] Dieses neue „Unbefristete Nutzungsrecht" wird als ein beschränkt dingliches Recht angesehen.[51]
Diese Rechtsposition wurde auf geschickte Art und Weise zum Vorteil des Inhabers verwendet. Beim Verkauf des errichteten Hauses ging das unbefristete Nutzungsrecht auf den Erwerber über. Zu diesem Zwecke war es im Rechtsleben daher üblich, sich ein Grundstück zum Hausbau verleihen zu lassen, und dieses (bzw. das Nutzungsrecht daran) nach Errichtung nur des Fundaments unter dem Schein eines Hausverkaufs zu veräußern.[52] Offensichtlich galt entgegen den Systemvorgaben auch zu dieser Zeit das ökonomische Prinzip, dass Angebot und Nachfrage den Preis bestimmen.[53]

Die Regelung der Bodennutzung blieb auch weiterhin der Bodengesetzgebung vorbehalten. Auch mit der Verabschiedung des nächsten Zivilgesetzbuchs von 1964[54] änderte sich an dieser Situation nichts.[55] Sogar der Begriff der dinglichen Rechte wurde nicht mehr verwendet.[56] Erneut wurde Grund und Boden nur „zur Nutzung" überlassen, Art. 95.[57]

Eine Weiterentwicklung des sowjetischen Bodenrechts erfolgte durch die bereits erwähnten Grundlagen der Bodengesetzgebung 1968. In Art. 7-12 dieses Rechtsetzungsaktes ist das Bodennutzungsrecht näher ausgestaltet. Es wurde unentgeltlich für einen befristeten oder unbefristeten Zeitraum gewährt und erlaubte die durch die Vergabebehörde festgelegte Nutzung. Die Abtretung des Nutzungsrechts war zulässig. Im Falle des Eigentumsübergangs an einem

47 Zur Frage, ob es sich dabei angesichts der beschränkten Verfügungsmöglichkeit überhaupt um „Eigentum" handeln kann, *Raiser*, RabelsZ 26 (1961), S. 230 (236); *Schroeder*, Marxismusstudien 4, 1962, S. 219 (238).

48 Formell wird der Grund und Boden zwar unentgeltlich überlassen, aufgrund der hohen Naturalabgaben aber tatsächlich unter „schlechthin knebelnden Bedingungen", *Maurach*, Sowjetverfassung, Art. 7, Nr. 3 b.

49 Vgl. oben Kapitel 1 A. II. 2. a.

50 Pkt. 2 des Präsidiumsukaz des Obersten Sowjets der SSSR v. 26.8.1948, VVS SSSR 1948, Nr. 36; Pkt. 1 Abs. a der Verordnung des Ministerrats der RSFSR v. 1.3.1949, Nr. 152, SP 1949, Nr.1, Pos. 6.

51 *Kopylov*, Veščnye prava na zemlju, S. 158.

52 *Schroeder*, Eigentumsrecht, Marxismusstudien 4, 1962, 219 (240).

53 *Thomson*, Persönliches Eigentum, S. 55.

54 Zivilgesetzbuch der RSFSR v. 11.6.1964, VVS RSFSR 1964, Nr. 24, Pos. 407; vgl. hierzu eingehend *Schroeder*, ROW 1965, 1ff., 49ff.; dt. Übersetzungen von *Bank*, Berichte des Osteuropa-Instituts 1965, Heft 67; *Frenzke* (Hrsg.), Zivilgesetzbuch der RSFSR, S. 25 ff.

55 Zu den Gründen der kodifikatorischen Untätigkeit Stalins vgl. *Schroeder*, 74 Jahre Sowjetrecht, S. 34.

56 Die dinglichen Rechte haben ihre formelle Bedeutung bereits schon deutlich früher verloren, nachdem das Baurecht bereits 1948 aus dem ZGB RSFSR 1922 gestrichen wurde, vgl. oben Kapitel 1 A. II. 2. a.

57 Dies entspricht Art. 21 Abs. 4 der Grundlagen der Zivilgesetzgebung der UdSSR und der Unionsrepubliken v. 8.12.1961, VVS SSSR 1961, Nr. 50, Pos. 525.

Gebäude, das sich innerhalb der Grenzen einer Stadt befand, erfolgt die Abtretung des Nutzungsrechts am zugrunde liegenden Grundstück gem. Art. 33 kraft Gesetzes.

Das Bodennutzungsrecht war gem. Art. 29 der Grundlagen der Zivilgesetzgebung von 1961 gegen Eingriffe Dritter geschützt und wird daher als ein absolutes Recht angesehen.[58]

Der Kolchos hatte gem. Art. 8 des Kolchos-Musterstatuts von 1969[59] ein unentgeltliches und unbefristetes Bodennutzungsrecht. Nach Art. 9 war der Kolchos verpflichtet, den Boden möglichst vollständig und richtig zu nutzen, Bodenverbesserungen durchzuführen, die Ertragsfähigkeit des Bodens zu steigern, ungenutzte Grundstücke der landwirtschaftlichen Nutzung zuzuführen, geeignete Maßnahmen zur Bodenbewässerung und Bodenentwässerung durchzuführen, die Erosion des Bodens zu bekämpfen, Waldanpflanzungen zum Schutze der Natur durchzuführen, die widerrechtliche Inbesitznahme von Grundstücken durch unbefugte Einzelpersonen zu verhindern sowie die geltenden Bestimmungen über den Schutz der Natur, über die Nutzung der Waldungen und Gewässer und über die Verwendung der Bodenschätze zu beachten. Diese detaillierten Verpflichtungen des Kolchos sollten die Wirtschaftlichkeit der Bodennutzung sicherstellen. In der Praxis konnte dieses Ziel jedoch nicht realisiert werden und eine unwirtschaftliche Bodennutzung nicht immer verhindert werden.[60]

c. Unbefristetes (ständiges) Nutzungsrecht

Ab 1970 wurde dieses Recht als „unbefristetes (ständiges) Nutzungsrecht" bezeichnet: Art. 7, 9 BodenGB RSFSR v. 1970[61].[62] Unter derselben Bezeichnung war das Recht dann in Art. 12 des Bodengesetzbuchs der RSFSR v. 1991[63] geregelt. Allerdings erfuhr das Recht insoweit eine Änderung, als die Überlassung nur an juristische Personen erfolgen konnte.[64]

3. Bewertung

Insgesamt kann das Sachenrecht in der sowjetischen Zivilistik praktisch als Eigentumsrecht bezeichnet werden. Zum einen wurde das im ZGB RSFSR 1922 vorgesehene Baurecht bereits in den Jahren 1948/49 im Zusammenhang mit der Wiedereinführung des Privateigentums an Wohnhäusern abgeschafft. Andererseits waren Sicherungsmittel wie z.B. das Pfand im Schuldrecht Allgemeiner Teil geregelt.[65]
Hinsichtlich des Nutzungsrechts an Grundstücken lassen sich allenfalls einzelne Merkmale dinglicher Rechte ausmachen, eine systematische Anerkennung und Unterteilung dinglicher und schuldrechtlicher Rechtspositionen besteht jedoch nicht.

58 *Jakobs*, Eigentumsbegriff und Eigentumssystem, S. 77.

59 Kolchos-Musterstatut v. 28.11.1969, SP SSSR 1969, Nr. 26, Pos. 150.

60 Dazu *Meder*, Sowjetrecht, S. 431.

61 Bodengesetzbuch der RSFSR v. 1.7.1970 (Inkrafttreten 1.12.1970), VVS RSFSR 9.7.1970, Nr. 28, Pos. 581, im Weiteren mit „BodenGB 1970" abgekürzt.

62 Vgl. *Küpper*, Rechtsgeschichte Osteuropas, S. 558.

63 Bodengesetzbuch der RSFSR v. 25.4.1991, Nr. 1103-1, VSND i VS RSFSR 30.5.1991, Nr. 22, Pos. 768, im Weiteren mit „BodenGB 1991" abgekürzt.

64 Vgl. *Svit*, Zakon 2004, Nr. 2, S. 20 (22).

65 *Schroeder*, Das neue BGB der Russischen Sowjetrepublik, ROW 1965, 1 (2); vgl. auch *Solotych*, Zivilgesetzbuch der RF, Teil I, S. 51.

III. Postsowjetisches Grundstücksrecht

Durch die Loslösung der RSFSR von der UdSSR erfuhr die Entwicklung des russischen Grundstücksrechts eine entscheidende Wende. Am 12. Juni 1990 erklärte die Russische Föderation[66] ihre völkerrechtliche und verfassungsmäßige Souveränität.[67] Kurz darauf nahm sie durch das Gesetz „Über das Eigentum auf dem Gebiet der RSFSR"[68] einseitig die ausschließliche Gesetzgebungskompetenz für Fragen des Eigentums an Grund und Boden auf russischem Staatsgebiet in Anspruch.

Die nun erforderliche Bodenreform hatte die Umverteilung der Bodenflächen auf neue Nutzer zum Ziel. Damit verbunden war die rechtliche Ausgestaltung der Nutzungstitel, auf deren Grundlage dem Bodennutzer die Nutzung zusteht.[69]

Die Wiederaufnahme der dinglichen Rechte in die Zivilgesetzgebung und deren Bezeichnung als solche erfolgte erst mit dem Gesetz „Über das Eigentum in der RSFSR" vom 24. Dezember 1990[70] (Art. 5, 6) und den „Grundlagen der Zivilgesetzgebung der UdSSR und der Unionsrepubliken" vom 31. Mai 1991[71] (Abschnitt II). Als dingliche Rechte werden neben dem Eigentum (Art. 44 f.), das Recht der Bewirtschaftung (Art. 47) und das Recht der operativen Verwaltung (Art. 48) als dingliche Rechte an beweglichem Vermögen genannt. Als dingliches Nutzungsrecht an einem Grundstück wird das Recht auf lebenslangen Erbgrundbesitz angeführt, Art. 49.

In beiden Gesetzgebungsakten wird jedoch keine Erklärung des Begriffs der dinglichen Rechte geliefert und die Funktion dieses Rechtsinstituts, insbesondere eine Abgrenzung zu den obligatorischen Rechten, offen gelassen.

66 Rossiskaja Fedaracija bedeutet wörtlich übersetzt „Russländische Föderation". In der vorligenden Arbeit wird demgegenüber der im deutschen Sprachgebrauch geläufigere Begriff „Russische Föderation" benutzt. Synonym hierzu wird entsprechend Art. 1 Abs. 2 der Verfassung der Russischen Föderation von 1993 auch der Begriff „Russland" (Rossija) verwendet. Die Bezeichnung „Russische Föderation" wurde durch das Gesetz „Über die Änderung des Staatsnamens der Russischen Sowjetischen Sozialistischen Republik" v. 25.12.1991, Nr. 2094-1, VSND i VS RSFSR 9.1.1992, Nr. 2, Pos. 62 eingeführt.

67 Erklärung des Kongresses der Volksdeputierten der RSFSR v. 12.6.1990, Nr. 22-1, VSND i VS RSFSR 1990, Nr. 2, Pos. 22.

68 Gesetz der RSFSR v. 14.7.1990, VSND i VS RSFSR 1990, Nr. 7, Pos. 101.

69 *Ikonickaja*, Zemel'noe pravo, S. 9.

70 Gesetz „Über das Eigentum in der RSFSR v. 24.12.1990, Nr. 443-1, VSND i VS RSFSR 27.12.1990, Nr. 30, Pos. 416; vgl. hierzu *Malfliet*, Property Rights, S. 288-290.

71 VSND i VS SSSR 26.6.1991, Nr. 26, Pos. 733; In Kraft treten sollten diese Grundlagen zum 1.1.1992. Zu dieser Zeit existierte jedoch bereits die Russische Föderation, die am 27.12.1991 die RSFSR ablöste. Mit Beschluss vom 14.7.1992, Nr. 3301-1, VSND i VS RF 30.7.1992, Nr. 30, Pos. 1800 hat das gesetzgeberische Organ der RF – Oberste Sowjet - die Grundlagen bis zur Einführung eines neuen Zivilgesetzbuchs zu subsidiärem Zivilrecht erklärt, welches dem Zivilgesetzbuch der RSFSR v. 1964 vorrangig sein sollte, vgl. *Feldbrugge*, RCEEL 1995, S. 237 f.; *Brendel*, JOR 1995, S. 205 (207); *Dozortsev*, RCEEL 1993, S. 513 (515).

1. Erbgrundbesitz auf Lebenszeit

Mit der Verabschiedung der „Grundlagen der Gesetzgebung der UdSSR und der Unionsrepubliken über Grund und Boden“ vom 28. Februar 1990[72] wurde das Rechtsinstitut des Erbgrundbesitzes auf Lebenszeit geschaffen. In Art. 5 i.V.m. Art. 20 wurde dieses lebenslange vererbbare Besitz- und Nutzungsrecht eingeführt. Danach wurde der Grund und Boden insbesondere zu Zwecken der Bewirtschaftung, Errichtung von Wohnhäusern, Gartenbau und Viehzucht in den Erbgrundbesitz von Bürgern auf Lebenszeit gegeben. Aufgrund der fehlenden Konkretisierung war zunächst unklar, worin sich dieses Recht vom bisher bekannten unbefristeten Nutzungsrecht unterscheiden sollte.[73] Durch eine Änderung[74] der Verfassung der UdSSR von 1977 wurde das Recht auf lebenslangen Erbgrundbesitz nunmehr auch als verfassungsrechtliche Grundlage der Bodennutzung anerkannt.

Die Einführung dieses Rechts stellte einen Kompromiss auf dem Weg zu privatem Grundeigentum dar, zu dessen Einführung der Gesetzgeber zu dieser Zeit noch nicht bereit war.[75] Im Vordergrund standen damit eher politische als wirtschaftliche Beweggründe, denn die Notwendigkeit privaten Grundeigentums war offensichtlich. Allerdings stellte das Recht auf lebenslangen Erbgrundbesitz aufgrund der weitreichenden Befugnisse des Rechtsinhabers faktisch bereits eine eigentumsgleiche Rechtsposition dar.[76] Das Recht entstand nicht auf Grundlage eines Vertrages, sondern eines öffentlich-rechtlichen Vergabeaktes.[77]

Weitere Erwähnung fand das Recht auf lebenslangen Erbgrundbesitz unter anderem in den Art. 6 Abs. 4 des Gesetzes „Über das Eigentum in der UdSSR“ vom 6. März 1990[78], Art. 5 Abs. 1 des Gesetzes „Über den bäuerlichen Betrieb“ vom 22. November 1990[79], Art. 6 des Gesetzes „Über die Bodenreform“ vom 23. November 1990[80] sowie Art. 30 Abs. 5 des Gesetzes „Über das Eigentum in der RSFSR“ vom 24. Dezember 1990.

Nach Art. 49 Abs. 1 der „Grundlagen der Zivilgesetzgebung der UdSSR und der Unionsrepubliken“ 1991 kann einem Bürger ein Recht auf lebenslangen Erbgrundbesitz an einem Grundstück gewährt werden. Auf Grundlage dieses Rechts ist der Inhaber berechtigt, dass Grundstück zur landwirtschaftlichen Bewirtschaftung zu nutzen und darauf Gebäude zu errichten, an denen er Eigentum erwirbt. Gem. Art. 54 Abs. 2, 3 dieser Grundlagen steht dem Inhaber eines Erbgrundbesitzes auf Lebenszeit ein Anspruch auf Beseitigung von Beeinträchtigungen seines Nutzungsrechts zu. Die Beseitigung kann er auch vom Grundstückseigentümer verlangen.

---

72 VSND i VS SSSR 7.3.1990, Nr. 10, Pos. 129.

73 *Ikonickaja*, SGiP 1990, Nr. 9, S. 14 (20 f.).

74 Pkt. 2 Abs. 2 des Änderungsgesetzes v. 14.3.1990, Nr. 1360-1, VSND i VS SSSR 1990, Nr. 12, Pos. 189.

75 *Kozyr'* in: *Volkov/Goličenkov/ders.* (Hrsg.), Art. 21, Rn. 1; *Čubarov*, Problemy pravovogo regulirovanija nedvižimosti, S. 205; *Suchanov* in: *ders.* (Hrsg.), Graždanskoe Pravo II, S. 153.

76 *Amelina*, GP 2008, Nr. 2, S. 27.

77 *Pisarev*, NP 2008, Nr. 3, S. 31 (32).

78 Gesetz der UdSSR v. 6.3.1990, Nr. 1305-1, VSND i VS SSSR 1990, Nr. 11, Pos. 164.

79 Gesetz der RSFSR v. 22.11.1990, Nr. 348-1, VSND i VS RSFSR 1990, Nr. 26, Pos. 324.

80 Gesetz der RSFSR v. 23.11.1990, Nr. 374-1, VSND i VS RSFSR 26.11.1990, Nr. 26, Pos. 327.

Ein Fortbestehen erfuhr dieses Recht in Art. 7 BodenGB 1991. Millionen russischer Bürger ließen sich dieses Recht an dem von ihnen genutzten Grundstücken ausstellen.[81]

2. Ständiges (unbefristetes) Nutzungsrecht

Eingang in die Zivilgesetzgebung fand diese Regelungsmaterie erst 1994.[82] Im geltenden Zivilgesetzbuch[83] ist die Vergabe des nunmehr „ständigen (unbefristeten) Nutzungsrechts" in den Art. 268-270[84] und Art. 216 geregelt. Die Regelung des unbefristeten (ständigen) Nutzungsrechts war bis zu diesem Gesetzeswerk wie dargestellt stets in den bodenrechtlichen Gesetzen geregelt. Diese kodifikatorische Besonderheit begründet sich in der Eigenart dieses dinglichen Nutzungsrechts an einem fremden Grundstück, welches aus dem römischen Recht nicht bekannt ist und erst in der Entwicklung des sowjetischen Rechtssystems geschaffen wurde.[85]

Im Vergleich zu den Vorgängerregelungen wurde das Recht umbenannt und nunmehr als „ständiges (unbefristetes) Nutzungsrecht" bezeichnet. Es ist darin aber weder eine inhaltliche Änderung noch die Schaffung eines neuen Rechts zu sehen.[86]

IV. Privateigentum an Grund und Boden

1. Anerkennung von Privateigentum an Grund und Boden

In Sowjet-Russland war der gesamte Grund und Boden Staatseigentum. Es wurde Privatpersonen jedoch Privateigentum an einem Haus zugestanden, das auf einem zum Bau überlassenen Grundstück errichtet wurde.[87]

---

81 *Minina* in: *Bogoljubov* (Hrsg.), Art. 21, S. 109.

82 Grundlegend zu den Verzögerungsgründen der neuen Kodifikation *Schroeder*, JOR 1995, S. 9 (15 f.).

83 Das Zivilgesetzbuch der RF wurde in vier Teilen verabschiedet: Teil 1 v. 30.11.1994, Nr. 51-FZ, SZ RF 5. 12. 1994, Nr. 32, Pos. 3301, dt. Übersetzung *Lenga/Wipplinger/Rommel,* in *Breidenbach* (Hrsg.), Handbuch WiRO, Bd. 3, RUS, Nr. 200, *Solotych*, Das Zivilgesetzbuch der Russischen Föderation, Erster Teil, *Roggemann/Bergmann*, Zivilgesetzbuch der Rusischen Föderation – Erster Teil; Teil 2 v. 26.1.1996, Nr. 14-FZ, SZ RF 29.1.1996, Nr. 5, Pos. 410, dt. Übersetzung *Lenga/Wipplinger/,* in *Breidenbach* (Hrsg.), Handbuch WiRO, Bd. 3, RUS Nr. 200, *Solotych*, Das Zivilgesetzbuch der Russischen Föderation, Zweiter Teil, *Roggemann/Bergmann*, Zivilgesetzbuch der Rusischen Föderation – Zweiter Teil; Teil 3 v. 26.11.2001, Nr. 146-FZ, SZ RF 3.12.2001, Nr. 49, Pos. 4552, dt. Übersetzung *Solotych,* in *Breidenbach* (Hrsg.), Handbuch WiRO, Bd. 3, RUS Nr. 200, *Roggemann/Bergmann/Spitsa*, Zivilgesetzbuch der Rusischen Föderation von 2001; Teil 4 v. 18.12.2006, Nr. 230-FZ, SZ RF 25.12.2006, Nr. 52 (Teil 1), Pos. 5496 (in Kraft seit 1.1.2008), dt. Übersetzung *Dietz*, GRURInt 2009, Heft 3, 4 (Kap. 69-71), *Himmelreich*, WiRO 2009, Heft 11, 12 (Kap. 69). Trotz der naheliegenderen wörtlichen Übersetzung „Bürgerliches Gesetzbuch" (*graždanski kodeks*) wird vorliegend der Begriff des „Zivilgesetzbuchs" verwendet. Diese Bezeichnung entspricht dem Inhalt der Kodifikation besser, welche neben den Vorschriften zum Bürgerlichen Recht auch handels- und gesellschaftsrechtliche Normen enthält. Es wird im Folgenden mit ZGB abgekürzt.

84 Art. 270 ist jedoch durch Art. 16 Abs. 6 des Einführungsgesetzes zum Waldgesetzbuch v. 4.12.2006, Nr. 201-FZ, SZ RF 11.12.2006, Nr. 50, Pos. 5279 außer Kraft getreten.

85 *Zakrojščikova*, ChiP 2003, Nr. 7, S. 118.

86 *Medvedev,* ChiP 2005, Nr. 5, S. 66; *Zakrojščikova*, ChiP 2003, Nr. 7, S. 118 (120).

87 *Epping*, Erbbaurecht, S. 191; vgl. hierzu oben Kapitel 1 A. II. 2. a.

Diese Situation änderte sich mit dem Gesetz „Über den bäuerlichen Betrieb“ vom 22. November 1990 grundlegend. Nach Art. 5 Abs. 1 dieses Gesetzes war neben dem Erwerb eines Grundstücks zur Pacht[88] oder dem Erbbesitz auf Lebenszeit auch der Eigentumserwerb durch Privatpersonen vorgesehen. Damit wurde neben dem staatlichen Grundeigentum faktisch auch Privateigentum an Grund und Boden anerkannt.

Nur einen Tag später wurde das Gesetz „Über die Bodenreform“ vom 23. November 1990[89] erlassen. Durch Art. 2 dieses Gesetzes wurde Grund und Boden durch den Staat zur Nutzung, in Besitz oder zu Eigentum vergeben. Das Eigentumsrecht privater Personen war gem. Art. 4 des Gesetzes an persönliche Zwecke, d.h. für bäuerliche Bewirtschaftung, den Gartenbau und die Viehzucht, gebunden. Eigentümer konnten zudem nur natürliche Personen, nicht hingegen juristische Personen sein.

Die Anerkennung privaten Grundeigentums in verfassungsrechtlicher Sicht erfolgte allerdings erst etwas später. Durch eine Änderung vom 15. Dezember 1990[90] wurde Privateigentum durch die Verfassung der RSFSR von 1978 anerkannt. Gem. den Art. 11, 12 der Verfassung der RSFSR in der geänderten Fassung konnten bestimmte Grundstücke Privaten zur landwirtschaftlichen Nutzung übereignet werden. Eine Beschränkung der Verfügungsbefugnis bestand aber darin, dass der Verkauf von in Privateigentum befindlichen Grundstücken für einen Zeitraum von zehn Jahren nach der Privatisierung nicht möglich sein sollte. Auch nach Ablauf dieser Zeit sollte ein Verkauf nur an den Staat möglich sein.

Mit Art. 6 Abs. 2, Art. 10 Abs. 1 des Gesetzes „Über das Eigentum in der RSFSR“ werden Grundstücke ausdrücklich zu den Eigentumsobjekten des Bürgers gezählt. Eine ausdrückliche Bezeichnung als „Privateigentum“ erfolgt allerdings noch nicht.[91] Die zögerliche Anerkennung des privaten Grundeigentums war in erster Linie mit der Befürchtung von Spekulationsgeschäften über Grund und Boden verbunden.[92]

Die Position des Privateigentums an Grundstücken wurde durch die Art. 1, 3, 7 des Bodengesetzbuchs der RSFSR von 1991 weiter gestärkt. Ausdrücklich war damit auch die Möglichkeit geschaffen, Bürgern Grundstücke zu Privateigentum zu überlassen. Allerdings genügten diese Vorschriften einerseits noch nicht einer gesicherten und verlässlichen Eigentumsposition, andererseits war ein hinreichendes gesellschaftliches Rechtsbewusstsein noch nicht ausgebildet.[93]

88 Mit den „Grundsätzen der UdSSR über die Pacht“ v. 23.11.1989, VSND i VS SSSR 1989, Nr. 25, Pos. 481, wurde das Rechtsinstitut der Pacht eingeführt und damit die Möglichkeit eröffnet, Grund und Boden vom Staat gegen einen entsprechenden Zins zu pachten.

89 Siehe oben Fn. 80.

90 Pkt. 1 Abs. 4-6 des Änderungsgesetzes v. 15.12.1990, Nr. 423-1, VSND i VS RSFSR 1990, Nr. 29, Pos. 395.

91 Lediglich die Überschrift zu Teil 2 (Art. 9-16) dieses Gesetzes enthält den Terminus „Privateigentum“.

92 *Malfliet*, Property Rights, S. 308.

93 *Pevnicki*, Notarius 2004, Nr. 1, S. 23 (24).

Die ausdrückliche Erwähnung von „Privateigentum an Grund und Boden" erfolgte erst mit dem Präsidentenukaz vom 27. Oktober 1993[94]. Der Erlass dieses bedeutenden vorkonstitutionellen Rechtsaktes durch Präsident *Boris Jelzin* war nur aufgrund von dessen Sonderbefugnissen während des offenen Verfassungskonflikts mit dem Parlament möglich.[95]

Privateigentum an Grund und Boden gilt als wesentliches Merkmal der Freiheit des Bürgers und stellt damit eine Grundlage eines demokratischen Rechtsstaates dar. In der Anerkennung des privaten Eigentums an Immobilien und Grund und Boden wird dem Bürger die Verfügungsfreiheit im Sinne wirtschaftlicher Nutzung zugesichert. Dadurch werden einerseits ein gewisses Maß an wirtschaftlicher Freiheit und Unabhängigkeit und andererseits eine Verantwortlichkeit für politische und soziale Fragen begründet. Die Manipulierbarkeit des Menschen, die das Ziel des Kommunismus war und ist, wird durch die Garantie eines gesicherten Habens und Verfügendürfens erheblich begrenzt.[96]

Mit der Anerkennung von Privateigentum an Grund und Boden stand die Privatisierung des in öffentlicher Hand befindlichen Grundeigentums bevor.[97]

2. Das Grundstücksrecht ab Inkrafttreten der Verfassung von 1993

Da in Art. 7 BodenGB 1991 bereits die Möglichkeit privaten Grundeigentums geschaffen war, verlor insbesondere das Recht auf lebenslangen Erbgrundbesitz seinen ursprünglichen Sinn.[98] Nach Inkrafttreten der Verfassung der Russischen Föderation wurden daher die Normen des Bodengesetzbuchs der RSFSR, des Gesetzes „Über den bäuerlichen Betrieb" und des Gesetzes „Über die Bodenreform", welche die Regelung des Erbgrundbesitzes auf Lebenszeit und des ständigen (unbefristeten) Nutzungsrechts zum Gegenstand hatten, mit dem Präsidentenukaz vom 24. Dezember 1993[99] aufgehoben. Nach Punkt 1, 3 Abs. 2 dieses Ukazes verloren alle Vorschriften, welche der Regelung dieser beiden Rechte gewidmet waren, ihre Wirkung.
Eine vollständige Eliminierung dieser Rechtsinstitute gelang jedoch nicht. Ein weiteres Bestehen ergab sich aus dem Gesetz über das Recht der Bürger auf Erhalt eines Grundstücks zu bestimmten Zwecken vom 23. Dezember 1992[100] und den „Grundlagen der Bodengesetzgebung" von 1990[101], welche von dem Präsidentenukaz vom 23. Dezember 1993 nicht erfasst wurden.

Im 1. Teil des Zivilgesetzbuchs von 1994 ist dann in Art. 216 die Rede vom „ständigen (unbefristeten) Nutzungsrecht", sowie dem „Erbgrundbesitz auf Lebenszeit". Wie bereits erwähnt

---

94 Ukaz des Präsidenten der RF v. 27.10.1993, Nr. 1767, SA PiP RF 1.11.1993, Nr. 44, Pos. 4191; dt. Übersetzung mit Einführung von *Brendel*, WiRO 1994, S. 94 ff.

95 *Rachkov*, Das neue russische Bodenrecht, S. 15; vgl. auch *Baller*, WiRO 1994, S. 260 (261).

96 *Pfaff*, JOR 1996, S. 267 (268).

97 Hierzu *Breig*, Eigentum und andere dingliche Rechte, S. 13 ff.

98 *Amelina*, GP 2008, Nr. 2, S. 27 (28); *Ikonickaja* in: *Abova/Kabalkin* (Hrsg.), Kommentari k GK I, Art. 265.

99 Ukaz des Präsidenten der RF v. 24.12.1993, Nr. 2287, SA PiP RF 27.12.1993, Nr. 52, Pos. 5085; dt. Übersetzung von *Brendel*, WiRO 1994, 265 ff.; zur rechtlichen Bedeutung des gesetzesändernden Ukazes siehe *Baller*, WiRO 1994, S. 260 ff.

100 Föderales Gesetz v. 23.12.1992, Nr. 4196-1, VSND i VS RF 7.1.1993, Nr. 1, Pos. 26.

101 Siehe oben Fn. 72.

war das Kapitel 17 ZGB bis zur Einführung des Bodengesetzbuchs 2001 nicht in Kraft gesetzt. Faktisch existierten diese Rechte daher von 1993 bis 2001 nicht, bzw. seine rechtliche Regelung konnte noch nicht umgesetzt werden.[102]

Allerdings waren diese Rechte bereits in einigen anderen Gesetzen und Normativakten geregelt, so dass eine vollständige Abschaffung nicht gelang.[103] Zudem war Art. 216 als Regelung des Kapitel 13 des ZGB in seiner Rechtskraft nicht eingeschränkt und auch durch den Präsidentenukaz vom 27. Oktober 1993 nicht aufgehoben worden, so dass eine rechtliche Grundlage für den Erbrundbesitz auf Lebenszeit und das ständige (unbefristete) Nutzungsrecht als dingliche Rechte auch in dieser Zeit gesehen werden kann.[104]
Zudem wurde den Inhabern dieser Rechte mit dem Präsidentenukaz vom 7. März 1996[105] Bestandschutz garantiert. Eine Verpflichtung zum Ankauf oder der Pachtung des Grundstücks wurde ausdrücklich ausgeschlossen.

Eine grundlegende Änderung der rechtlichen Ausgestaltung grundstücksrechtlicher Beziehungen ist mit Einführung des Bodengesetzbuchs 2001 erfolgt. Das bis dahin bestehende uneinheitliche und widersprüchliche Regelungswerk aus Präsidentenerlassen und regionalen Bodengesetzbüchern wurde damit ein großes Stück geordnet und anwendbar gemacht. Der langwierige Gesetzgebungsprozess des neuen Bodengesetzbuchs ist mit den unterschiedlichen politischen Vorstellungen der an diesem Prozess beteiligten Organe begründet.[106]

B. Regelungssystematik des geltenden Grundstücksrechts

Die Grundlage der geltenden Eigentumsordnung findet sich in der Verfassung der RF[107]. Hier wird die ordnungspolitische Grundrichtung vorgegeben. Die Regelung der sachenrechtlichen Beziehungen obliegt dem Zivilgesetzbuch.
Im Zusammenhang mit dem Grundstücksverkehr kennt die russische Rechtsordnung darüber hinaus noch das „Bodenrecht“ als spezielles Rechtsgebiet.[108]

I. Verfassungsrechtliche Grundlagen

Auch in der geltenden Verfassung der RF sind dem Grund und Boden als Eigentumsobjekte gesonderte Artikel gewidmet. Nach Art. 9 Abs. 2 VerfRF können Grund und Boden sowie andere Naturresourcen Gegenstand privaten Grundeigentums sein. Entsprechend dieser Institutsgarantie ist in Art. 36 VerfRF ein Grundrecht des Bürgers auf privates Grundeigentum

102 *Medvedev*, ChiP 2005, Nr. 5, S. 66 (67).

103 *Amelina*, GP 2008, Nr. 2, S. 27 (28).

104 *Čubarov*, Problemy pravovogo regulirovanija nedvižimosti, S. 212; *Kozyr'* in: *Volkov/Goličenkov/ders.* (Hrsg.), Art. 21, Rn. 1.

105 Ukaz des Präsidenten der RF v. 7.3.1996, Nr. 337, SZ RF 11.3.1996, Nr. 11, Pos. 1026.

106 Vgl. zum Gesetzgebungsprozess *Breig*, Kodifizierung des Bodenrechts, S. 191 ff.

107 Verfassung der Russischen Föderation v. 12.12.1993, Rossiskaja Gazeta Nr. 237 v. 25.12.1993: deutsche Übersetzung *Frenzke*, OER 1994, S. 296 ff.; *ders.*, Die russischen Verfassungen von 1978 und 1993, S. 271.

108 Zur Lehre von den Rechtsgebieten im russischen Recht vgl. *Breig*, Eigentum und andere dingliche Rechte, S. 27 ff.

normiert.[109] Eine Einschränkung besteht gem. Abs. 2 insofern, als die Ausübung der Eigentümerbefugnisse (Besitz, Nutzung, Verfügung) weder der Umwelt noch den Rechten und legitimen Interessen anderer Personen schaden darf. Dieser im Vergleich zu dem allgemeinen Grundrecht auf Privateigentum (Art. 35 VerfRF) eingeschränkte Schutzbereich des Art. 36 VerfRF korrespondiert mit Art. 9 Abs. 1 VerfRF, der die Bedeutung des Bodens als Lebensgrundlage für die dort lebenden Völker und damit seine besondere Schutzwürdigkeit hervorhebt.[110]

Unter Eigentum im Sinne des Art. 35 VerfRF versteht das Verfassungsgericht der Russischen Föderation in ständiger Rechtssprechung nicht nur das zivilrechtliche Eigentumsrecht, sondern auch andere dingliche Rechte.[111] Geschützt werden damit neben dem Eigentumsrecht auch andere dingliche Nutzungsrechte an einem Grundstück.

Mit diesen Verfassungsgarantien wurde eine notwendige und geeignete Grundlage geschaffen, grundstücksrechtliche Beziehungen durch das Zivilrecht zu regeln und auszugestalten.[112]

II. Zivilgesetzbuch

Gem. Art. 2 Abs. 1 ZGB gelten die Entstehungsgründe und die Ausübung des Eigentumsrechts und sonstiger dinglicher Rechte als zentrale Regelungsbereiche der Zivilgesetzgebung.

Nachdem sich das Kapitel 6 (Art. 128 ff.) den allgemeinen Bestimmungen zu den Objekten bürgerlicher Rechte widmet, regelt Kapitel 13 (Art. 209 ff.) die allgemeinen Bestimmungen zum Eigentum, bevor dann Kapitel 17 (Art. 260 ff.) die grundlegenden Vorschriften zum Eigentumsrecht und anderen dinglichen Rechten an Grund und Boden beinhaltet.
Das Kapitel 17 wurde zwar gemeinsam mit dem Ersten Teil des Zivilgesetzbuchs verabschiedet, sollte jedoch nicht von Beginn an, sondern gem. Art. 13 des Einführungsgesetzes zum ZGB I a. F.[113] erst mit Erlass des Bodengesetzbuchs in Kraft treten.
Tatsächlich ist es dann aber bereits einige Monate früher, am 28. April 2001 in Kraft gesetzt worden, soweit sich seine Regelungen nicht auf landwirtschaftliche Grundstücke beziehen.[114] Hinsichtlich der Grundstücke landwirtschaftlicher Zweckbestimmung ist das Kapitel 17 ZGB

---

109 Hierzu eingehend *Fleck*, Privates Grundeigentum, S. 47 ff.; *Allenhöfer/Plagemann*, Eigentum im Recht der RF, S. 32 ff.

110 *Solotych*, , JOR 1996, S. 273 (279).

111 Pkt. 3 des Beschlusses v. 5.3.2004, Nr. 82-O, VKS RF 2004, Nr. 5, S. 101 (104); Pkt. 3 des Urteils v. 13.12.2001, Nr. 16-P, SZ RF 24.12.2001, Nr. 52, Pos. 5014.

112 *Čubarov*, Kodifikacija rossiskogo zemel'nogo zakonodatel'stva, S. 286.

113 Föderales Gesetz „Über die Einführung des Ersten Teils des Zivilgesetzbuchs der RF" v. 30.11.1994, Nr. 52-FZ, SZ RF 1994, Nr. 32, Pos. 3302 (im folgenden EGZGB I); dt. Übersetzung von *Lenga/Wipplinger/Rommel* in: *Breidenbach* (Hrsg.), Handbuch WiRO, Bd. 3, RUS 200a.

114 Mit dem föderalen Gesetz v. 16.4.2001, Nr. 45-FZ, SZ RF 2001, Nr. 17, Pos. 1644 wurde Art. 13 EGZGB I insofern geändert, als Kap. 17 ZGB nur noch hinsichtlich der Rechtsgeschäfte mit landwirtschaftlichen Grundstücken bis zum Inkrafttreten des Bodengesetzbuchs unter dem Geltungsvorbehalt stand, womit Kap. 17 ZGB im Übrigen in Kraft trat. Grund hierfür war die Ungewissheit über das Inkrafttreten des Bodengesetzbuchs, *Horn*, Die Rolle des Privatrechts, S. 18; vgl. auch *Litovkin* in: *Sadikov* (Hrsg.), Kommentari k GK I, zu Kap. 17, Rn. 1.

gem. Art. 13 EGZGB I erst mit Inkrafttreten des Gesetzes „Über den Rechtsverkehr mit Liegenschaften landwirtschaftlicher Zweckbestimmung“[115] in Kraft getreten.[116]
Hintergrund dieser Regelung waren Schwierigkeiten im Gesetzgebungsprozess, die eher politisch als rechtlich motiviert waren.[117] Die Vertreter der Landwirtschaft und des Bodenrechts wollten ein unbeschränktes Privateigentum an Grund und Boden nicht akzeptieren und forderten Reglementierungen. So entstand diese Regelung als Kompromiss dieser Meinungsverschiedenheiten.[118]
Auch nach Inkrafttreten des Zivilgesetzbuchs bestand somit ein unübersichtliches Regelungswerk von föderalen Gesetzen, einfachen Gesetzen, Präsidentenukazen, Regierungsverordnungen etc. fort.[119]

Eine erste Erwähnung finden die dinglichen Rechte der Personen, die nicht Eigentümer sind, in Art. 216 ZGB und werden dann in den Art. 260 ff. ZGB näher ausgestaltet.

Von den Regelungen der Zivilgesetzgebung nicht erfasst sind vermögensrechtliche Beziehungen, die auf einer administrativen oder anderer behördlichen Unterordnung eines der Beteiligten unter die öffentliche Gewalt beruhen, Art. 2 Abs. 3 ZGB.

III. Bodengesetzgebung

Das geltende Bodengesetzbuch[120] ist seit 2001 in Kraft. Es enthält neben Regelungen über die Zulässigkeit von Grundstücksverfügungen auch Normen hinsichtlich des Eigentumserwerbs, der Pacht sowie sonstiger Nutzungsarten und Dienstbarkeiten. Zudem werden der Bodenschutz, die Flurbereinigung und das Baurecht reguliert.[121] Das Gesetz enthält daher sowohl zivilrechtliche als auch öffentlich-rechtliche Normen, was zu einer Vermischung der beiden Regelungsbereiche führt.[122]

---

115 Föderales Gesetz „Über den Rechtsverkehr mit Liegenschaften landwirtschaftlicher Zweckbestimmung“ v. 24.7.2002, Nr. 101-FZ, SZ RF 29.7.2002, Nr. 30, Pos. 3018. Im Folgenden auch „Gesetz über Grundstücke landwirtschaftlicher Zweckbestimmung“.

116 Die damit verbundenen Besonderheiten müssen vorliegend außer Betracht bleiben. Vgl. dazu eingehend *Holloch* in: *Breidenbach* (Hrsg.), Handbuch WiRO, Bd. 3, RUS, D.III, Rn. 71 ff.; *Breig*, Eigentum und andere dingliche Rechte an Grundstücken in Russland unter besonderer Berücksichtigung der landwirtschaftlich genutzten Böden.

117 Eine Aufgabe der traditionell bedingten Kodifizierung des Grundstücksrechts durch das öffentlich-rechtlich dominierte Bodenrecht zugunsten einer privatrechtlichen Regelung der Grundstücksverhältnisse schien von Beginn an undenkbar, *Solotych*, Zivilgesetzbuch der RF, Teil I, S. 17; *Roggemann/Bergmann*, Zivilgesetzbuch der RF (1. Teil), S. 18.

118 Vgl. *Chochlov*, VVAS RF 1995, Nr. 8, S. 118 (130). *Chochlov* war einer der maßgebenden Verfasser des 1. Teils des Zivilgesetzbuchs von 1994.

119 Vgl. im einzelnen *Litovkin* in: *Sadikov* (Hrsg.), Kommentari k GK I, zu Kap. 17, Rn. 3; *Zentner*, WiRO 2000, S. 333 (334 f.).

120 Bodengesetzbuch der RF v. 25.10.2001, Nr. 136-FZ, SZ RF 29.10.2001, Nr. 44, Pos. 4147; dt. Übersetzung (auszugsweise) von *Wedde*, WiRO 2002, S. 109.

121 *Holloch* in: *Breidenbach* (Hrsg.), Handbuch WiRO, Bd. 3, RUS, D.III, Rn. 6.

122 *Adichanov*, GiP 2001, Nr. 1, S. 32 (39); *Čubarov*, Kodifikacija rossiskogo zemel'nogo zakonodatel'stva, S. 299; *Skvorcov*, Sdelki s nedvižimost'ju v kommerčeskom oborote, S. 83; *Hoffmann-Hampe /Pietschmann*, OER 2003, S. 33; bereits *Suhanov*, Probleme des Eigentumsrechts, S. 228.

Nach Art. 3 Abs. 1 BodenGB werden durch die Bodengesetzgebung die Bodenbeziehungen geregelt. Damit sind die Rechtsbeziehungen bei Nutzung und zum Schutze der Böden als „Grundlage des Lebens und der Tätigkeit der Völker der RF" gemeint. Der Boden wird als natürliche Grundlage verstanden, in welcher Eigenschaft er durch die Bodengesetzgebung geregelt werden muss.[123]
Zudem werden vermögensrechtliche Beziehungen in Bezug auf Grundstücke wie Besitz, Nutzung und Verfügungen, sowie die damit verbundenen Rechtsgeschäfte von der Zivilgesetzgebung nur insoweit geregelt, als durch die Bodengesetzgebung[124] nichts anderes vorgesehen ist.[125] Dies bedeutet, dass dingliche Rechte und Pachtverhältnisse an Grundstücken, und auch die kaufvertraglichen Regelungen über ein Grundstück nicht nur von zivilrechtlichen, sondern auch von bodenrechtlichen Regelungen bestimmt werden können.
Bereits hierin ist ein Widerspruch zu Art. 3 Abs. 1 BodenGB zu sehen, der hinsichtlich der Bodenbeziehungen die allgemeine Nutzung[126] und den Schutz des Bodens erfasst, nicht hingegen die konkreten Besitz- und Nutzungsverhältnisse[127] und die Verfügung über Grundstücke.[128]

Mit diesem starken Einfluss des Bodengesetzbuchs auf das Zivilgesetzbuch waren entsprechende Änderungen in letzterem verbunden. So können Grundstücke vom Eigentümer anderen Personen nach den Bedingungen der Zivilgesetz- und der Bodengesetzgebung überlassen werden.[129]

Der Anwendungsbereich des Bodengesetzbuchs erstreckt sich somit nicht nur auf „Bodenbeziehungen" im Sinne des Bodens als natürliche Lebensgrundlage, sondern auch auf die grundstücksrechtlichen Beziehungen im Sinne des Privatrechts.

Diese Situation und die damit verbundenen Regelungswidersprüche in Bodengesetzbuch und Zivilgesetzbuch wurden vom Zivilgesetzbuch selbst begünstigt. Denn seit Inkrafttreten des 1. Teils des Zivilgesetzbuchs richtet sich die Veräußerung und die Übertragung von Grund und Boden und anderen natürlichen Ressourcen gem. Art. 129 Abs. 3, 209 Abs. 3 ZGB nach den Verfahren, die in den Gesetzen über Grund und Boden und andere natürliche Ressourcen vorgesehen sind.[130]

---

123 vgl. *Misnik*, GiP 2006, Nr. 4, S. 18 (19, 21 f.). Dieses Verständnis entspricht der verfassungsrechtlichen Beschreibung des Bodens in Art. 9 Abs. 1 VerfRF.

124 Insbesondere Boden-, Wald-, Wassergesetzbuch.

125 Art. 3 Abs. 3 BodenGB.

126 Russ. *ispol'zovanie*: Nutzbarmachung, Verwertung.

127 Russ. *pol'zovanie:* Nutzung.

128 *Skvorcov*, Sdelki s nedvižimost'ju v kommerčeskom oborote, S. 82.

129 Art. 264 Abs. 1 ZGB (in der Fassung des Föderalen Gesetzes v. 26.6.2007 Nr. 118-FZ, SZ RF 2.7.2007, Nr. 27, Pos. 3213).

130 Diese Regelung ist Ausfluss aus dem heftigen Streit um die Frage nach der Zulassung von Privateigentum an Grund und Boden. Die damalige Bodengesetzgebung nämlich ging von ausschließlichem Staatseigentum aus (Art. 3 BodenGB RSFSR 1991). Mit der „Einfrierung" des Kapitel 17 ZGB wollte man in der Hoffnung auf einen langwierigen Erarbeitungsprozess das Inkrafttreten des neuen Bodengesetzbuchs hinauszögern; *Suchanov*, Kodifikacija zakonodatel'stva o veščnom prave, S. 84.

Auch das Bodengesetzbuch findet nur auf solche landwirtschaftlichen Grundstücke Anwendung, die an Bürger für private Zwecke (Gartenbau, Viehzucht, Errichtung von Privathäusern, Garagen) überlassen wurden oder mit Gebäuden und Einrichtungen bebaut sind.[131] Alle anderen landwirtschaftlichen Grundstücke unterfallen dem Regelungsbereich des Gesetzes über Grundstücke landwirtschaftlicher Zweckbestimmung, Art. 27 Abs. 6 BodenGB. Der Grund für diese Regelung ist ebenfalls in politischen Meinungsverschiedenheiten zu sehen, welche die Verabschiedung des Bodengesetzbuchs begleiteten. Entscheidende Stimmen wehrten sich vehement gegen den freien Verkehr landwirtschaftlicher Grundstücke, weshalb auch in dieser Frage ein Kompromiss gefunden werden musste.[132]

Die dinglichen Nutzungsrechte am fremden Grundstück werden in Kapitel 4 (Art. 20, 21 und 23) des Bodengesetzbuchs geregelt. Zudem sind für deren Regelung die Art. 25, 35 ff., 41 ff. von Bedeutung. Interessanterweise werden sie jedoch in keiner dieser Vorschriften ausdrücklich als „dingliche" Rechte bezeichnet. Erst mit dem Änderungsgesetz vom 10. Mai 2007[133] wurde Art. 56.1 neu eingefügt, der die Einschränkung des Eigentumsrechts und anderer dinglicher Rechte im Zusammenhang mit der Bereitstellung von Grundstücken zu staatlichen und kommunalen Zwecken regelt, und die dinglichen Rechte auch als solche bezeichnet.

1. Kritik zum Bodengesetzbuch

Zu Zeiten des alleinigen Staatseigentums an Grund und Boden wurden bodenrechtliche Beziehungen im Wesentlichen vernünftiger Weise durch das Bodengesetzbuch geregelt.
Nach Anerkennung des Privateigentums allerdings wurden Grundstücke in bedeutendem Maße zu Objekten des zivilrechtlichen Vermögensverkehrs, der eine wesentliche Grundlage einer Marktwirtschaft darstellt. Die mit dem Grundstücksverkehr verbundenen Geschäfte gehören damit zwingend zum Regelungsgegenstand des Zivilrechts.[134] Entsprechend wird an die Ausklammerung zivilrechtlicher Normen aus dem Bodengesetzbuch und deren Übernahme in die Zivilgesetzgebung appelliert.[135]

Der eigentliche Regelungsbereich des Bodengesetzbuchs ist auch heute noch in den bodenrechtlichen Beziehungen im oben dargestellten Sinne zu verstehen. Gerade hierin spiegelt sich die Besonderheit dieses eigenen Rechtsbereichs wider. Mit der Regelung grundstücksrechtlicher Beziehungen, die sich durch ihre gegenseitige Gleichwertigkeit und ihren entgeltlichen Charakter auszeichnen und in privatem Interesse abgeschlossen werden, enthält es damit Regelungsfunktionen zivilrechtlicher Beziehungen, die über seinen eigentlichen Regelungsgegenstand hinausgehen und ihm daher wesensfremd sind.[136]

---

131 Art. 1 des Gesetzes über Grundstücke landwirtschaftlicher Zweckbestimmung.

132 Vgl. *Rachkov*, Das neue russische Bodenrecht, S. 17.

133 Art. 3 Pkt. 9 des Änderungsgesetzes v. 10.5.2007, Nr. 69-FZ, SZ RF 21.5.2007, Nr. 21, Pos. 2455.

134 *Suchanov*, ĖP 2003, Nr. 1, S. 50 (51); *Gros'*, ŽRP 2002, Nr. 9, S. 42 (43); a.A. *Ikonickaja*, GiP 2002, Nr. 6, S. 5 (6 f.); *Syrodoev*, GiP 2001, Nr. 4, S. 28 (35).

135 *Čubarov*, Kodifikacija rossiskogo zemel'nogo zakonodatel'stva, S. 302; *Suchanov*, ŽRP 2006, Nr. 12, S. 42 (50); *Mitjagin*, Zakonodatel'stvo 2007, Nr. 5, S. 14 (18); a.A. *Anisimov/Melichov*, PiĖ 2008, Nr. 12, S. 4 (5 f.), welche sich gegen den Aufbau einer „Berliner Mauer" zwischen den zivilrechtlichen und öffentlichrechtlichen Normen des Bodengesetzbuchs aussprechen.

136 *Korneev*, Sdelki s zemel'nymi učastkami, S. 33 f.; *Achmadgazizov*, PVN 2008, Nr. 1, S. 12; *Vitrjanski*, ChiP 2003, Nr. 6, S. 3 (14). Erfreulich scharf wird dieser Zustand von *Suchanov*, Kodifikacija zakonodatel'stva o veščnom prave, S. 83 kritisiert, nach dem die Entwicklung eines zivilisierten

Nach überwiegender Ansicht sind bürgerliche Vermögensrechte, die Grundstücke zum Gegenstand haben, ausschließlich dem Regelungsbereich des Zivilrechts zuzuordnen.[137]

2. Verhältnis des ZGB zum BodenGB

Für grundstücksrechtliche Beziehungen stellt sich die Frage, nach welchen Vorschriften entsprechende Rechtsverhältnisse maßgebend auszugestalten sind, wie sich also insbesondere grundstücksrechtliche Bestimmungen des Zivilgesetzbuchs und des Bodengesetzbuchs zueinander verhalten. Diese Frage nach der Vorrangigkeit stellt sich in praktischer Hinsicht insbesondere aufgrund der dargestellten Widersprüche.

Das Problem des Rangverhältnisses dieser beiden Gesetzbücher stellt in der russischen Literatur nach wie vor eines der umstrittensten und grundlegendsten Probleme dar, von dessen Lösung nicht nur der Erlass weiterer zivil- und bodengesetzlicher Gesetze und Normen, sondern auch die konkrete Rechtsanwendung der entsprechenden Gesetze abhängt.

Grundsätzlich stehen in der Normenhierarchie der russischen Rechtsordnung alle föderalen Gesetze auf gleicher Stufe, unterhalb der Verfassung und den föderalen Verfassungsgesetzen.[138] Aus verfassungsrechtlicher Sicht stehen beide Gesetze auf gleicher Stufe, da es sich bei beiden um einfache föderale Gesetze handelt.

a. Position des Zivilgesetzbuchs

Eine einfachgesetzliche Aussage zum Verhältnis föderaler zivilrechtlicher Rechtsakte trifft das Zivilgesetzbuch in Art. 3 Abs. 2 S. 2 selbst. Danach müssen die nach Maßgabe des Zivilgesetzbuchs verabschiedeten anderen föderalen Gesetze, die zivilrechtliche Normen enthalten, dem Zivilgesetzbuch entsprechen.[139] Eine ausdrückliche Kollisionsregel ist in dieser Vorschrift aber nicht zu sehen.[140] Das Zivilgesetzbuch nimmt damit selbst eine Vorrangstellung gegenüber anderen Zivilgesetzen ein.[141] Eine solche Vorrangstellung könnte auch in dem Verweis des Art. 27 Abs. 1 BodenGB auf die Zivilgesetzgebung zu sehen sein.[142]

Immobilienmarkts angesichts des sowohl technisch als auch inhaltlich niedrigen Gesetzgebungsniveaus nicht erwartet werden kann.

137 *Mitjagin*, Zakonodatel'stvo 2008, Nr. 1, S. 63 (66); *Dobračev*, Problemy oborota zemli, S. 65.

138 Art. 15 Abs. 1, 76 Abs. 3, 108 VerfRF; zur Normenhierarchie in der russischen Gesetzgebung: *Spitsa/Lowitzsch*, WiRO 2000, S. 138 ff.; *Schaich* in: *Breidenbach* (Hrsg.), Handbuch WiRO, Bd. 3, RUS, A, Rn. 213 ff.; im Hinblick auf die Einordnung völkerrechtlicher Verträge: *Neshataeva*, RCEEL 2002-3, S. 137 ff.

139 Hierbei ist nochmals zu betonen, dass es sich bei dem Bodengesetzbuch um kein zivilrechtliches Gesetz handelt, vgl. oben Kapitel 1 B. III. 1., weshalb sich die Frage nach dem Rangverhältnis im Besonderen stellt. Die weiteren Ausführungen beziehen sich insofern auf die zivilrechtlichen Normen des Bodengesetzbuchs. Zum Verhältnis des Zivilgesetzbuchs zum Aktiengesetz und GmbH-Gesetz vgl. *Kruse*, Die personalistische Kapitalgesellschaft, S. 74 ff.

140 *Kruse*, Die personalistische Kapitalgesellschaft, S. 75.

141 *Solotych*, Zivilgesetzbuch der RF, Teil I, S. 23.

142 *Syrodoev*, GiP 2003, Nr. 8, S. 27 (29).

Zwar ist das Zivilgesetzbuch kein föderales Verfassungsgesetz, jedoch kommt ihm aufgrund seiner Bedeutung eine vergleichbare Stellung zu, wodurch es im Verhältnis zu anderen föderalen Gesetzen des Zivilrechts als „Erstes unter Gleichen" gilt.[143]

Interessanterweise finden sich aber auch im Zivilgesetzbuch Verweise auf die Bodengesetzgebung. Nach Art. 129 Abs. 3 i.V.m. Art. 260 Abs. 1, 209 Abs. 2, 3 ZGB ist der Grundstückseigentümer in seiner Verfügungsbefugnis frei, jedoch nur insoweit, als das durch die Bodengesetzgebung zulässig ist.[144]

Die gesetzliche Vorrangstellung führt dazu, dass die allgemeinen Kollisionsregeln *lex specialis derogat legi generali* und *lex posterior derogat legi priori* nicht angewendet werden können.[145]

b. Position des Bodengesetzbuchs

Im Bodengesetzbuch findet sich ebenfalls eine Regelung hinsichtlich des Verhältnisses bodenrechtlicher Normen. Gem. Art. 2 Abs. 1 S. 3 müssen bodenrechtliche Normen in anderen föderalen Gesetzen und Gesetzen der Subjekte der RF dem Bodengesetzbuch entsprechen.
In diesem Zusammenhang ist jedoch die bereits erwähnte Regelung des Art. 3 Abs. 3 BodenGB zu sehen.[146] Diese sieht die Regelung eigentumsrechtlicher Beziehungen im Bezug auf Grundstücke durch die Zivilgesetzgebung vor, soweit sich nicht aus bodenrechtlichen Vorschriften etwas anderes ergibt. An anderer Stelle – Art. 27 Abs. 1 BodenGB – findet sich jedoch die Klarstellung, dass der Rechtsverkehr mit Grundstücken in Übereinstimmung mit der Zivilgesetzgebung und dem Bodengesetzbuchs erfolgen soll.

c. Bewertung

aa. Vorrang des Zivilgesetzbuchs

Ausgehend von der Regelung des Art. 3 Abs. 2 S. 2 ZGB wird das Zivilgesetzbuch als ein koordinierendes Zentrum verstanden, das kraft dieser Stellung über anderen zivilrechtlichen Rechtsakten stehe.[147]

Die Vorrangstellung des Zivilgesetzbuchs in Fällen des Widerspruchs zum Bodengesetzbuch wird mit der Einordnung des Grundstücksrechts als zivilrechtliche Regelungsmaterie begründet. Sofern das Bodengesetz Ergänzungen enthält, behält es seine Berechtigung als spezielleres Gesetz.[148]

Auch kann in Art. 3 Abs. 3 BodenGB ein Widerspruch zu Art. Art. 3 Abs. 1 BodenGB gesehen werden, der die vermögensrechtlichen Beziehungen in Bezug auf Grundstücke wie Besitz, Nutzung und Verfügungen, sowie die damit verbundenen Rechtsgeschäfte nicht zum

143 *Braginski* in: *ders.* (Hrsg.), Art. 1-7, S. 44.

144 Hierzu Kapitel 1 C. II.

145 Hierzu auch *Oda*, Russian Commercial Law, S. 57.

146 Vgl. oben Kapitel 1 B. III.

147 *Mozolin* in: *Abova/Kabalkin* (Hrsg.), Kommentari k GK I, II, Art. 3, Rn. 3.

148 *Skvorcov*, Sdelki s nedvižimost'ju v kommerčeskom oborote, S. 83.

Regelungsgegenstand des Bodengesetzbuchs zählt. In diesen Beziehungen genießen die zivilrechtlichen Normen auf Grund Art. 3 Abs. 2 S. 2 ZGB Vorrang.[149]

bb. Vorrang des Bodengesetzbuchs

Durch dieses Verständnis wird das Zivilgesetzbuch in eine höherrangige Position gehoben, was einen Verstoß gegen die von der Verfassung der RF vorgegebene Normenhierarchie bedeutet.[150]
Diese Auffassung von einer Vorrangstellung ist aus verfassungsrechtlicher Sicht nicht mit Art. 76 VerfRF zu vereinbaren, und wurde vom Verfassungsgericht daher zurückgewiesen.[151]

Art. 3 Abs. 2 S. 2 ZGB wird insofern als gesetzeswidrig erachtet, da das Zivilgesetzbuch als ein föderales Gesetz und nicht als ein föderales Verfassungsgesetz erlassen wurde.[152]

Die Vorrangstellung des ZGB wird teilweise auch mit dem Sinn und Zweck des Art. 3 Abs. 2 S. 2, der in der Gewährleistung einer einheitlichen Zivilgesetzgebung besteht, begründet.[153] Dies vermag jedoch keine Rechtfertigung der verfassungsrechtlichen Bedenken zu sein.[154]

Das Bodengesetzbuch ist in Bezug auf seine zivilrechtlichen Regelungen ein Spezialgesetz (*lex specialis*) zum Zivilgesetzbuch und diesem daher vorrangig.[155] Diese Vorrangstellung aufgrund Spezialität ergibt sich aus der Besonderheit des Grundstücks als Rechtsobjekt und wird in Art. 3 Abs. 3 BodenGB ausgedrückt.[156] Die Regelungen des Zivilgesetzbuchs sind daher in Übereinstimmung mit den Vorschriften des Bodengesetzbuchs anzuwenden.
Die Vorrangstellung ergibt sich auch daraus, dass das Bodengesetzbuch das jüngere Gesetz ist.[157]

Für die Anwendung des Bodengesetzbuchs spricht auch die Tatsache, dass in einem neueren zivilrechtlichen Gesetzgebungsakt die Ausformung und Fortentwicklung der Rechtsgedanken des Zivilgesetzbuchs zu sehen ist.[158]

---

149 *Kulešova/Tret'jakov* in: *Barchatov* (Hrsg.), Art. 3 BodenGB, Rn. 3; *Tereščenko/Sergeev*, KJ 2006, Nr. 3, S. 44.

150 Zur Kritik in der deutschen Literatur *Solotych*, Zivilgesetzbuch der RF, Teil 1, S. 23, *Resch*, Unternehmensrecht in Russland, S. 88.

151 Punkt 3 des Beschlusses des Verfassungsgerichts der RF v. 5.11.1999, Nr. 182-O, SZ RF 27.12.1999, Nr. 52, Pos. 6460.

152 *Mozolin*, ŽRP 2005, Nr. 7, S. 33 (34).

153 *Sadikov* in: *Sadikov* (Hrsg.), Kommentari k GK I, Art. 3, Rn. 5; so auch *Falter* in: *Breidenbach* (Hrsg.), Handbuch WiRO, Bd. 3, RUS, D.II, Rn. 5.

154 *Resch*, Unternehmensrecht in Russland, S. 88.

155 *Mozolin*, ŽRP 2005, Nr. 7, S. 33 (34); *Kostina*, PiĖ 2007, Nr. 6, S. 99 (101); *Hoffmann-Hampe /Pietschmann*, OER 2003, S. 33 (35).

156 *Tichomirov*, ChiP-P 2008, Nr. 5, S. 3 (4); *Achmadgazizov*, PVN 2008, Nr. 1, S. 12; *Tichomirov, M. Ju.* in: *Čubukov/Tichomirov* (Hrsg.), Art. 3, Rn. 3; *Litovkin* in: *Sadikov* (Hrsg.), Kommentari k GK I, zu Kap. 17, Rn. 4.

157 *Lex posterior derogat legi priori*; *Mirošnikova* in: *Sergeev* (Hrsg.), Graždanskoe Pravo 1, S. 776; so auch *Skvorcov*, EŽ-Jurist 2004, Nr. 9.

158 In diesem Sinne *Falter* in: *Breidenbach* (Hrsg.), Handbuch WiRO, Bd. 3, RUS, D.II, Rn. 5.

Nicht zuletzt auch der Gesetzgeber selbst scheint dem Bodengesetzbuch eine Vorrangstellung einzuräumen. So wurden in einem, bereits erwähnten, bedeutenden Änderungsgesetz[159] einige Normen des Zivilgesetzbuchs aufgehoben oder den Regelungen des Bodengesetzbuchs angeglichen. Damit folgte der Gesetzgeber der höchstgerichtlichen Auffassung, nach der bereits seit längerem die Normen des Bodengesetzbuchs anzuwenden sind.[160]
Nach der überwiegenden Ansicht ist damit von einem Vorrang des Bodengesetzbuches auszugehen.[161]

IV. Sonstige Rechtsakte

Neben diesen wichtigsten Kodifikationen sind für die zivilrechtliche Betrachtung des Grundstücksrechts noch weitere Gesetze aus dem Zivil- und Bodenrecht von Bedeutung. Insofern sind das Föderale Gesetz „Über die Flurgestaltung“[162], das Föderale Gesetz „Über die Hypothek (Pfandrecht an Immobilien)“[163], das Föderale Gesetz „Über die staatliche Registrierung von Immobilienrechten und Immobiliengeschäften“[164] und das Föderale Gesetz „Über das staatliche Immobilienkataster“[165] zu nennen.
Für Moskau besteht zudem das Gesetz der Stadt Moskau „Über die Bodennutzung in der Stadt Moskau“[166].

Darüber hinaus bestehen für den Rechtsverkehr von landwirtschaftlichen Grundstücken besondere Regelungen, die im bereits genannten Gesetz „Über den Rechtsverkehr mit Liegenschaften landwirtschaftlicher Zweckbestimmung“ festgelegt sind.[167]

C. Eigentumsordnung

Die russische Gesetzgebung ist besonders in Fragen des Eigentumsrechts nach wie vor durch eine starke Politisierung und Ideologisierung geprägt.[168] Dies zeigt sich insbesondere in der Unterscheidung verschiedener Eigentumsarten.

---

159 Vgl. Fn. 129.

160 Plenarbeschluss des Höchsten Wirtschaftsgerichts der RF v. 24.3.2005, Nr. 11, Pkt. 24, VVAS RF 2005, Nr. 5, S. 12 (21), wonach eine Verfügungsbefugnis des Inhabers eines ständigen (unbefristeten) Nutzungsrechts gem. Art. 20 Abs. 4 BodenGB auch trotz der bis zum erwähnten Änderungsgesetz bestehenden gegensätzlichen Regelung des Art. 268 ZGB, nicht bestand.

161 Vgl. auch *Fleck*, Privates Grundeigentum, S. 179 m.w.N.

162 Föderales Gesetz v. 18.6.2001, Nr. 78-FZ, SZ RF 25.6.2001, Nr. 26, Pos. 2582.

163 Föderales Gesetz v. 16.7.1998, Nr. 102-FZ, SZ RF 20.7.1998, Nr. 29, Pos. 3400. Im Folgenden HypG. Dt. Übersetzung von *Knaul/Wedde/Solotych* in: *Breidenbach* (Hrsg.), Handbuch WiRO, Bd. 3, RUS, Nr. 230.

164 Föderales Gesetz v. 21.7.1997, Nr. 122-FZ, SZ RF 28.7.1997, Nr. 30, Pos. 3594. Im Folgenden ImmoRegG. Deutsche Übersetzung des ursprünglichen Gesetzestextes bei *Digmayer/Hüper/Rumjanzew*, WiRO 1998, S. 22 ff. und *Reinsch* in: *Breidenbach* (Hrsg.), Handbuch WiRO, Bd. 3, RUS, Nr. 255.

165 Föderales Gesetz v. 24.7.2007, Nr. 221-FZ, SZ RF 2007, Nr. 31, Pos. 4017, im Folgenden ImmoKatG.

166 Gesetz v. 19.12.2007, Nr. 48, VMPM 25.12.2007, Nr. 71.

167 Die Besonderheiten hinsichtlich landwirtschaftlicher Grundstücke bleiben in vorliegender Arbeit unberücksichtigt.

168 *Suhanov*, Probleme des Eigentumsrechts, S. 222.

I. Eigentumsarten

Mit der Regelung des Art. 212 ZGB erfolgt die Anerkennung privaten, staatlichen und anderen Eigentums. Das russische Recht geht damit nicht von einem einheitlichen Eigentumsbegriff aus, sondern differenziert nach den jeweiligen Rechtssubjekten und Rechtsobjekten.[169] Allen diesen Rechtssubjekten werden dieselben Befugnisse eingeräumt, so dass alle Eigentumsarten auf einer Stufe stehen. Was den Inhalt des Eigentumsrechts angeht, so besteht nur ein Eigentumsrecht, eine Unterscheidung des Inhalts und der Befugnisse nach dem Eigentumssubjekt erfolgt nicht.[170] Der Staat kann sein Eigentum ebenso wie andere juristische Personen in Zivilrechtsbeziehungen einsetzen und ist am Markt denselben Regeln unterworfen wie alle anderen Marktteilnehmer auch.
Der russische Gesetzgeber hat sich mit dieser Regelung von der Vorrangstellung des Staatseigentums verabschiedet und somit eine wesentliche Voraussetzung für eine funktionierende Marktwirtschaft geschaffen.[171] Dies drückt sich im Besonderen in den Art. 214 Abs. 2 ZGB, Art. 16 Abs. 1 BodenGB aus, nach denen gemäß einer generellen Vermutungsregel Staatseigentum an Grund und Boden nur das ist, was nicht im Eigentum von Bürgern, juristischen Personen oder kommunalen Gebilden steht.[172] Mit den genannten Vorschriften wird in Russland das private Grundeigentum anerkannt und somit eine wesentliche Voraussetzung für Verwirklichung wirtschaftlicher Interessen statuiert.[173]

Die Gleichstellung der Eigentumsinhaber wurde durch eine Leitentscheidung des Obersten Wirtschaftsgerichts der RF[174] bestätigt, nach der das Eigentum aller Eigentümer in gleicher Weise geschützt wird.

1. Öffentliches Eigentum

Das ursprünglich konturenlose Staatseigentum wurde nach dem Gesetz „über die Zuordnung des staatlichen Eigentums an Grund und Boden“[175] auf verschiedene öffentlich-rechtliche Eigentümer aufgeteilt. Die Zuordnung erfolgte auf drei Ebenen: Eigentum der RF, Eigentum von den Subjekten, Eigentum der Gemeinden.

---

169 *Suchanow*, Das Privatrecht in der modernen russischen Zivilgesetzgebung, S. 146; die Objekte staatlichen bzw. öffentlichen Eigentums werden damit einem Sonderrecht unterstellt und gelten zivilrechtlich als „rei extra commercium“, *Pfaff*, JOR 1996, S. 267 (269); vgl. hierzu grundsätzlich *Wieling*, Sachenrecht, S. 24.

170 *Suchanov*, Kodifikacija zakonodatel'stva o veščnom prave, S. 89; *Čubarov* in: *Sadikov* (Hrsg.), Kommentari k GK I, Art. 212, Rn. 2; gegen eine „überflüssige und schädliche Auflösung des einheitlichen Eigentumsbegriffs“ auch *Knieper*, WiRO 2008, S. 193 (196).

171 *Suchanow*, Das Privatrecht in der modernen russischen Zivilgesetzgebung, S. 146.

172 *Mozolin* in: *Abova/Kabalkin* (Hrsg.), Kommentari k GK I, Art. 212, Rn. 1; *Zentner*, WiRO 2000, S. 333 (334); *Solotych*, Zivilgesetzbuch der RF, Teil 1, S. 54; für ein gegenteiliges Verständnis, nach dem die Vermutung zu Gunsten des öffentlichen Eigentums gilt, *Tichomirov*, ChiP-P 2008, Nr. 5, S. 14.

173 Der Eindruck *Westens*, dass neben den früheren Formen des sozialistischen Eigentums das Privateigentum lediglich als eine weitere Form nun auch zugelassen sei, kann nicht geteilt werden; *Westen* in: *Brunner/Schmid/Westen* (Hrsg.), WOS, RF I, Einführung, S. 4.

174 Pkt. 1 des Plenarurteils des Obersten Wirtschaftsgerichts v. 25.2.1998, Nr. 8, VVAS RF 1998, Nr. 10.

175 Föderales Gesetz „Über die Zuordnung des staatlichen Eigentums an Grund und Boden“ v. 17.7.2001, Nr. 101-FZ, SZ RF 23.7.2001, Nr. 30, Pos. 3060 (mit föderalem Gesetz v. 17.4.2006, Nr. 53-FZ am 1.7.2006 außer Kraft getreten); Einführung und dt. Übersetzung von *Digmayer*, WiRO 2002, S. 81.

2. Andere Formen des Eigentums

Fraglich ist, was unter dieser Eigentumsform zu verstehen ist, da weder das Zivilrecht, noch die Verfassung Aufschluss darüber geben.[176] Bereits aus einer systematischen Auslegung der Vorschrift kann man zu dem Schluss gelangen, dass es neben privatem und öffentlichem Eigentum keine anderen Eigentumsformen geben kann.[177] Inhaber des Eigentumsrechts können gem. Art. 212 Abs. 2 ZGB nämlich nur Bürger und juristische Personen sowie die Russische Föderation, deren Subjekte und kommunale Körperschaften sein. Insofern ist nicht ersichtlich, wer Inhaber anderer Eigentumsformen sein soll, noch was darunter zu verstehen ist.
Die Formulierung ist als reine Wiederholung der verfassungsrechtlichen Regelung des Art. 8 Abs. 2 VerfRF zu verstehen, der keine zivilrechtliche Bedeutung zukomme.[178] Andere Eigentumsformen existieren in der russischen Gesetzeslage nicht, es erfolgt lediglich eine Unterscheidung in privates und öffentliches Eigentum.[179]

II. Inhalt des Eigentumsrechts

Nach Art. 35 Abs. 2 VerfRF hat jeder das Recht, Vermögen in seinem Privateigentum zu haben und es zu besitzen, zu nutzen und darüber zu verfügen. Auch das Zivilgesetzbuch gewährt dem Eigentümer die aus dem römischen Recht stammende Triade an Eigentumsbefugnissen: den Besitz, die Nutzung und die Verfügung über das Eigentum, Art. 209 Abs. 1 ZGB.[180] Gesetzlich geregelt sind gem. Art. 209 Abs. 2 ZGB nur die positiven Eigentumsbefugnisse („nach Belieben zu verfahren“).[181] Ein Ausschluss anderer Personen von der Einwirkung ist gesetzlich nicht ausdrücklich normiert, jedoch weithin anerkannt.[182]

Im vorliegenden Zusammenhang spielt insbesondere die Verfügungsbefugnis des Eigentümers eine bedeutende Rolle. Hierin besteht die Möglichkeit des Eigentümers, nach freier Entscheidung eigentumsbezogene Rechtsgeschäfte[183] vorzunehmen und somit das rechtliche Schicksal der Sache zu bestimmen.[184] Dazu zählen insbesondere die Begründung und Änderung dinglicher Rechte.

Eingeschränkt wird das Eigentumsrecht gem. Art. 209 Abs.2 ZGB durch Gesetz oder sonstige Rechtsvorschriften und die Rechte und gesetzlich geschützten Interessen andere Personen. Mit den „Rechten anderer Personen“ sind auch alle dinglichen Rechte gemeint.

---

176 *Čubarov* in: in: *Sadikov* (Hrsg.), Kommentari k GK I, Art. 212, Rn. 1.

177 In diesem Sinne *Suchanov*, Kodifikacija zakonodatel'stva o veščnom prave, S. 89.

178 *Averčenko* in: *Sergeev* (Hrsg.), Graždanskoe Pravo 1, S. 624; zutreffend wird diese Normierung daher auch als „Irrtum ohne realen juristischen Sinn“ bezeichnet, *Suchanov* in: *Braginski* (Hrsg.), Art. 209-217, S. 274.

179 *Sklovski*, Sobstvennost' v graždanskom prave, S. 213; *Suhanov*, Probleme des Eigentumsrechts, S. 223.

180 Zu den Ursprüngen der Befugnistriade und deren Einführung in das russische Recht vgl. *Tarasenko* in: *Belov* (Hrsg.), Graždanskoe pravo, S. 483.

181 Die Formulierung, dass der Eigentümer nach Belieben mit der Sache verfahren kann, erinnert stark an § 903 BGB, vgl. *Solotych*, Das neue russische ZGB, S. 37.

182 *Mozolin* in: *Abova/Kabalkin* (Hrsg.), Kommentari k GK I, Art. 209, Rn. 1.

183 Z.B. verkaufen, verschenken, verpachten, verpfänden; vgl. Čubarov in: *Sadikov* (Hrsg.), Kommentari k GK I, Art. 209, Rn. 3.

184 *Sklovski*, Sobstvennost' v graždanskom prave, S. 178.

Die gesetzliche Einschränkung des Eigentumsrechts und anderer bürgerlicher Rechte kann nur durch föderale Gesetze erfolgen. Dies ergibt sich einerseits aus Art. 1 Abs. 2 ZGB[185], andererseits auch aus der Rechtsprechung des Obersten Gerichts der RF.[186]

Teilweise werden diese grundsätzlichen Befugnisse (Besitz, Nutzung, Verfügung) näher charakterisiert und ausgestaltet.[187]
Das Entscheidende jedoch ist nicht die Bezeichnung oder etwa die Anzahl von Befugnissen, sondern dass der Eigentümer berechtigt ist, nach Belieben mit der Sache zu verfahren.[188] Dies erfordert ein reales Maß an juristischer Macht, welche den Bürger im Bezug auf sein Eigentum vor staatlichen Eingriffen schützt.[189] Eine Unterscheidung verschiedener Befugnisse erübrigt sich auch insoweit, als dass sie sich alle unter eine der grundlegenden Befugnisse (Besitz, Nutzung, Verfügung) fassen lassen.[190]

Grundsätzlich kann Eigentum von Privatpersonen an beliebigen Gegenständen bestehen, Art. 213 Abs. 1 ZGB, also auch insbesondere an Grund und Boden.[191] Ausnahmen von diesem Grundsatz sind nur auf der Grundlage eines Gesetzes möglich. Auch juristische Personen können Eigentümer von Grundstücken werden.[192]
Das Grundeigentum erstreckt sich gem. Art. 261 Abs. 2 ZGB auf die Oberflächenschicht und Gewässer sowie die auf ihm befindlichen Pflanzen innerhalb der Grundstücksgrenzen, wenn nichts anderes gesetzlich geregelt ist.

Hinsichtlich des Grundeigentums findet Art. 40 BodenGB Anwendung.[193] Diese Vorschrift formuliert eine detaillierte Ausgestaltung der Eigentümerbefugnisse über das Grundstück.[194] Die darin genannten Befugnisse umschreiben ausführlich die verschiedenen Nutzungsmöglichkeiten des Grundstückseigentümers, nicht hingegen die Verfügungsbefugnis.[195] Im Einzelnen ist der Grundstückseigentümer dazu befugt, die Bodenschätze und Gewässer auf dem Grundstück zu nutzen (Abs. 1 Pkt. 1), Gebäude und Anlagen auf dem Grundstück zu errichten

185 *Čubarov* in: *Sadikov* (Hrsg.), Kommentari k GK I, Art. 209, Rn. 7 a).

186 BVS RF 1992, Nr. 1, S. 12; BVS RF 1996, Nr. 12, S. 11 f.

187 Etwa *Vlasova*, Pravo sobstvennosti, S. 36, die 11 Befugnisse aufzählt; vgl. auch *Tarasenko* in: *Belov* (Hrsg.), Graždanskoe pravo, S. 484 ff. m.w.N.

188 *Suhanov*, Probleme des Eigentumsrechts, S. 223; *Tarasenko* in: *Belov* (Hrsg.), Graždanskoe pravo, S. 488.

189 *Suhanov*, Probleme des Eigentumsrechts, S. 223.

190 *Tarasenko* in: *Belov* (Hrsg.), Graždanskoe pravo, S. 484 f.

191 Vgl. auch Art. 209 Abs. 3, Art. 15 Abs. 1 BodenGB.

192 Interessanterweise verdient diese Feststellung besondere Erwähnung und scheint im Verständnis russischer Juristen auch knapp zwei Jahrzehnte nach dem Übergang zur Marktwirtschaft und Anerkennung des privaten Grundeigentums noch keine Selbstverständlichkeit zu sein, *Suchanow*, Das Privatrecht in der modernen russischen Zivilgesetzgebung, S. 148.

193 *Čubarov* in: *Sadikov* (Hrsg.), Kommentari k GK I, Art. 209, Rn. 4.

194 Bedenken an dieser Regelung ergeben sich aus der verfassungsrechtlichen Eigentumsgarantie des Art. 34 Abs. 1, 35 Abs. 1 VerfRF. Danach darf der Eigentümer grundsätzlich frei mit seinem Eigentum verfahren, so dass der Regelungsansatz des Art. 40 BodenGB, der einzelne Eigentumsbefugnisse aufzählt, zu Recht kritisiert wird, *Hoffmann-Hampe/Pietschmann*, OER 2003, S. 33 (39).

195 *Tichomirov*, ChiP-P 2008, Nr. 5, S. 49.

(Abs. 1 Pkt. 2), verschiedene Instandhaltungs- und Verbesserungsarbeiten durchzuführen (Abs. 1 Pkt. 3) sowie andere gesetzlich vorgesehene Nutzungen zu realisieren.

III. Begriffserklärungen

In dem nun folgenden Punkt sollen einige Begriffe geklärt werden, deren Verständnis die weitere Erörterung voraussetzt. Diese Darstellung erfolgt in der gebotenen Kürze und mit dem Ziel, die Rechtserkenntnis zu fördern. Gerade dieser Gesichtspunkt wird auch in der heutigen russischen Literatur noch all zu häufig außer Acht gelassen, und terminologische Fragestellungen werden oft ausgiebig und ohne fruchtbares Ergebnis diskutiert.[196]

1. Vermögen

Gegenstand des Eigentumsrechts und anderer dinglicher Rechte sind im russischen Recht nach dem Gesetzeswortlaut nicht nur Sachen (russ. *vešč'*), sondern Vermögenswerte (russ. *imuščestvo*) im Allgemeinen.[197]
Das Zivilgesetzbuch liefert keine Legaldefinition und verwendet diesen Begriff in verschiedenen Bedeutungen.[198] Daher ist im jeweiligen Zusammenhang durch Auslegung die Bedeutung des Begriffs zu ermitteln.[199] Vorliegend ist somit zu untersuchen, welche „Vermögenswerte" Gegenstand dinglicher Rechte sein können.

Unter Einbeziehung des Art. 128 ZGB kann man im Wege einer systematischen Auslegung zu dem Schluss kommen, dass neben körperlichen Sachen auch Vermögensrechte aller Art davon erfasst werden.[200]
Dies führt jedoch dazu, dass die Grenze zwischen dinglichen und schuldrechtlichen Forderungen fließend wird.[201]

Deshalb können nach anderer Ansicht vermögenswerte Rechte, die Inhalt schuldrechtlicher Beziehungen sind, nicht Gegenstand dinglicher Rechte sein.[202] Daraus ergibt sich, dass nur Sachen im Sinne körperlicher Gegenstände Gegenstand subjektiver Sachenrechte sein können.[203] Eine Vermischung dinglicher und schuldrechtlicher Verhältnisse ist dann nicht gegeben.[204] Soweit ersichtlich, entspricht dieses Verständnis der überwiegenden Meinung.

2. Unbewegliches Vermögen/Immobilie

Zu untersuchen ist vorab, was nach dem russischen Rechtsverständnis unter dem Begriff der „Immobilie" zu verstehen ist. Anzumerken ist hierbei, dass der Gesetzgeber die Begriffe „un-

196 Treffend *Schroeder*, Methodenprobleme der Ostrechtsforschung, S. 97.

197 Vgl. u.a. Art. 209, 212, 216, 217 ZGB.

198 *Solotych*, Zivilgesetzbuch der RF, Teil I, S. 48.

199 *Suchanov* in: *ders.* (Hrsg.), Graždanskoe Pravo I, S. 399.

200 *Čubarov* in: *Sadikov* (Hrsg.), Kommentari k GK I, Art. 209, Rn. 2; *Braginski* in: *ders./Vitrjanski* (Hrsg.), Dogovornoe pravo I, S. 285; *Efimova*, GiP 1998, Nr. 10, S. 35 (41); auch *Arzinger/Galander*, Russisches Wirtschaftsrecht, S. 281.

201 So *Solotych*, Zivilgesetzbuch der RF, Teil I, S. 48.

202 *Mattei/Suchanov*, Pravo sobstvennosti, S. 334; *Babaev*, Sistema veščnych prav, S. 201.

203 *Averčenko* in: *Sergeev* (Hrsg.), Graždanskoe Pravo 1, S. 591; *Suchanov* in: *ders.* (Hrsg.), Graždanskoe Pravo II, S. 8, 11; *Derjugina*, ŽRP 2001, Nr. 5, S. 44 (46).

204 *Mattei/Suchanov*, Pravo sobstvennosti, S. 335.

bewegliche Sache“, „unbewegliches Vermögen“ und „Immobilie“ im gleichen Kontext und damit wohl als Synonyme verwendet.[205]

In Abgrenzung zu beweglichen Sachen werden als unbeweglich alle Sachen angesehen, die nicht kraft ihrer natürlichen Beschaffenheit oder einer gesetzlichen Zuordnung zu den beweglichen Sachen gehören.[206]

Gem. Art. 130 Abs. 1 S. 1 ZGB sind Grundstücke, Teile des Erdinneren und alles, was fest mit dem Grund und Boden verbunden ist, dass heißt Objekte, deren Fortnahme nicht ohne unverhältnismäßige Beeinträchtigung ihrer bestimmungsgemäßen Verwendung möglich ist, als Immobilien definiert. Dies sind unter anderem Gebäude, Anlagen und unvollendete Bauwerke.

Zudem fallen unter den Begriff der Immobilie auch registrierungspflichtige Flugzeuge und Schiffe, Objekte der Raumfahrt (Art. 130 Abs. 1 S. 2 ZGB), sowie andere Vermögensgegenstände, die durch Gesetz den unbeweglichen Sachen zugeordnet werden können (Art. 130 Abs. 1 S. 3 ZGB).
Durch eine solche gesetzliche Regelung wurden auch Wirtschaftsunternehmen[207], Wohn- und Gewerberäume[208] und Objekte der Telekommunikation und Verbindung[209] zu Immobilien erklärt.
Nach überwiegender Ansicht ist die Zuordnung eines Wirtschaftsunternehmens als unbewegliches Vermögen und damit als Gegenstand subjektiver Sachenrechte unzutreffend und die gesetzliche Regelung damit unrichtig.[210] Der ständig wechselnde Bestand an Rechten und Pflichten des Unternehmens macht es praktisch kaum möglich, das Unternehmen als einheitliches unbewegliches Vermögensobjekt zu fassen.[211] In dieser Regelung ist daher ein Verstoß gegen das Spezialitätsprinzip zu sehen.[212]

Das Gesetz nimmt damit eine Unterteilung von Immobilienobjekten danach vor, dass einerseits die natürliche Beschaffenheit, und andererseits die gesetzliche Normierung für die Quali-

---

205 Kritisch hierzu *Kiseleva*, ZR 2007, Nr. 9, S. 129 (131) m.w.N.; differenzierend auch *Grechova*, PiP 2007 Nr. 5, S. 141 (142). Angesichts des Gesetzeswortlauts des Art. 130 ZGB (*nedvižimye vešči*) überrascht die Feststellung *Flecks*, Privates Grundeigentum, S. 105, Fn. 360, dass im russischen Zivilrecht der Begriff der Sache nicht auftaucht. Eingehend zum Begriff der Sache, deren gesetzlicher Verwendung und Qualifikation als Rechtsobjekt sei verwiesen auf *Suchanov* in: *ders.* (Hrsg.), Graždanskoe Pravo I, S. 400 ff.; *Mitjagin*, Zakonodatel'stvo 2007, Nr. 5, S. 14 (19 f.).

206 *Sergeev* in: *ders.* (Hrsg.), Graždanskoe Pravo 1, S. 378.

207 Art. 130 Abs. 1 S. 3 i.V.m. 132 Abs. 1 S. 2 ZGB. Hierzu *Čubarov* in: *Sadikov* (Hrsg.), Kommentari k GK I, Art. 209, Rn. 2.

208 Art. 130 Abs. 1 S. 3 ZGB i.V.m. Art. 1 RegG.

209 Art. 130 Abs. 1 S. 3 ZGB i.V.m. Art. 8 Abs. 1 des Gesetzes über Verbindungen (Föderales Gesetz „Über Verbindungen“ v. 7.7.2003 Nr. 126-FZ, SZ RF 2003, Nr. 28, Pos. 2895). Dies wurde durch Punkt 5 der Regierungsverordnung v. 11.2.2005, Nr. 68 (SZ RF 2005, Nr. 8, Pos. 650) konkretisiert und bestätigt.

210 *Babaev*, Sistema veščnych prav, S. 200; *Vitrjanski*, ChiP 2003, Nr. 6, S. 3 (12); *Averčenko* in: *Sergeev* (Hrsg.), Graždanskoe Pravo 1, S. 591.

211 *Suchanov*, PVN 2005, Nr. 1, S. 34 (37); zur ausführlichen Kritik vgl. Konzeption (russ.), S. 43f.

212 *Suchanov* in: *ders.* (Hrsg.), Graždanskoe Pravo II, S. 11; *ders.*, ŽRP 2006, Nr. 12, S. 42 (48).

fizierung einer Sache als Immobilie maßgebend sein können.[213] Entscheidend ist aber in allen Fällen die Registrierungspflicht, welche entsprechend dem römischrechtlichen Grundsatz des *civiliter immobiles* für alle gesetzlich genannten Immobilienobjekte obligatorisch ist.[214]

Die gesetzlichen Kriterien zur Bestimmung einer Sache als unbeweglich sind unzureichend. In der heutigen Zeit ermöglichen es die technischen Errungenschaften, auch Gebäude, Brücken etc. so fortzubewegen, dass sie keinen unverhältnismäßigen Schaden dabei nehmen.[215]Abzustellen ist daher vielmehr darauf, dass eine Sache dann als unbeweglich angesehen werden muss, wenn ihre bestimmungsgemäße Verwendung nicht ohne die Verbindung mit dem Grund und Boden möglich ist.[216]

3. Grundstück

Grundstücke gelten gem. Art. 130 ZGB als Immobilien kraft natürlicher Beschaffenheit. Sie sind zudem die Grundlage für das Bestehen jeglichen anderen unbeweglichen Vermögens.[217] Das Zivilgesetzbuch selbst definiert diesen Begriff nicht. Eine solche Definition jedoch findet sich in Art. 11.1 BodenGB[218]. Danach ist ein Grundstück ein Teil der Erdoberfläche, dessen Grenzen in Übereinstimmung mit föderalen Gesetzen[219] bestimmt sind.

Wie sich aus Art. 261 Abs. 2 ZGB[220] ergibt, erfasst der Begriff des Grundstücks als solcher nicht die Oberflächen(Boden-)Schicht und darauf befindliche Pflanzen.[221] Dies entspricht der Besonderheit der russischen Eigentumssystematik, nach der das Grundstück und darauf bele-

---

213 *Vitrjanski*, ChiP 2003, Nr. 6, S. 3 (5); *Suchanov*, Kodifikacija zakonodatel'stva o veščnom prave, S. 81.

214 Vgl. *Sultanova*, RIW 2002, S. 768 (769); *Kozyr'*, Zakon 1999, Nr. 4, S. 18 (19).

215 *Il'in*, ŽRP 2005, Nr. 8, S. 144 (146).

216 Konzeption (russ.), S. 8; *Ivanov*, VGP 2007, Nr. 2, S. 18 (22); *Petrovičeva* in: *Mozolin/Maleina* (Hrsg.), Art. 130, Rn. 2; *Mozolin* in: *Abova/Kabalkin* (Hrsg.), Kommentari k GK I, Art. 130, Rn. 2; in diesem Sinne bereits *Sinajski*, Russkoe graždanskoe pravo, S. 127.

217 *Degtev*, PiĖ 2005, Nr. 8, S. 54 (57); auf Grund dieser Eigenschaft und der absoluten Unbeweglichkeit wird das Grundstück treffend als „Superimmobilie" bezeichnet, *Mitjagin*, Zakonodatel'stvo 2007, Nr. 5, S. 14 (22).

218 Durch Art. 5 Abs. 4 des Änderungsgesetzes v. 22.7.2008, Nr. 141-FZ, SZ RF 28.7.2008, Nr. 30 (Teil 1), Pos. 3597 wurde ein gesondertes Kapitel I.1 zu Regelungen über das Verständnis und die Bildung von Grundstücken in das Bodengesetzbuch eingefügt. Dazu *Galinovskaja*, ChiP 2009, Nr. 1, S. 11 ff.

219 Insbesondere Art. 7 Abs. 1 Pkt. 3 des Föderalen Gesetzes „Über das staatliche Immobilienkataster" v. 24.7.2007, Nr. 221-FZ, SZ RF 30.7.2007, Nr. 31, Pos. 4017.

220 Danach erstreckt sich das Eigentum an einem Grundstück auf die innerhalb der Grenzen dieses Grundstücks befindliche Oberflächen(Boden-)Schicht und geschlossene Gewässer sowie die auf ihm befindlichen Pflanzen, soweit nichts anderes gesetzlich geregelt ist.

221 Vgl. *Mitjagin*, Zakonodatel'stvo 2007, Nr. 5, S. 14 (21). In dieser Frage bestand in der russischen Literatur lange Uneinigkeit. Grund hierfür war eine weitere gesetzliche Definition, welche sich in Art. 1 des nunmehr außer Kraft getretenen *Bodenkatastergesetzes* (Föderales Gesetz v. 2.1.2000, Nr. 28-FZ, SZ RF 10.1.2000, Nr. 2, Pos. 149) fand. Unter einem Grundstück war danach ein Teil der Erdoberfläche (einschließlich der oberen Bodenschicht) zu verstehen, dessen Grenzen vom zuständigen Staatsorgan im vorgeschriebenen Verfahren aufgenommen und bestätigt wurden, sowie alles, was sich über und unter der Grundstücksoberfläche befand, sofern durch die föderalen Gesetze „Über den Erdkörper", „Über die Nutzung des Luftraums" und andere föderale Gesetze nichts anderes vorgesehen war. Hierzu *Misnik*, GiP 2005, Nr. 10, S. 57 ff. (61 ff.).

gene Immobilienobjekte als eigenständige Rechtsobjekte verstanden werden und im Eigentum verschiedener Personen liegen können.

Unklarheiten bestehen darin, dass sowohl das Zivilgesetzbuch als auch das Bodengesetzbuch sowohl den Begriff des „Grundstücks" (russ. *zemelnyj učastok*)[222] als auch des „Grund und Bodens" (russ. *zemlja*)[223] verwenden. In letzterem Falle wird der Boden als natürliches Objekt und Naturresource verstanden und in diesem Verständnis als Objekt zivilrechtlicher Beziehungen anerkannt, Art. 1 Pkt. 1 BodenGB.
Objekt zivilrechtlicher Vermögensbeziehungen kann jedoch nur ein Grundstück und nicht abstrakt der Boden nach dem Verständnis als Naturresource sein.[224]

4. Grundstücksteil

Nach Art. 6 Abs. 1 Pkt. 3 BodenGB kann auch ein Grundstücksteil Gegenstand von Bodenbeziehungen sein. Allerdings stellt sich die Frage, ob dies nicht nur für die in Art. 3 Abs. 1 BodenGB bezeichneten Bodenbeziehungen, sondern auch für grundstücksrechtliche Beziehungen im zivilrechtlichen Sinne gelten kann.
Im Ergebnis muss dies verneint werden. Gegenstand zivilrechtlicher Beziehungen kann nur ein Grundstück im Ganzen sein, nicht hingegen ein Teil eines solchen.[225] Dies folgt bereits aus Art. 128 ZGB, nach dem nur Sachen Gegenstand bürgerlicher Rechte sein können und nicht Teile davon.[226] Dies folgt auch aus dem Bodengesetzbuch selbst. Eine Grundstücksteilung führt gem. Art. 11.2 Abs. 1, 11.4 Abs. 1 BodenGB nur zur Entstehung neuer Grundstücke, die nach der katasterlichen Erfassung (Art. 70 BodenGB) und entsprechender Registrierung (vgl. Art. 22.2 ImmoRegG) selbständige Rechtsobjekte darstellen.[227]

IV. Trennung von Grundstücks- und Gebäudeeigentum

1. Regelung im Zivilgesetzbuch

Hinsichtlich der Eigentumsverhältnisse an Grund und Boden weist das russische Recht die Besonderheit auf, dass das Eigentum am Grundstück und das Eigentum an darauf befindlichen Gebäuden unterschiedlichen Personen zugeordnet werden kann.
Diese Besonderheit ist unter anderem in Art. 271 Abs. 1 S. 1 ZGB gesetzlich festgelegt. Danach hat der Eigentümer eines Gebäudes, einer Anlage oder einer anderen Immobilie, die sich

---

222 Vgl. Art. 260 Abs. 1, 264 Abs. 1 ZGB, Art. 6 Abs. 1 Pkt. 2, 20 Abs. 1 BodenGB.

223 Vgl. Art. 214 Abs. 2, 209 Abs. 3, 129 Abs. 3 ZGB, Art. 6 Abs. 1 Pkt. 1 BodenGB.

224 *Goličenkov* in: *Volkov/ders./Kozyr'* (Hrsg.), Art. 1 Rn. 1.3.1.1; *Degtev*, PiĖ 2005, Nr. 8, S. 54 (55); *Misnik*, GiP 2005, Nr. 10, S. 57 (63f.); *Mitjagin*, Zakonodatel'stvo 2007, Nr. 5, S. 14 (18); in diesem Sinne auch *Sergeev* in: *ders.* (Hrsg.), Graždanskoe Pravo 1, S. 375, der nur solche Sachen, die eine „nützliche Beschaffenheit" aufweisen, als taugliche Objekte des Rechtsverkehrs erachtet.

225 *El'nikova*, ZR 2007, Nr. 10, S. 10 (11); *Stepanov*, Nedvižimoe imuščestvo, S. 42; *Ikonickaja*, Zemel'noe pravo, S. 34; *Rutkovskaja/Vasil'eva*, AP 2008, Nr. 7, S. 13 (21); *Minina* in: *Saj/Bogolojubov* (Hrsg.), Art. 6, Rn. 1; a.A. *Badulin*, ChiP 2006, Nr. 1, S. 86 (88 f.).

226 *Anisimov*, RJu 2007, Nr. 12, S. 23.

227 *Tichomirov*, PchiP, 2008, Nr. 5, S. 3 (10); Konzeption (russ.), S. 9; Urteil des Föderalen Wirtschaftsgerichts des Nordwestlichen Bezirks v. 21.7.2004, Nr. A56-2920/04; die Frage nach der Teilbarkeit eines Grundstücks kann im Bebauungsplan (russ.: *gradostroitel'nyj plan*) geregelt werden, Art. 44 Abs. 4 Städtebaukodex.

auf dem Grundstück befindet, welches einer anderen Person gehört, das Recht der Nutzung des ihm von dieser Person für diese Immobilie überlassenen Grundstücks.[228]
In diesem Zusammenhang ist erneut die Vorschrift des Art. 261 Abs. 2 ZGB zu beachten. Das Eigentum an einem Grundstück erstreckt sich nur auf die Oberflächen(Boden-)Schicht, geschlossene Gewässer und Pflanzen, nicht hingegen auf das aufstehende Gebäude.
Auch die Vorschrift des Art. 263 ZGB drückt diese Besonderheit aus. Nach Abs. 1 kann der Grundstückseigentümer anderen Personen die Bebauung seines Grundstücks gestatten. Diese werden Eigentümer des von ihnen errichteten Gebäudes. Der Grundstückseigentümer erwirbt gem. Abs. 2 Eigentum nur an dem Gebäude, welches er für sich selbst errichtet.

Aus dieser Trennung von Grundstücks- und Gebäudeeigentum folgt, dass beide Objekte unabhängig voneinander verkauft werden können.[229] Beim Verkauf des Gebäudes findet nicht automatisch eine Übertragung des Eigentumsrechts am zugrunde liegenden Grundstück an den Käufer statt.

Die Aufspaltung der Eigentumsbeziehungen hat damit konsequenterweise zur Folge, dass der Eigentümer des Grundstücks, der zugleich auch Eigentümer des aufstehenden Gebäudes ist, formalrechtlich einerseits Inhaber des Grundstückseigentums und andererseits Inhaber des Gebäudeeigentums und damit zweier Rechte ist.[230] Auch in schuldrechtlicher Sicht sind Grundstücks- und Gebäudeeigentum als Kaufobjekte zu unterscheiden und getrennt abzuwickeln.[231]

Diese Regelung steht im Gegensatz zu dem aus dem römischen Recht stammenden Grundsatz *superficies solo cedit*, welcher auch im geltenden deutschen Recht verwirklicht ist.[232]

a. Hintergrund

Die Trennung von Eigentum am Grundstück und dem Eigentum an darauf befindlichen Gebäuden ist historisch bedingt.[233] So gab es während der Sowjetzeit zwar Privateigentum an Gebäuden, aber kein Privateigentum an Grund und Boden. Bodeneigentum war stets Staatseigentum bzw. „Vermögen des Volkes".[234] So fielen Privateigentum an einem Gebäude und Staatseigentum an dem entsprechenden Grundstück zwangsweise auseinander. Diese Situation besteht wie dargestellt bis heute größtenteils fort.
Dieser Umstand stand einer gesetzlichen Übernahme des Grundsatzes „superficies solo cedit" in das neue Zivilgesetzbuch im Wege, der somit nicht (wieder) eingeführt werden konnte.[235] Eine Einführung dieses Grundsatzes hätte eine faktische Verstaatlichung des privaten Gebäudeeigentums bedeutet.

---

228 Zur rechtlichen Charakterisierung dieses Rechts siehe unten Kapitel 3 D. III.

229 Dies ergibt sich aus Art. 552 Abs. 1 ZGB. Eine gesetzliche Ausnahme besteht nach Art. 552 Abs. 2 ZGB in dem Fall, wenn Gebäude und Grundstück im Eigentum derselben Person befindlich sind. Hierzu Kapitel 1 C. IV. 3.

230 So auch *Gerasin*, WiRO 2005, S. 297.

231 *Baranova*, RIW 2005, S. 39 (42); *Gerasin*, ChiP 2008, Nr. 2, S. 71 (76).

232 § 94 Abs. 1 BGB. Vgl. *Ellenberger* in: *Palandt* (Hrsg.), § 94, Rn. 2.

233 *Baranova*, ZiĖ 2004, Nr. 12, S. 72; *Dobračev*, Problemy oborota zemli, S. 63.

234 *Pfaff*, JOR 1996, S. 267; *Resch*, Unternehmensrecht in Russland, S. 69; *Babenkova*, Grundstücksveräußerung nach deutschem und russischem Recht, S. 242 f.

235 *Suchanov*, Kodifikacija zakonodatel'stva o veščnom prave, S. 80.

b. Rückblick

Die Trennung von Gebäude- und Grundstückseigentum charakterisiert jedoch nur das sowjetische und heutige Grundstücksrecht. Sie gilt nicht für die Eigentumssituation im vorrevolutionären Russland. In dieser Zeit verstand sich unter einer Immobilie das Grundstück und alle darauf befindlichen Gegenstände.[236] Das Grundstück stellte demnach die Hauptsache, alle anderen damit verbundenen Objekte dessen Zubehör dar.[237]

2. Regelung im Bodengesetzbuch – Grundsatz der Vereinheitlichung

Das Bodengesetzbuch geht in Art. 1 Abs. 1 Pkt. 5 von einem einheitlichen Schicksal von Grundstücks- und Gebäudeeigentum aus. Alle fest mit dem Grundstück verbundenen Objekte teilen das Schicksal des Grundstücks, sofern nicht durch ein föderales Gesetz eine Ausnahme vorgesehen ist.[238]
Dieser Grundsatz gilt schon im Stadium der Privatisierung. So kann ein Gebäude gem. Art. 3 Abs. 7 Einführungsgesetz zum BodenGB[239] nicht ohne gleichzeitige Privatisierung des entsprechenden Grundstücks privatisiert werden. Folgerichtig geht auch das Privatisierungsgesetz (Art. 28 Abs. 1) von dieser Regel aus.[240]

a. Der Weg zurück zum Grundsatz der Vereinheitlichung

Als eine erste rechtliche Grundlage auf dem Weg zurück zu einer einheitlichen Behandlung von Grundstücks- und Gebäudeeigentum ist der Präsidentenukaz vom 16. Mai 1997[241] zu sehen. Darin heißt es in Punkt 2: „Die Privatisierung von Gebäuden, Bauwerken, Anlagen, Räumen und unvollendeten Bauwerken erfolgt zukünftig grundsätzlich zusammen mit dem Grundstück (entsprechenden Grundstücksteil), auf dem es gelegen ist.“

Mit einem „Aktionsplan der Regierung der RF in den Bereichen Sozialpolitik und Wirtschaftsmodernisierung für die Jahre 2000-2001“[242] wurde das grundsätzliche Bestreben, Grundstück und Gebäude zu einem einheitlichen Objekt zusammenzufassen, erneut angesprochen. Eine der Maßnahmen zur Entwicklung eines effektiven Immobilienmarktes im Interesse der Gesellschaft und Bürger sollte in der Schaffung eines einheitlichen Immobilienobjekts liegen. Die Erreichung dieses Ziels sollte dadurch gefördert werden, dass Grundstücke an die Eigentümer der darauf befindlichen Gebäude übertragen werden sollten.

Im Anschluss an diesen Aktionsplan wurde von der Regierung der RF das „Programm einer sozial-ökonomischen Entwicklung der Russischen Föderation für eine mittelfristige Perspektive (2002-2004)“ erarbeitet.[243] Eine der vorgegebenen Maßnahmen im Bereich der Reformie-

---

236 Art. 384 Bd. 10 Teil 1 des Svod Zakonov des Russischen Imperiums.

237 *Čubarov*, Problemy pravovogo regulirovanija nedvižimosti, S. 252.

238 Dies ist beispielsweise der Fall, wenn ein Gebäude veräußert werden soll, das jedoch auf einem nach Art. 27 BodenGB vom Verkehr ausgeschlossenen Grundstück liegt.

239 Föderales Gesetz „Über die Einführung des Bodengesetzbuchs der RF“ v. 25 10.2001, Nr. 137-FZ, SZ RF 2001, Nr. 44, Pos. 4148, im Weiteren mit EGBodenGB abgekürzt.

240 Hierzu auch *Ikonickaja*, FS Boguslavskij, S. 131.

241 Ukaz des Präsidenten der RF v. 16.5.1997, Nr. 458, SZ RF 19.5.1997, Nr. 20, Pos. 2240. Vgl. auch *Volkov/Goličenkov/Kozyr'*, GiP 1998, Nr. 2, S. 50 (52 f.).

242 Regierungsverordnung v. 26.7.2000, Nr. 1072-r, SZ RF 14.8.2000, Nr. 33, Pos. 3414.

243 Regierungsverordnung v. 10.7.2001, Nr. 910-r, SZ RF 2001, Nr. 31, Art. 3295.

rung des Grundstücksverkehrs sollte die „gesetzliche Regelung eines einheitlichen Immobilienobjekts sein“. Danach sollte das Grundstück als grundlegendes Element einer Immobilie angesehen werden, jede bauliche Veränderung dagegen eine Aufwertung des Grundstücks darstellen.[244] Auch diese Erwähnung des Grundsatzes hat lediglich programmatischen Charakter, legte jedoch den Grundstein für die Kodifizierung dieses Grundsatzes.

Ausdrücklich gesetzlich normiert wurde der Grundsatz der Vereinheitlichung dann in Art. 1 Abs.1 Pkt. 5 BodenGB, womit der Weg zurück zu einem einheitlichen Immobilienobjekt ein vorläufiges Ende nahm.

b. Verständnis des Grundsatzes

Zu beachten ist allerdings, dass dieser Grundsatz dazu führt, dass die Rechtsposition der Grundstückseigentümer gegenüber derjenigen der Gebäudeeigentümer gestärkt wird. Dies widerspricht jedoch der Tatsache, dass in Russland seit 1917 das Gebäudeeigentum die wirtschaftlich bedeutendere Rechtsposition darstellt. Das entsprechende Grundstück war regelmäßig zur Nutzung überlassen. Dieser Umstand hat das Bewusstsein und das Verständnis über Jahre hinweg geprägt.[245]

Nach wie vor ist daher umstritten, wie der im Bodengesetzbuch ausgedrückte Grundsatz des „einheitlichen Schicksals“ zu interpretieren ist. Unklar ist, ob das Grundstücks- und Gebäudeeigentum zusammengeführt werden soll, so dass von einer einheitlichen Sache auszugehen ist, oder die Trennung beibehalten werden und Grundstück und Gebäude durch einzelne Regelungen einem einheitlichen Schicksal unterworfen werden sollen.
Nach einer Ansicht geht das in Art. 1 Abs. 1 Pkt. 5 BodenGB verankerte Prinzip von einem einheitlichen Objekt – Grundstück und aufstehendes Gebäude – aus. Dies entspricht den wirtschaftlichen Bedürfnissen und folgt aus der gesetzlichen Formulierung.[246]

Nach anderer Meinung sind Grundstück und Gebäude als eine zusammengefügte Sache i.S.d. Art. 134 ZGB zu verstehen.[247] Angesichts der Tatsache, dass beide Objekte gesondert registriert werden müssen, scheint diese Ansicht nur schwer vertretbar.[248]

Nach anderer Ansicht ist in dem Grundsatz des „einheitlichen Schicksals“ eine Ausprägung des zivilrechtlich bereits verankerten Prinzips zu verstehen, dass das Zubehör dem Schicksal der Hauptsache folgt.[249] Umstritten ist dabei, was die Hauptsache, und was deren Zubehör darstellt.
Für die Qualifizierung des Gebäudes als Hauptsache sprechen die Regelungen der Art. 36 Abs. 1, 35 Abs. 3 BodenGB, nach denen der Gebäudeeigentümer ein Vorkaufsrecht oder ein vorrangiges Pachtrecht am zugrunde liegenden Grundstück hat. In diesem Fall folgt das Recht am Grundstück dem Recht am Gebäude.[250]

244 Punkt 3.1.7 der Regierungsverordnung.

245 *Suhanov*, Probleme des Eigentumsrechts, S. 228.

246 *Baranova*, ZiÈ 2004, Nr. 12, S. 72 (81); *dies.*, Oborot nedvižimosti, S. 81.

247 *Kuz'mina*, Pravovoj režim zdani i sooruženi, S. 18.

248 Vgl. *Baranova*, Oborot nedvižimosti, S. 82.

249 *Žarikov* in: *Bogoljubov/Minina* (Hrsg.), Art. 1, S. 24.

250 In diesem Sinne *Schwarkewitsch*, Hypothek nach russischem Recht, S. 148.

Nach wiederum anderer Ansicht ist die grundlegende Idee so zu verstehen, dass das Grundstück die Hauptsache und aufstehende Gebäude dessen Zubehör darstellen.[251]
Das Grundstück bildet die natürliche Grundlage für privates Eigentum an Immobilien und ist daher als Hauptsache anzusehen; was sich darauf befindet ist hingegen als Zubehör zu verstehen.[252] Es folgen demnach die Rechte am Gebäude den Rechten am Grundstück.[253]
Allerdings führt dieses Verständnis nicht dazu, dass sich Grundstück und aufstehendes Gebäude zu einem Immobilienobjekt verbinden. Vielmehr bleiben zwei eigenständige Immobilienobjekte bestehen, die nur das Schicksal der Hauptsache teilen.[254]
Im Gegensatz zu Art. 135 ZGB kann von diesem Grundsatz nicht durch eine entsprechende vertragliche Vereinbarung abgewichen werden.[255]

Eine Ausnahme zu diesem Grundsatz findet sich in Art. 35 Abs. 1, 4 BodenGB, nachdem das Recht am Grundstück dem Recht am Gebäude folgt. Nach dieser Norm ist das Grundstück als Zubehör der Hauptsache Gebäude zu verstehen.[256] Es folgen in diesem Fall die Recht e am Grundstück den Rechten am Gebäude.[257]
Auch die Regelungen des Zivilgesetzbuchs über die Veräußerung von Gebäuden[258] gehen davon aus, dass das Gebäude die Hauptsache und das zugrunde liegende Grundstück eine Art Zubehör darstellt, was somit einen entscheidenden Widerspruch in der geltenden Gesetzgebung bedeutet.

Nach einer weiteren abweichenden Meinung kann hinsichtlich der beiden Immobilienobjekte nicht in Hauptsache und Zubehör unterschieden werden. Vielmehr handelt es sich um zwei getrennte, selbständige Sachen, für die in bestimmten Situationen das gleiche rechtliche Schicksal vorgeschrieben werden kann.[259] Hauptsache und Zubehör unterscheiden sich dadurch, dass zwar die Hauptsache unabhängig von ihrem Zubehör zweckgemäß genutzt werden kann, das Zubehör in seiner zweckbestimmten Eigenschaft hingegen nicht unabhängig von der Hauptsache.[260] Das Zubehör ist demnach dazu bestimmt, der Hauptsache zu dienen.

---

251 *Čubarov*, Problemy pravovogo regulirovanija nedvižimosti, S. 252; *Žarikov* in: *Bogoljubov/Minina* (Hrsg.), Art. 1, S. 24; *Gabbasov*, PVN 2005, Nr. 2, S. 3 (5); *Stepanov*, Nedvižimoe imuščestvo, S. 140; in der deutschen Literatur *Arzinger/Galander*, Russisches Wirtschaftsrecht, S. 291.

252 *Volkov* in: *ders./Goličenkov/Kozyr'* (Hrsg.), Art. 35, Rn. 2; bereits vor Inkrafttreten des Bodengesetzbuchs *Suhanov*, Probleme des Eigentumsrechts, S. 228.

253 *Holloch* in: *Breidenbach* (Hrsg.), Handbuch WiRO, Bd. 3, RUS, D.III, Rn. 27.

254 *Skvorcov*, Sdelki s nedvižimost'ju v kommerčeskom oborote, S. 195; *Dovlatova*, Zakonodatel'stvo 2007, Nr. 8, S. 38 (42).

255 *Čubarov*, Kodifikacija rossiskogo zemel'nogo zakonodatel'stva, S. 292; *Gerasin*, ChiP 2008, Nr. 2, S. 71 (76).

256 *Galinovskaja* in: *Saj/Bogolojubov* (Hrsg.), Art. 35, Rn. 1; *Žarikov* in: *Bogoljubov/Minina* (Hrsg.), Art. 1, S. 24; *Kozyr'/Makovskaja*, VVAS RF 2003, Nr. 2, S. 95 (98) weisen auf die missverständliche Formulierung der Vorschrift hin, die im Hinblick auf den Wortlaut auch im genau umgekehrten Sinne ausgelegt werden könne.

257 *Čurkin* in: *Bogoljubov/Minina* (Hrsg.), Art. 35; *Tichomirov, M. Ju.* in: *ders.* (Hrsg.), Art. 35, Rn. 4.

258 Nach Art. 552 Abs. 1 ZGB erwirbt der Käufer eines Gebäudes, einer Anlage oder einer anderen Immobilie mit dem Eigentum daran auch die erforderlichen Rechte an dem zugrunde liegenden Grundstück. Es folgen demnach die dinglichen Rechte an Grund und Boden dem Recht am Gebäude.

259 *Gerasin*, ChiP 2008, Nr. 2, S. 71 (76); in diesem Sinne auch *Grišaev*, Civilist 2007, Nr. 3, S. 27 (28).

260 *Levšina* in: *Sadikov* (Hrsg.), Art. 135, Rn. 1.

Im Verhältnis Grundstück zu Gebäude kann dies für das Gebäude aber nicht gelten.[261] Zudem folgt das Gebäude nicht automatisch dem Schicksal des Grundstücks, wie dies im Verhältnis Hauptsache und Zubehör der Fall ist.[262]
Dieses Verständnis wird teilweise aus Art. 130 ZGB abgeleitet. In dem Merkmal der untrennbaren Verbundenheit mit dem Grund und Boden, drückt der Gesetzgeber die Anerkennung von Grundstücken einerseits, und Gebäuden andererseits als eigenständige Rechtsobjekte aus.[263]

Auch spiele es keine Rolle, welches Schicksal bestimmend ist, welches Objekt dem anderen folgt. Die Idee eines „Einheitlichen Objektes" bestehe vielmehr darin, dass im Falle der Vereinigung von Gebäude- und Grundstückseigentum in einer Person, Gebäude und Grundstück nur gemeinsam und zeitgleich auf eine andere Person übertragen werden können.[264] In diesem Fall darf die juristische Verbindung von Grundstücks- und Gebäudeeigentum nicht getrennt werden.[265]

3. Verwirklichung des Grundsatzes der Vereinheitlichung

Die Ausprägung des in Art. 1 Abs. 1 Pkt. 5 BodenGB verkündeten Prinzips des „einheitlichen Schicksals" erstreckt sich bisher nur auf einige Normen und Anwendungsfälle.
Am deutlichsten wurde die Verbindung von Grundstücks- und Gebäudeeigentum in den bereits erwähnten Art. 35 Abs. 4 BodenGB, Art. 552 Abs. 2 ZGB realisiert. Danach können Grundstück und Gebäude nur gemeinsam veräußert werden, soweit sie sich im Eigentum derselben Person befinden. Rechtsgeschäfte[266], welche die Verfügung über ein Grundstück oder ein Gebäude zur Folge haben, müssen sich, soweit sich Grundstück und Gebäude im Eigentum derselben Person befinden, auf beide Objekte beziehen.[267] Es kann demnach weder das Gebäude (Art. 35 Abs. 4 S. 1), noch das Grundstück (Art. 35 Abs. 4 S. 5) selbständig übertragen werden.[268] Dabei müssen beide Eigentumsobjekte in den Vertrag aufgenommen werden. Es erfolgt kein automatischer Grundstücksübergang beim Gebäudeverkauf. Sofern im Falle eines Gebäudeverkaufs nicht auch das Grundstück vertraglich bezeichnet wird, liegt ein Verstoß gegen Art. 35 Abs. 4 BodenGB vor und der Vertrag ist gem. Art. 168 ZGB nichtig.[269]

---

261 *Gerasin*, ChiP 2008, Nr. 2, S. 71 (76).

262 *Levšina* in: *Sadikov* (Hrsg.), Art. 135, Rn. 2.

263 *Psël*, PiP 2008, Nr. 1, S. 208 (209).

264 *Kozyr'/Makovskaja*, VVAS RF 2003, Nr. 2, S. 95 (100); *Vitrjanski*, ChiP 2003, Nr. 6, S. 3 (16).

265 Konzeption (russ.), S. 22.

266 Z.B. Kauf, Art. 549ff. ZGB, Tausch, Art. 567ff. ZGB, Schenkung, Art. 572ff. ZGB. Auf den Eigentumsübergang im Wege der Erbfolge findet Art. 35 Abs. 4 BodenGB allerdings keine Anwendung, *El'nikova*, BNP 2005, Nr. 4, S. 28 (29).

267 Ausnahmen hiervon gelten in den in Art. 35 Abs. 4 Nr. 1, 2 BodenGB genannten Fällen. Dies betrifft die Veräußerung eines Gebäudeteils, der nicht mit einem Teil des Grundstücks abgetrennt werden kann. Ferner trifft dies auf die Veräußerung eines Gebäudes zu, welches auf einem Grundstück errichtet ist, das gem. Art. 27 BodenGB aus dem Verkehr genommen ist. In diesen Fällen erwirbt der Erwerber des Gebäudeeigentums ein Servitut am Grundstück, vgl. *Galinovskaja* in: *Saj/Bogolojubov* (Hrsg.), Art. 35, Rn. 4.

268 Die Veräußerung von Gebäude und Grundstück kann in diesem Fall entweder durch einen einheitlichen Kaufvertrag, oder aber durch zwei getrennte Geschäfte erfolgen. Eine entgegenstehende gesetzliche Regelung ist nicht ersichtlich, vgl. *Žarkova*, AS 2007, Nr. 4, S. 141 (143).

269 *El'nikova*, BNP 2005, Nr. 4, S. 28 (29).

Das Plenum des Höchsten Arbitragegerichts hat diesen Grundsatz weiter konkretisiert. So ist ein entsprechendes Rechtsgeschäft über die getrennte Veräußerung eines Gebäudes oder des Grundstücks, wenn sich beide im Eigentum derselben Person befinden, als nichtig anzusehen.[270] Zudem ist der in Art. 35 Abs. 4 BodenGB verankerte Grundsatz der Untrennbarkeit von Grundstück und aufstehendem Gebäude im Eigentum derselben Person auch auf die Aufhebung des Eigentumsrechts im Wege der Requirierung (Art. 242 ZGB) und Konfiszierung (Art. 243 ZGB) anzuwenden. Dies gilt auch für die Vollstreckung von Forderungen in das Vermögen des Eigentümers (Art. 237 ZGB).[271]

Im Widerspruch zu Art. 35 Abs. 4 BodenGB steht auch die Regelung des Art. 239 ZGB. Danach kann ein Grundstück aus staatlichen oder kommunalen Erfordernissen oder wegen unzureichender Nutzung durch den Staat aufgekauft oder im Wege einer öffentlichen Versteigerung gekauft werden. Der ehemalige Grundstückseigentümer bleibt in diesem Fall Gebäudeeigentümer, was ein Auseinanderfallen von Grundstücks- und Gebäudeeigentum zur Folge hat.[272]

Einen wichtigen Schritt in der Verwirklichung des Grundsatzes der Vereinheitlichung stellt das Änderungsgesetz vom 26.6.2007, Nr. 118-FZ dar. Mit diesem Änderungsgesetz wurden einige gesetzliche Widersprüche behoben und verschiedene Normen des Zivilgesetzbuchs an die Vorgaben des Bodengesetzbuchs angepasst. Die wesentlichen Änderungen sind in der Aufhebung des Art. 553 ZGB und in der Anpassung der Art. 273 Abs. 1, 552 Abs. 2 ZGB an Art. 35 Abs. 4 BodenGB zu sehen. Nach diesen Vorschriften geht beim Kauf oder jeder anderen Veräußerung eines Gebäudes nun einheitlich auch das Grundstückseigentum auf den neuen Erwerber über, wenn der ursprüngliche Gebäudeeigentümer auch Grundstückseigentümer war.[273]

Diese Vorschriften haben zwingenden Charakter und sind durch Parteivereinbarung nicht abdingbar.[274]

---

270 Plenarbeschluss des Höchsten Wirtschaftsgerichts der RF v. 24.3.2005, Nr. 11, Pkt. 11, VVAS RF 2005, Nr. 5, S. 12 (17); trotz dieser Grundsatzentscheidung wurde in dem Urteil des Föderalen Wirtschaftsgerichts des Ost-Sibirischen Bezirks v. 30.8.2005, Nr. A74-508/05-F02-4208/05-S2 die Wirksamkeit eines alleinigen Kaufvertrages über ein Gebäude des Grundstückseigentümers nicht in Frage gestellt und dem Verkäufer zudem eine Entschädigung für die Grundstücksnutzung zugestanden.

271 Plenarbeschluss des Höchsten Wirtschaftsgerichts der RF v. 24.3.2005, Nr. 11, Pkt. 11, VVAS RF 2005, Nr. 5, S. 12 (17).

272 Vgl. *Kozyr'/Makovskaja*, VVAS RF 2003, Nr. 2, S. 95 (103).

273 Die Schwierigkeiten der Verwirklichung des in Art. 1 Abs. 1 Pkt. 5 BodenGB normierten Grundsatzes hat auch der Gesetzgeber selbst erkannt und ein Gesetzesprojekt auf den Weg gebracht, nach dem der Grundsatz des einheitlichen Schicksals nur dann gelten soll, wenn Grundstück und Gebäude im Eigentum der selben Person befindlich sind, Art. 1 Abs. 1 des Projekts für das föderale Änderungsgesetz Nr. 59975-4 (unveröffentlicht, verfügbar über die Rechtsdatenbank Consultant Plus). Dieses Gesetzesprojekt wurde jedoch am 3.4.2007 eingestellt.

274 *Piskunova/Kindeeva*, Nedvižimost', S. 287; *Kulešova/Tret'jakov* in: *Barchatov* (Hrsg.), Art. 35 BodenGB, Rn. 4; *Ikonickaja*, FS Boguslavskij, S. 130.

4. Bewertung

a. Nachteile der Trennung

Aus der Trennung von Grundstücks- und Gebäudeeigentum und der Anerkennung beider Immobilienobjekte als eigenständige Rechtsobjekte folgt die getrennte Behandlung in rechtlicher Sicht. Alle Rechtsgeschäfte im Bezug auf Grundstück und Gebäude erfolgen getrennt. Wie gezeigt gilt dies selbst dann, wenn ein und dieselbe Person Eigentümer der beiden Immobilienobjekte ist. Stets müssen getrennte Veräußerungsgeschäfte abgeschlossen werden und die jeweiligen Rechte getrennt registriert werden. Dies bedeutet wegen des doppelten Aufwands erhöhte Verfahrenskosten und eine verlängerte Verfahrensdauer.[275]

Ein weiterer Nachteil der grundsätzlichen Möglichkeit der Trennung ist darin zu sehen, dass der Erwerber nie ausschließen kann, dass der Vertragspartner möglicherweise nicht Eigentümer beider Immobilienobjekte ist, sondern es einen dritten, wahren Eigentümer gibt.[276]

b. Vorteile der Trennung

Insbesondere in wirtschaftlicher Hinsicht hat die Trennung von Grundstücks- und Gebäudeeigentum auch Vorteile. So ist ein Investor in der komfortablen Situation, dass er beim Kauf einer Gebäudeimmobilie nicht zwangsweise auch das zugrunde liegende Grundstück erwerben muss. Dies erhöht die finanziellen Betätigungsmöglichkeiten des Investors und gewährt im somit eine höhere Flexibilität in der Realisierung seines Imvestitionsvorhabens.

5. Schlussfolgerung

Zusammenfassend lässt sich feststellen, dass der Einheitlichkeitsgrundsatz noch nicht in alle gesetzlichen Regelungen übernommen ist, so dass dem Prinzip keine generelle Geltung zukommt.[277]

Gegen die einheitliche Behandlung der beiden Immobilienobjekte spricht auch der Umstand, dass an Gebäude und Grundstück unterschiedliche dingliche Rechte bestehen können:[278] Während das Recht der operativen Verwaltung und das Recht der wirtschaftlichen Führung nur an Gebäuden bestehen können, werden Grundstücke auf Grundlage des ständigen (unbefristeten) Nutzungsrechts und des Erbgrundbesitzes auf Lebenszeit genutzt.

Damit ist die russische Rechtswirklichkeit in diesem Punkt noch weit entfernt von einem einheitlichen Schicksal, oder gar einem einheitlichen Immobilienobjekt.[279] Eine Verwirklichung des in Art. 1 Abs. 1 Pkt. 5 BodenGB proklamierten Prinzips ist nach derzeitiger Gesetzeslage noch nicht möglich und kann daher nur als Perspektive für die weitere Rechtsentwicklung im Grundstücksrecht gesehen werden.[280] Dies folgt auch aus der Tatsache, dass das Auseinanderfallen der Eigentumsrechte an Grundstück und aufstehendem Gebäude auch heute noch in der

---

275 *Gerasin*, WiRO 2005, S. 297.

276 *Gerasin*, ChiP 2008, Nr. 2, S. 71 (76).

277 *Baranova*, ZiĖ 2004, Nr. 12, S. 72 (81); *Misnik*, Zakon 2008, Nr. 3, S. 53 (63).

278 *Kozyr'/Makovskaja*, VVAS RF 2003, Nr. 2, S. 95 (96).

279 *Ivanov*, VGP 2007, Nr. 2, S. 18 (24).

280 *Grišaev*, Civilist 2006, Nr. 4, S. 46 (51); *Psël*, PiP 2008, Nr. 1, S. 208 (211). Es sind die „schwerwiegenden Gründe" damit nicht ersichtlich, welche eine Abkehr von der Annahme, dass das Grundstück dem Gebäude folgt, rechtfertigen. So *Sklovski*, Sobstvennost' v graždanskom prave, S. 737.

überwiegenden Mehrheit der Fall ist.[281] Eine große Zahl privater Gebäudeeigentümer ist nicht auch Eigentümer des zugrunde liegenden Grundstücks.[282] Der Vorschrift kann daher lediglich deklaratorisches Gewicht beigemessen werden, konkrete juristische Auswirkungen auf die Praxis sind nicht ersichtlich.[283]
Die Verwirklichung des Grundsatzes ist bisher eher die Ausnahme. Durch Art. 1 Abs. 1 Pkt. 5 BodenGB ist eine Tendenz zur Vereinheitlichung der beiden Objekte grundsätzlich angelegt, von der Rechtswirklichkeit ist die Verwirklichung aber noch weit entfernt. Der in der deutschen Literatur verbreitete Eindruck[284] von der Umkehr oder gar der Abschaffung des Prinzips der Trennung von Grundstücks- und Gebäudeeigentum kann damit nicht bestätigt werden.
So besitzt die Einschätzung *Goličenkos*, dass sich das Prinzip des „Einheitlichen Schicksals" zwar nicht auf alle Normen erstreckt, jedoch den Grundstein für die weitere Entwicklung grundstücksrechtlicher Beziehungen legt, nach wie vor Gültigkeit.[285]

Eine Einführung des römischen Prinzips *superficies solo cedit* in das russische Eigentumsrecht kann folglich noch nicht festgestellt werden.[286]

Vor allem aus praktischer Sicht ist die Verwirklichung des Grundsatzes von großem Interesse. Die Zusammenführung von Grundstücks- und Gebäudeeigentum in einer Person und die Unterwerfung beider Objekte unter ein rechtliches Schicksal garantiert die nötige Sicherheit für Investitionen in Immobilienobjekte.[287] Die Anerkennung der Vereinheitlichung und deren Verwirklichung muss nicht nur als ein spezielles bodenrechtliches, sondern als allgemeines zivilrechtliches Prinzip erfolgen.[288]

---

281 *Gerasin*, ChiP 2008, Nr. 2, S. 71 (76); *Holloch* in: *Breidenbach* (Hrsg.), Handbuch WiRO, Bd. 3, RUS, D.III, Rn. 27.

282 *Vitrjanski*, ChiP 2003, Nr. 6, S. 3 (16).

283 *Skvorcov*, Sdelki s nedvižimost'ju v kommerčeskom oborote, S. 195.

284 Vgl. *Sultanova*, RIW 2002, S. 768 (772); in auffallend ähnlicher Wortwahl auch *Kuzmishin (u.a.)*, Immobilienrecht Russland, Rn. 85; *Arzinger/Galander*, Russisches Wirtschaftsrecht, S. 291.

285 *Goličenkov* in: *Volkov/ders./Kozyr'* (Hrsg.), Art. 1, Rn. 1.5.1.

286 Unzutreffend insoweit *Wiegand* in: *Honsell/Vogt/Geiser*, Vor Art. 641 ff., Rn. 66, nach dem in ganz Europa der Grundsatz des *superficies solo cedit* rezipiert sei.

287 *Minaeva/Tischendorf*, KJ 2006, Nr. 11, S. 10.

288 *Čubarov*, Kodifikacija rossiskogo zemel'nogo zakonodatel'stva, S. 304.

Kapitel 2. Dingliche Nutzungsrechte

Die Möglichkeit eines Nichteigentümers, Rechte an einem fremden Grundstück zu haben ergibt sich aus Art. 264 Abs. 1, 2 i.V.m. Art. 209 Abs. 3, 129 Abs. 3 ZGB. Das Gesetz kennzeichnet diese Rechte mit dem Ausdruck „Recht an einem Grundstück".[289] Mit diesen Rechten sind subjektive Rechte einer bestimmten Person gemeint, welche die ausschließliche Nutzung eines Grundstücks gewähren. Keines individuellen Nutzungsrechts bedarf es zum Zutritt zu Grundstücken, an denen staatliches oder kommunales Eigentum besteht und die nicht vom allgemeinen Zutritt ausgeschlossen sind. Gem. Art. 262 Abs. 1 ZGB ist die Nutzung dieser öffentlichen Grundstücke ohne Genehmigung zulässig.

A. Allgemeine Bedeutung

In der juristischen Literatur werden die dinglichen Rechte in das Eigentumsrecht und die sonstigen „beschränkt dinglichen Rechte" unterteilt.[290] In dieser Terminologie kommt die Besonderheit der sonstigen dinglichen Rechte im Unterschied zum Eigentumsrecht zum Ausdruck. Das Eigentumsrecht ist das umfassendste dingliche Recht; kein anderes dingliches Recht gewährt solch umfassende Befugnisse.[291] Die dinglichen Rechte sind durch ihren jeweiligen Inhalt begrenzt, ihr Umfang vom Gesetz bestimmt.

Die dinglichen Nutzungsrechte sind Rechte, deren Gemeinsamkeit die Einschränkung des einer anderen Person zustehenden Eigentumsrechts ist. Diese Einschränkung besteht in der Nutzungsmöglichkeit fremden Vermögens.[292] Einerseits wird dem Inhaber eines beschränkt dinglichen Rechts ein Recht gewährt, andererseits stellt dies aber auch eine Belastung des entsprechenden Grundstückseigentümers dar.[293]
In dieser Eigenschaft begründet sich die dogmatische Annahme, dass dingliche Rechte nur in den gesetzlich abschließend vorgesehen Fällen bestehen können.[294]

Einen unverständlichen und gleichfalls unlogischen Regelungsgehalt enthält nach diesem Verständnis Art. 216 Abs. 2 ZGB, wonach der Inhaber dinglicher Rechte nicht Eigentümer des Gegenstandes sein muss. Genau diesen Grundtatbestand aber behandelt dieser Artikel.[295] Aufgrund der umfassenden Eigentumsbefugnisse besteht für den Eigentümer auch gar kein Bedürfnis an der Bestellung eines weiteren dinglichen Rechts an seinem Eigentum.[296]

289 Vgl. Art. 216, 264 ZGB.

290 *Čubarov* in: *Sadikov* (Hrsg.), Art. 209, Rn. 3; *Suchanov*, ChiP 2005, Nr. 1, S. 5; *Kornilova*, ĖP DVR 2008, Nr. 1; *Masljaev*, Zakon 2004, Nr. 2, S. 3 (4).

291 *Tichomirov*, ChiP-P 2008, Nr. 5, S. 9; *Masljaev* in: *Mozolin/Maleina* (Hrsg.), Art. 216, Rn. 1.

292 *Kornilova*, ĖP DVR 2008, Nr. 1.

293 Vgl. *Grišaev*, Zakon 2004, Nr. 2, S. 14 (15).

294 *Suchanov*, EŽ-Jurist 2003, Nr. 3. Hierzu sogleich Kapitel 2 D.

295 *Westen* in: *Brunner/Schmid/ders.* (Hrsg.), WOS, RF I, Einführung, S. 25; so auch *Mozolin* in: *Abova/Kabalkin* (Hrsg.), Kommentari k GK I, II, Art. 216, Rn. 1; *Konovalov* in: *Egorov/Sergeev* (Hrsg.), Art. 216, Rn. 5.

296 *Masljaev* in: *Mozolin/Maleina* (Hrsg.), Art. 216, Rn. 2.

B. Charakteristik

In rechtssystematischer Hinsicht stellt sich die Frage, durch welche Merkmale ein dingliches Recht als solches charakterisiert wird. Die derzeitige Gesetzeslage gibt hierüber keine klare Auskunft und auch in der russischen Literatur besteht keine Einigkeit darüber, wie dingliche Rechte im Vergleich insbesondere zu den obligatorischen Rechten zu definieren sind. In dieser Abgrenzung besteht der Hauptzweck der Charakterisierung eines Rechts als ein dingliches.

I. Handlungsinhalt

Ein Abgrenzungskriterium ergibt sich aus dem Handlungsinhalt.
In schuldrechtlichen Beziehungen hat der Schuldner grundsätzlich eine positive Handlung vorzunehmen. In dinglichen Verhältnissen hingegen obliegt es dem Grundstückseigentümer, Handlungen nicht vorzunehmen.[297] Die Befriedigung des Gläubigers hängt in schuldrechtlichen Beziehungen immer vom Schuldner ab. Bei dinglichen Rechten befriedigt sich der Berechtigte hingegen selbständig und unabhängig von der Mitwirkung dritter Personen.[298]

II. Abhängigkeit

Jedes beschränkt dingliche Recht ist abgeleitet vom Eigentum, an dem es besteht.[299] Dieses Charakteristikum drückt sich auch in Art. 264 Abs. 2 ZGB aus, nach dem der Grundstücksbesitzer und –nutzer die ihm zustehenden Befugnisse zu den Bedingungen und innerhalb der Grenzen ausübt, die durch das Gesetz oder den Vertrag mit dem Eigentümer bestimmt sind.[300] Der Eigentümer des Rechtsobjektes behält sein Eigentumsrecht und bleibt berechtigt, frei darüber zu verfügen. Hieraus folgt auch, dass an herrenlosen Sachen keine beschränkt dinglichen Rechte bestehen können.[301]

III. Folgerecht

Ein weiteres Merkmal dinglicher Rechte ist die gesetzliche Normierung als so genanntes „Folgerecht“ (*pravo sledovanija*).[302] Gem. Art. 216 Abs. 3 ZGB führt ein Eigentümerwechsel nicht zur Beendigung des dinglichen Nutzungsrechts. Dingliche Nutzungsrechte beziehen sich auf das Grundstück, und sind von der Person des Grundstückseigentümers unabhängig.[303] Das beschränkt dingliche Recht besteht auch gegenüber dem neuen Grundstückseigentümer fort. Dieses Merkmal wird in der deutschen Literatur auch als „Sukzessionsschutz“ bezeichnet.[304]

---

297 *Babaev*, Sistema veščnych prav, S. 197.

298 *Suchanov* in: *ders.*(Hrsg.), Graždanskoe Pravo II, S. 141; *Rybalov*, Zakon 2007, Nr. 2, S. 115 (120); *Achmet'janova*, Civilist 2006, Nr. 1, S. 28; *Suchanov*, PVN 2005, Nr. 1, S. 34 (35).

299 *Mozolin* in: *Abova/Kabalkin* (Hrsg.), Kommentari k GK I, II, Art. 209, Rn. 1; *Suchanov*, Kodifikacija zakonodatel'stva o veščnom prave, S. 90; *Masljaev*, Zakon 2004, Nr. 2, S. 3 (4).

300 *Litovkin* in: *Sadikov* (Hrsg.), Kommentari k GK I, Art. 264, Rn. 2.

301 *Suchanov*, VMU Pravo 2002, Nr. 4, S. 3 (7).

302 *Masljaev*, Zakon 2004, Nr. 2, S. 3 (4); *Averčenko* in: *Sergeev* (Hrsg.), Graždanskoe Pravo 1, S. 587 (597). Dieses Merkmal geht auf das vorsozialistische Verständnis französischer Prägung zurück (d*roit de suite*), vgl. *Solotych*, Zivilgesetzbuch der RF, Teil 1, S. 48.

303 *Suchova*, Sbornik normativnych aktov po zemel'nomu pravu, Art. 216 ZGB, S. 105; *Suchanov*, ChiP 2005, Nr. 1, S. 5 (7).

304 Vgl. *Kramer* in: MüKo BGB, Einleitung, Rn. 16-21.

IV. Ausschließlichkeits-/Abwehrfunktion

Dingliche Nutzungsrechte zeichnen sich ferner durch ihr absolutes Bestehen gegenüber jedermann aus.[305] Dies spiegelt sich in Art. 216 Abs. 4 ZGB wieder, nach dem die dinglichen Rechte im Wege der dinglichen Klage gem. Art. 301-304 ZGB gegen jedermann geschützt werden.
Dem Inhaber eines dinglichen Nutzungsrechts ist es also möglich, sich nicht allein gegenüber demjenigen, von dem er das Recht eingeräumt bekommen hat, durchzusetzen, sondern auch gegenüber Dritten, welche die Rechtsposition beeinträchtigen.

Anzumerken ist hierbei, dass die Eröffnung der dinglichen Klagemöglichkeit gesetzlich auch für einige obligatorische Rechte gewährleistet ist (z.B. Pacht). Dies folgt aus der gesetzlichen Formulierung des Art. 305 ZGB, nachdem die dinglichen Ansprüche auch dem rechtmäßigen Besitzer von Vermögen zustehen, dessen Besitz ihm auf vertraglicher Grundlage gewährt wird.[306] Dies führt jedoch zu einer Vermischung zivilrechtlicher Rechtschutzmöglichkeiten für verschiedene Vermögensrechte, was die Bedeutung der Unterscheidung dinglicher und obligatorischer Rechte in Frage stellt.[307] Die Art des gewährten Rechtsschutzes ist aber ein entscheidendes Abgrenzungskriterium. Der Inhaber eines dinglichen Rechts sieht sich einer möglichen Verletzung von einer unbegrenzten Zahl von Dritten ausgesetzt, der Gläubiger einer schuldrechtlichen Beziehung hingegen nur der des Schuldners.[308]

V. Publizitätsgrundsatz

Die Geltung eines dinglichen Rechts gegenüber dritten Personen setzt die Publizität des Inhalts voraus.[309] Die Bestellung, die Änderung, die Übertragung und die Beendigung eines dinglichen Nutzungsrechts muss deshalb im staatlichen Immobilienregister eingetragen werden.[310]

VI. Abgrenzung zu den obligatorischen Rechten

Die Unterscheidung dinglicher und obligatorischer Rechte ist in der russischen juristischen Literatur nicht unumstritten.
Nach einer Mindermeinung kann eine strenge Unterscheidung dinglicher und schuldrechtlicher Beziehungen nicht vorgenommen werden. Viele Rechtsverhältnisse erfüllen sowohl dingliche als auch schuldrechtliche Kriterien und sind daher als gemischte dinglich-schuldrechtliche Verhältnisse zu qualifizieren.[311] Diese Meinung stützt sich darauf, dass die gesetzlichen Regelungen selbst nicht klar zwischen dinglichen und obligatorischen Rechtsbeziehungen differenzieren. So gilt das Merkmal des Folgerechts gem. Art. 617 Abs. 1 ZGB auch für die Pacht. Wie gezeigt[312] kann zudem jeder rechtmäßige Besitzer, auch wenn er sein

---

305 *Mozolin* in: *Abova/Kabalkin* (Hrsg.), Kommentari k GK I, II, Art. 216, Rn. 1; *Babaev*, Sistema veščnych prav, S. 197 f.; *Suchanov*, PVN 2005, Nr. 1, S. 34 (35).

306 *Čubarov* in: *Sadikov* (Hrsg.), Art. 305, Rn. 1.

307 *Suchanov* in: *ders.* (Hrsg.), Graždanskoe Pravo II, S. 15.

308 *Achmet'janova*, Civilist 2006, Nr. 1, S. 28 (30).

309 *Babaev*, Sistema veščnych prav, S. 198; *Suchanov* in: *Litovkin/ders./Čubarov* (Hrsg.), S. 53.

310 *Suchanov*, ŽRP 2006, Nr. 12, S. 42 (47).

311 *Braginski* in: *ders./Vitrjanski* (Hrsg.), Dogovornoe pravo I, S. 278 m.w.N.; *Achmet'janova*, Civilist 2006, Nr. 1, S. 28 (29, 36).

312 Kapitel 2 B. IV.

Besitzrecht vertraglich eingeräumt bekam, die dinglichen Rechtsschutzmöglichkeiten ausschöpfen (Art. 305 ZGB).

Dies darf aber nicht darüber hinweg täuschen, dass das Merkmal der Ausschließlichkeit, dass ein dingliches Recht absolute und nicht nur relative Wirkung hat, der signifikanteste Unterschied zwischen den dinglichen und obligatorischen Rechten ist und insoweit eine scharfe Trennung möglich und geboten ist.[313]

C. Klassifizierung beschränkt dinglicher Rechte

Über die Charakterisierung der dinglichen Rechte in ihrer rechtlichen Besonderheit hinaus, gibt es in der russischen Literatur verschiedene Versuche und Ansätze, dingliche Rechte nach Kategorien zu klassifizieren.[314] Aufgrund der besonderen Entwicklung des russischen Sachenrechts ergibt sich im Wesentlichen folgende Unterteilung der beschränkt dinglichen Rechte[315]:

- Nutzungsrechte an fremden Grundstücken
- Nutzungsrechte an fremdem Wohnraum
- Verwertungsrechte
- Rechte auf die wirtschaftliche Verwaltung fremden Vermögens

Eine Unterteilung der dinglichen Nutzungsrechte an fremden Grundstücken als Untergruppe der dinglichen Rechte im Allgemeinen wird hinsichtlich des Umfangs der gewährten Befugnisse vorgenommen.[316] Das Eigentumsrecht weist dabei die weitgehendste Machtposition auf, das Servitut, was noch darzustellen sein wird, hingegen die schwächste.

D. Numerus clausus dinglicher Rechte

Fraglich ist, ob im russischen Recht ein numerus clausus an dinglichen Nutzungsrechten besteht. Aus der geltenden Gesetzgebung lässt sich diese Frage nicht eindeutig beantworten, weshalb diese Frage nach wie vor umstritten ist.

Nach einer Mindermeinung besteht kein numerus clausus dinglicher Rechte. Soweit eine Sache auf unterschiedliche Weise genutzt werden kann, soll es auch dementsprechende dingliche Rechte geben.[317] Für die Anerkennung eines Rechts als ein dingliches ist jeder rechtmäßige Besitz ausreichend, welcher dem Rechtsinhaber entweder aus Gesetz oder aus Vertrag zustehen kann.[318] Erforderlich sei nur ein entsprechender Publizitätsakt, d.h. die Registrierung des Rechts an unbeweglichem Vermögen. Sofern sich das Recht zudem auf eine Sache bezieht und im Wege einer dinglichen Klage geschützt werden kann, ist es als dinglich anzuer-

---

313 *Masljaev*, Zakon 2004, Nr. 2, S. 3 (5).

314 Wie auch hinsichtlich der Begriffsdefinitionen verlieren sich verschiedene Autoren in seitenlangen Erörterungen über diese doch all zu theoretischen Fragestellungen. Auf eine eingehende Darstellung wird daher verzichtet.

315 Nach *Suchanov* in *ders.* (Hrsg.), Graždanskoe Pravo II, S. 147.

316 *Kosarev*, Pravovedenie 1996, Nr. 3, S. 99.

317 *Babaev*, Sistema veščnych prav, S. 315.

318 *Čerednikova*, O veščnych pravach po Graždanskomu kodeksu RF, S. 120.

kennen, unabhängig davon, ob es gesetzlich vorgesehen ist.[319] Als Begründung wird teilweise auch Art. 8 Abs. 1 Pkt. 4) ZGB angeführt.[320] Danach entstehen bürgerliche Rechte und Pflichten aufgrund des Erwerbs von Vermögen und zwar in den gesetzlich zugelassenen Fällen. Die Rede ist hierbei nicht nur von obligatorischen Rechten, weshalb auch dingliche Rechte darunter zu zählen seien.[321] Dieser Schluss wird auch aus Art. 8 Abs. 1 Pkt. 1 ZGB gezogen, wonach bürgerliche Rechte und Pflichten aus „Verträgen und anderen Rechtsgeschäften, die durch Gesetz vorgesehen sind, sowie aus Verträgen und anderen Rechtsgeschäften, die zwar durch Gesetz nicht vorgesehen sind, aber nicht gegen ein Gesetz verstoßen, entstehen".[322]
Nach überwiegender Auffassung können nur diejenigen dinglichen Rechte existieren, welche von der Rechtsordnung ausdrücklich zugelassen sind.[323] Anders als durch eine gesetzliche Grundlage können keine neuen dinglichen Rechte geschaffen werden.[324] Dies drückt sich in dem Gedanken des Art. 216 ZGB aus.[325]
Zwar wird der Inhalt des dinglichen Rechts durch Vertrag bestimmt, das dingliche Recht selbst ist allerdings vom Gesetz vorgegeben.[326] Der Vertrag begründet damit nur ein gesetzlich vorgesehenes dingliches Recht. Er bezweckt hingegen nicht die Schaffung eines neuen dinglichen Rechts. Im Gegensatz zu obligatorischen Rechten besteht insoweit keine Privatautonomie i.S.d. Art. 421 Abs. 2 ZGB.[327]
Dieses Verständnis erscheint aufgrund einer weiteren Überlegung zwingend geboten. Ein dingliches Recht kann für den Eigentümer eine erhebliche Belastung darstellen. Sein Eigentumsrecht wird durch die Bestellung eines dinglichen Rechts zu Gunsten einer anderen Personen für einen langen Zeitraum eingeschränkt. Eine solche Einschränkung darf nur in den gesetzlich vorgesehenen Fällen möglich sein.[328]
Ein weiteres Argument für das Bestehen eines abschließenden Katalogs an dinglichen Rechten ergibt sich aus dem absoluten Charakter eines dinglichen Rechts. Das entsprechende Recht besteht nicht nur in einem relativen Verhältnis zu einer bestimmten Person, sondern gegenüber jeder dritten Person. Gerade weil jede dritte Person somit jegliches dingliche Recht verletzen kann, muss sie wissen, welche dinglichen Rechte überhaupt bestehen können.[329]

Andernfalls würde die Grenze zwischen den dinglichen und schuldrechtlichen Beziehungen fließend und eine Abgrenzung nicht mehr möglich sein.

319 *Babaev*, Sistema veščnych prav, S. 320; in diesem Sinne auch *Barinova*, Veščnye prava v sisteme sub''ektivnych graždanskich prav, S. 165.

320 Vgl. *Averčenko* in: *Sergeev* (Hrsg.), Graždanskoe Pravo 1, S. 599.

321 *Ščennikova*, Veščnye prava v graždanskom prave Rossii, S. 16.

322 *Barinova*, Veščnye prava v sisteme sub''ektivnych graždanskich prav, S. 165; *Babaev*, Sistema veščnych prav, S. 318; *Čerednikova*, O veščnych pravach po Graždanskomu kodeksu RF, S. 117.

323 *Masljaev*, Zakon 2004, Nr. 2, S. 3 (4 f.); *Čubarov* in: *Sadikov* (Hrsg.), Art. 209, Rn. 1 a); *Suchanov* in: *ders.* (Hrsg.), Graždanskoe Pravo II, S. 6 f., 148.

324 *Kornilova*, ĖP DVR 2008, Nr. 1; *Masljaev*, Zakon 2004, Nr. 2, S. 3 (4).

325 *Masljaev*, Zakon 2004, Nr. 2, S. 3 (5); so auch *Latyev*, Veščnye prava v graždanskom prave, S. 77.

326 *Ščennikova,* Zakonodatel'stvo 2000, Nr. 10, S. 12 (16).

327 *Grišin*, Advokat 2008, Nr. 6, S. 31 (32); *Suchanov*, ŽRP 2006, Nr. 12, S. 42 (47).

328 *Suchanov*, VMU Pravo 2002, Nr. 4, S. 3 (8); so bereits *Pokrovski*, Osnovnye problemy graždanskogo prava, S. 209.

329 *Suchanov*, ChiP 2005, Nr. 1, S. 5 (8).

Das Prinzip des numerus clausus dinglicher Rechte stellt einen wesentlichen Unterschied zu den schuldrechtlichen Beziehungen dar.[330] Diese sind gesetzlich nicht abschließend aufgezählt und können auch im russischen Recht nach dem Willen der Vertragsparteien definiert werden.

Nach der herrschenden Meinung ist das Prinzip des sachenrechtlichen *numerus clausus* im russischen Sachenrecht verankert.

E. System beschränkt dinglicher Nutzungsrechte

Eine ausdrückliche Erwähnung finden die dinglichen Rechte von Nichteigentümern in Art. 216 ZGB. Expressis verbis aufgezählt sind dort in Abs. 1

- das Recht des Erbbesitzes auf Lebenszeit an einem Grundstück (Art. 265);
- das Recht der ständigen (unbefristeten) Nutzung an einem Grundstück (Art. 268)[331];
- Servitute (Art. 274, 277);
- das Recht der Bewirtschaftung (Art. 294);
- das Recht der operativen Verwaltung (Art. 296).

Hinsichtlich der oben in Klammern angegebenen Verweisungen, welche derart im Gesetzestext enthalten sind, ist anzumerken, dass es sich bei diesen Verweisungen um eine gesetzgeberische Ungenauigkeit handelt. Von der Verweisung erfasst und entsprechend anwendbar sind ebenso alle anderen Normen, welche die Regelung des jeweiligen Rechts zum Gegenstand haben.[332]

Dieser in Art. 216 Abs. 1 ZGB angeführte Katalog dinglicher Rechte selbst enthält allerdings keine abschließende Aufzählung möglicher dinglicher Rechte. Dies folgt aus der gesetzlichen Formulierung „insbesondere".[333] Auch in anderen gesetzlichen Vorschriften können dingliche Rechte geregelt werden. Im Bezug auf einige Nutzungsrechte besteht bis heute Streit darüber, wie diese Rechte rechtlich zu qualifizieren sind.
Im Folgenden sollen daher die die einzelnen Nutzungsrechte, welche der russischen Gesetzgebung bekannt sind und die in der Literatur diskutiert werden, kurz dargestellt werden. Hiervon ausgenommen bleiben die ersten drei Nutzungsrechte der vorigen Aufzählung. Sie werden übereinstimmend als beschränkt dingliche Nutzungsrechte an einem fremden Grundstück anerkannt. Ihre Darstellung erfolgt unter Kapitel 3 A.-D.

I. Recht der wirtschaftlichen Führung / Recht der operativen Verwaltung

Eine kurze Erwähnung verdienen zwei weitere dingliche Rechte, das Recht der wirtschaftlichen Führung und das Recht der operativen Verwaltung. Geregelt sind diese Rechte in den

330 *Masljaev* in: *Mozolin/Maleina* (Hrsg.), Art. 216, Rn. 2; *Sklovski*, Sobstvennost' v graždanskom prave, S. 205.

331 Totz des insoweit unmissverständlichen Gesetzeswortlauts ist die Feststellung als dingliches Recht Gegenstand des Urteils des Föderalen Wirtschaftsgerichts des Nord-Kaukasischen Bezirks v. 23.11.2004, Nr. F08-5458/2004.

332 *Braginski* in: *Litovkin/Suchanov/Čubarov* (Hrsg.), S. 196.

333 Insoweit unstrittig: *Mirošnikova* in: *Sergeev* (Hrsg.), Graždanskoe Pravo 1, S. 766; vgl. *Masljaev* in: *Mozolin/Maleina* (Hrsg.), Art. 216, Rn. 3; *Suchanov*, Kodifikacija zakonodatel'stva o veščnom prave, S. 89.

Art. 294 ff. ZGB. Ihre Besonderheit besteht darin, dass sie staatlichen und kommunalen Einheitsunternehmen, die selbst nicht Eigentümer der ihnen zugeteilten Vermögensgegenstände sein können (Art. 48 Abs. 2 ZGB), die Möglichkeit des Besitzes, der Nutzung und der Verfügung einräumen. Durch diese Rechte sollen die staatlichen und kommunalen Unternehmen ihre wirtschaftliche und rechtliche Selbstständigkeit realisieren.[334] Entwickelt wurden diese besonderen Sachenrechte in der Periode der Planwirtschaft, in welcher der Staat nicht über all seine Vermögenswerte die wirtschaftliche Herrschaft ausüben konnte.[335] Vor diesem Hintergrund wird ihre Zuordnung zu den klassischen beschränkt dinglichen Rechten in Frage gestellt, da in diesen Fällen für die Nutzung fremden Vermögens überwiegend die Realisierung des staatlichen Eigentums und nicht die wirtschaftliche Notwendigkeit charakteristisch ist.[336] Deshalb werden diese Rechte als Relikte der sowjetischen Eigentumsordnung bezeichnet, die in der geltenden Rechtsordnung nur mit den Bedingungen der Übergangsperiode zu rechtfertigen sind.[337]
Die genannten Rechte bestehen nach überwiegender Ansicht jedoch nicht an Grundstücken[338], sondern nur an Gebäuden und Anlagen.[339]

II. Wohnrecht von Familienangehörigen

Zu den dinglichen Rechten wurde auch das Wohnrecht der Familienmitglieder des Eigentümers gezählt, welches sich insbesondere aus Art. 292 ZGB a.F. ergab.[340] Der dingliche Charakter ergab sich einerseits aus der gesetzlichen Bezeichnung des Kapitel 18 des Zivilgesetzbuchs, welches „Eigentum und andere dingliche Rechte an Wohnraum" regelte, und andererseits aus der Regelung als Folgerecht (Abs. 2 a.F.). Nachdem aber letztgenannter Punkt gegenteilig geregelt wurde[341], hat dieses Recht seinen dinglichen Charakter verloren.[342] Bei einem Wechsel des Wohnraumeigentümers wird das Wohnrecht der Familienangehörigen des ursprünglichen Eigentümers beendet.

III. Wohnrecht aus Vermächtnis

Im Zusammenhang mit den Nutzungsrechten verdient auch ein weiteres Recht kurze Erwähnung. Gem. Art. 1137 Abs. 2 ZGB, Art. 33 WohnGB kann der Erblasser den Erben, auf den ein Wohnhaus, eine Wohnung oder sonstiger Wohnraum übertragen wird, dadurch beschweren, dass der Erbe verpflichtet wird, einer anderen Person ein Nutzungsrecht an diesem Wohnraum zu gewähren. Die Zuordnung dieses Rechts zu den dinglichen Rechten ist allgemein anerkannt und folgt nicht zuletzt aus den zitierten Normen selbst, nach denen das Wohn-

---

334 *Sadikov*, ZeuP 1996, S. 259 (267).

335 *Knieper*, FS Schütze, S. 390 f.; vgl. eingehend *Petev*, Sozialistisches Zivilrecht, S. 113 ff.

336 *Suchanov*, ŽRP 2006, Nr. 12, S. 42 (46); *Petev*, Sozialistisches Zivilrecht, S. 118.

337 *Suchanow*, Das Privatrecht in der modernen russischen Zivilgesetzgebung, S. 136 ff.

338 *Holloch* in: *Breidenbach* (Hrsg.), Handbuch WiRO, Bd. 3, RUS, D.III, Rn. 23; *Breig*, WiRO 2002, S. 33 (34) m.w.N.; *Kozyr'/Makovskaja*, VVAS RF 2003, Nr. 2, S. 95 (96); a.A. *Petrov*, Pravo chozjajstvennogo vedenija i pravo operativnogo upravlenija, S. 9. Für die h.M. spricht auch die Tatsache, dass die beiden Rechte im Bodengesetzbuch nicht erwähnt werden.

339 Eine eingehende Untersuchung bleibt daher einer eigenen wissenschaftlichen Arbeit vorbehalten.

340 Vgl. dazu *Kornilova*, ĖP DVR 2008, Nr. 1; *Masljaev* in: *Mozolin/Maleina* (Hrsg.), Art. 216, Rn. 3.

341 Art. 1 Abs. 2 des Änderungsgesetzes v. 30.12.2004, Nr. 213-FZ, SZ RF 3.1.2005, Nr. 1 (Teil 1), Pos. 39.

342 *Suchanov*, Kodifikacija zakonodatel'stva o veščnom prave, S. 90; a.A. *Grišaev*, ŽRP 2006, Nr. 10, S. 85 (89).

recht im Falle eines Wohnraumeigentümerwechsels bestehen bleibt.[343] Ausweislich des Wortlauts kann es aber nicht abstrakt an einem Grundstück bestehen.[344]

IV. Besitz

Unstimmigkeiten bestehen auch bezüglich der Frage, ob der Besitz als ein eigenständiges dingliches Recht angesehen werden kann.
Teilweise wird der tatsächliche gutgläubige Besitz zu den dinglichen Nutzungsrechten gezählt. Dieses Verständnis wird unter Bezugnahme auf die Vorschrift der Ersitzung (Art. 234 ZGB) begründet, welche das für dingliche Rechte charakteristische Merkmal des absoluten Rechtsschutzes beinhaltet. Bis zum Eigentumserwerb durch Ersitzung hat der faktische Besitzer gem. Art. 234 Abs. 2 ZGB einen Anspruch auf Schutz seines Besitzes gegen Dritte, denen nicht das Eigentum an dem Gegenstand zusteht.[345]

Nach der Gegenansicht ist der Besitz nicht als ein eigenständiges Recht, sondern nur als eine Teilbefugnis eines solchen zu qualifizieren. Der possesorische Besitzschutzanspruch aus Art. 234 Abs. 2 ZGB führe nicht zur Aufnahme des Besitzes in den Kreis dinglicher Rechte.[346]

V. Pacht

Eine heftige Debatte wird nach wie vor auch über die Einordnung der Pacht[347] geführt, über die Frage, ob diese als ein dingliches oder ein schuldrechtliches Recht angesehen werden muss.

Nach einer verbreiteten Ansicht[348] ist die Pacht zu den dinglichen Rechten zu zählen. Begründet wird dies zum Teil damit, dass auch die Pacht beim Eigentümerwechsel bestehen bleibt (Art. 617 Abs. 1 ZGB), und der dingliche Rechtsschutz möglich ist. Diese beiden Merkmale werden von Art. 216 ZGB zur Qualifizierung dinglicher Rechte genannt.

Nach der wohl überwiegenden Gegenansicht ist die Pacht nicht zu den dinglichen Rechten zu zählen.[349]
Das Argument des dinglichen Rechtsschutzes auch für den Pächter eines Grundstücks vermag insofern nicht zu überzeugen, als dies eine klare Unterscheidung dinglicher und schuldrechtlicher Beziehungen unmöglich machen würde. Letztlich müsste dann jegliche vertragliche Rechtsbeziehung, die den Besitz an einer Sache begründet, als dingliches Recht anzuerkennen

---

343 *Suchanov*, Kodifikacija zakonodatel'stva o veščnom prave, S. 90; *Masljaev*, Zakon 2004, Nr. 2, S. 3 (6).

344 Aus diesem Grund unterbleibt eine ausführlichere Darstellung dieses Rechts.

345 Vgl. insoweit *Masljaev*, Zakon 2004, Nr. 2, S. 3 (6).

346 *Suchanov* in: *ders.* (Hrsg.), Graždanskoe Pravo II, S. 13-16; ebenso *Solotych*, Zivilgesetzbuch der RF, Teil 1, S. 50.

347 Art. 606 – 623 ZGB.

348 *Rybalov*, Zakon 2007, Nr. 2, S. 115 (120); *Barinova*, Veščnye prava v sisteme sub''ektivnych graždanskich prav, S. 165 f.; ohne nähere Begründung auch *Mart'janov* in: *Čubukov/Tichomirov* (Hrsg.), Art. 5, Rn. 3. Zur Frage, ob der Pächter trotz seiner schuldrechtlichen Verbindung die Herausgabe des Grundstücks gem. Art. 301 ZGB vom Verpächter verlangen kann, *Tarasenko* in: *Belov* (Hrsg.), Graždanskoe pravo, S. 501 ff.

349 Ohne nähere Begründung *Gerasin*, Anpassung des Sachenrechts, WiRO 2005, 297; *Tichomirov, M. Ju.* in: *ders.* (Hrsg.), Art. 22, Rn. 2.

sein. Aus dieser Erwägung heraus ist der Pacht die Anerkennung als dingliches Recht zu versagen.[350] Zwar genießt der Grundstückspächter die dinglichen Rechtsschutzmöglichkeiten, seine Beziehung zum Pächter bleibt aber relativ und beansprucht in dieser Hinsicht keineswegs eine absolute Wirkung gegenüber Dritten.[351]

Gegen die Qualifizierung der Pacht als ein dingliches Recht spricht auch die Tatsache, dass der Vertragsinhalt von den Vertragsparteien frei bestimmbar ist.[352] So kann die Verfügungsbefugnis des Pächters, z.B. die Möglichkeit einer Unterverpachtung vertraglich definiert werden, was für den Inhalt eines beschränkt dinglichen Rechts nicht denkbar ist.[353]

VI. Unentgeltliches befristetes Nutzungsrecht

Mit dem Bodengesetzbuch aus dem Jahre 2001 wurde ein neues Nutzungsrecht eingeführt, das unentgeltliche befristete Nutzungsrecht. Es ist lediglich in Art. 24 BodenGB geregelt, dem Zivilgesetzbuch ist es aber nach wie vor unbekannt.[354]

An staatlichen und kommunalen Grundstücken kann dieses Recht gem. Art. 24 Abs. 1 Pkt. 1 BodenGB nur zugunsten von staatlichen und kommunalen Einrichtungen, staatlichen Unternehmen, Organen der Staatsgewalt und der örtlichen Selbstverwaltung vergeben werden. Längstens kann das Recht in diesem Fall für ein Jahr bestehen.
Unklar ist vor dieser insoweit unmissverständlichen Formulierung die Regelung des Art. 28 Abs. 1 BodenGB. Danach kann auch Bürgern und juristischen Personen das unentgeltliche befristete Nutzungsrecht an staatlichen und kommunalen Grundstücken zugewiesen werden.[355]

Bezüglich privater Grundstücke kann dieses Rechtsverhältnis zwischen natürlichen und juristischen Personen des Privatrechts vertraglich vereinbart werden, Art. 24 Abs. 1 Pkt. 2 BodenGB. Der Vertrag wird als Leihvertrag i.S.d. Art. 689 ZGB qualifiziert.[356]

Ein weiterer Fall der Einräumung dieses Rechts ist gem. Art. 24 Abs. 1 Pkt. 3 BodenGB dann vorgesehen, wenn ein Bürger das Grundstück zu Dienstzwecken benötigt.[357]

Uneinheitlich wird auch der Rechtscharakter des unentgeltlichen befristeten Nutzungsrechts beurteilt. Teilweise wird auch dieses Recht zu den dinglichen Rechten gezählt, da aus dem Gesetz kein abschließender Katalog dinglicher Rechte erkennbar sei.[358]

---

350 *Ivanov* in: *Sergeev/Tolstoj* (Hrsg.), Graždanskoe Pravo 2, S. 170; *Suchanov* in: *ders.* (Hrsg.), Graždanskoe Pravo II, S. 15.

351 *Kornilova*, ĖP DVR 2008, Nr. 1; *Vitrjanski* in: *Braginski/ders.* (Hrsg.), Dogovornoe pravo II, S. 431.

352 *Suchanov*, ŽRP 2006, Nr. 12, S. 42 (47).

353 *Suchanov*, PVN 2005, Nr. 1, S. 34 (39).

354 Zur Kritik an dieser Gesetzgebung *Hoffmann-Hampe/Pietschmann*, OER 2003, S. 33 (36).

355 In der Verordnung des Ministeriums für Vermögensbeziehungen v. 2.9.2002, Nr. 3070-R (RG Nr. 191 v. 9.10.2002) werden amtliche Muster für die Entscheidung oder den Vertrag über die Vergabe dieses Rechts an Bürger und juristische Personen dargestellt.

356 *Krassov*, Zemel'noe Pravo, S. 207; *Minina* in: *Bogoljubov* (Hrsg.), Zemel'nyj učastok, S. 50; *Tichomirov, M. Ju.* in: *ders.* (Hrsg.), Art. 24, Rn. 1.

357 Z.B. Fortwirtschaft, Transportwesen o.ä. vgl. Art. 24 Abs. 2 BodenGB, hierzu etwa *Tichomirov*, PiĖ 2008, Nr. 7, S. 83 (90).

Nach überwiegender Ansicht hingegen wird dieses Recht als ein obligatorisches Recht verstanden.[359]

F. Gegenstand dinglicher Rechte

I. Spezialitätsprinzip

Als unerlässliche Voraussetzung für das Bestehen eines dinglichen Rechts wird die individuelle Bestimmtheit eines Vermögenswertes angesehen.[360] Nur körperliche Gegenstände[361], die durch bestimmte Merkmale von einer Gattungssache ausgesondert sind, können Gegenstand dinglicher Rechte sein.[362] Dies setzt die besondere Form des Rechtsschutzes voraus. Zum Schutze eines dinglichen Rechts ist gem. Art. 216 Abs. 4, 305 ZGB die dingliche Klage (Art. 301 – 304 ZGB) zu erheben. Ein solcher dinglicher Anspruch kann aber nur auf den Schutz eines körperlichen Gegenstandes gerichtet sein.[363]

II. Bestimmtheit von Grundstücken – katasterliche Erfassung

Die Bestimmtheit ist bei unbeweglichen Sachen aber immer gegeben.[364] Voraussetzung ist jedoch auch bei Grundstücken die Individualisierung des bestimmten Grundstücks.
Sie erfolgt durch katasterliche Erfassung des Grundstücks und den entsprechenden Eintrag im Immobilienkataster (vgl. Art. 70 BodenGB, Art. 1 ImmoRegG, Art. 16 ff. ImmoKatG).[365]
Dieses Immobilienkataster gibt Auskunft über die Ausmaße und die Art der Immobilie. Sein Zweck liegt also in der technischen Inventur des Bodens.[366] Es besteht gem. Art. 13 ImmoKatG aus drei Abschnitten: Immobilienregister, Katasterakte und Katasterkarten. Die Führung des Immobilienkatasters obliegt der Föderalen Immobilienkatasteragentur[367], welche ihr Handeln nach den „Regelungen zur Führung des Immobilienkatasters“[368] zu richten hat.

---

358 *Mart'janov* in: *Čubukov/Tichomirov* (Hrsg.), Art. 5, Rn. 3.

359 *Efremova*, ŽP 2008, Nr. 8, S. 69; auch *El'nikova*, Civilist 2007, Nr. 2, S. 43 (46). Ebenso und mit näherer Darstellung *Breig*, Eigentum und andere dingliche Rechte, S. 254 ff.

360 *Čubarov* in: *Sadikov* (Hrsg.), Kommentari k GK I, Art. 209, Rn. 1 g); Konzeption (russ.), S. 9; *Suchanov*, PVN 2005, Nr. 1, S. 34 (36).

361 An die Beendigung der endlosen Diskussion darüber appellierend: *Averčenko* in: *Sergeev* (Hrsg.), Graždanskoe Pravo 1, S. 590.

362 *Averčenko* in: *Sergeev* (Hrsg.), Graždanskoe Pravo 1, S. 592; *Babaev*, Sistema veščnych prav, S. 202; im Umkehrschluss daraus ergibt sich, dass nicht individualisierte Gattungssachen nicht Gegenstand dinglicher Rechte sein können, *Solotych*, Zivilgesetzbuch der RF, Teil I, S. 51.

363 Pkt. 16 des Informationsbriefes des Präsidiums des Höchsten Wirtschaftsgerichts der RF v. 28.4.1997, Nr. 13, VVAS RF 1997, Nr. 7; *Masljaev* in: *Mozolin/Maleina* (Hrsg.), Art. 216, Rn. 2.

364 *Levšina* in: *Sadikov* (Hrsg.), Kommentari k GK I, Art. 130, Rn. 1; *Misnik*, GiP 2005, Nr. 10, S. 57 (62).

365 *Suchova*, Sbornik normativnych aktov po zemel'nomu pravu, Art. 130 ZGB, S. 91; *Babtaeva*, Zakonodatel'stvo 2008, Nr. 2, S. 14 (17).

366 *Sultanova*, RIW 2002, S. 768 (772).

367 http://www.kadastr.ru

368 Verabschiedet vom Justizministerium der RF mit Prikaz v. 20.2.2008, Nr. 35, BMJu RF 2008, Nr. 3, S. 19 ff.

Mit der katasterlichen Erfassung bekommt das Grundstück eine Katasternummer zugeteilt, Art. 5 ImmokatG. Unter einer Katasternummer können nicht mehrere Grundstücke erfasst sein. Wird beispielsweise eines von mehreren Gebäuden auf einem Grundstück verkauft, und soll der Käufer auch das zugrunde liegende Grundstück (Grundstücksteil) erwerben, so muss dieses selbständig katasterlich erfasst werden. Erst dann kann das Eigentumsrecht an diesem neuen Grundstück registriert werden.[369]
Katasterlich erfasst werden können aber nur abgegrenzte Grundstücke. Die Abgrenzung erfolgt im Wege der Flurgestaltung gem. Art. 68, 69 BodenGB und dem Gesetz „Über die Flurgestaltung".[370]

Gegenstand dinglicher Rechte kann daher nur ein Grundstück sein, dessen Grenzen in der gesetzlich vorgesehenen Ordnung aufgenommen und bestätigt sind.[371]
Das Erfordernis der Spezialität kann auch aus Art. 18 Abs. 1 ImmoRegG gefolgert werden. Danach müssen die zur Registrierung des Immobilienrechts einzureichenden Unterlagen die Immobilie beschreiben und das zu registrierende Recht benennen.

In der Praxis kommt es jedoch nicht selten vor, dass ein Grundstück noch nicht im Kataster erfasst ist. Dies muss vor Abschluss eines Rechtsgeschäfts zwingend nachgeholt werden, da das Grundstück erst damit die Qualität eines Rechtsobjekts erhält. Zudem ist die Vorlage des Katasterauszugs Voraussetzung der Registrierung eines Rechts an diesem Grundstück, Art. 17 Abs. 1 ImmoRegG.

III. Verkehrsfähigkeit

Die Verkehrsfähigkeit eines Rechtsobjekts ist in Art. 129 Abs. 1 ZGB definiert. Unter Verkehrsfähigkeit wird danach die Möglichkeit verstanden, einen Gegenstand im Wege der Einzel- oder Gesamtrechtsnachfolge von einem Eigentümer oder sonstigen Rechtsinhaber auf einen anderen zu übertragen, sofern der Gegenstand nicht vom Verkehr ausgenommen oder im Verkehr beschränkt ist.
Für Grundstücke gilt jedoch gem. Art. 129 Abs. 3 ZGB der Grundsatz, dass eine Verfügung nur insoweit möglich ist, als ihr Rechtsverkehr durch Gesetze über Grund und Boden zugelassen ist. Durch Art. 260 Abs. 1 ZGB wird dieser Grundsatz jedoch wieder umgekehrt. Der Eigentümer kann danach über sein Grundstück nach Belieben verfügen, sofern das Grundstück nicht vom Rechtsverkehr ausgenommen oder in seiner Verkehrsfähigkeit beschränkt ist.
Art. 27 Abs. 4 BodenGB nennt ausdrücklich die vom Verkehr ausgenommenen Grundstücke. Hierzu zählen Naturschutzgebiete, Nationalparks, sowie Grundstücke, die der staatlichen Verteidigung und Sicherheit dienen. In Art. 27 Abs. 5 BodenGB findet sich eine Aufzählung derjenigen Grundstücke, die in ihrer Verkehrsfähigkeit beschränkt sind, ohne dabei die Beschränkung näher zu bestimmen.

369 Präsidiumsurteil des Höchsten Wirtschaftsgerichts der RF v. 29.5.2007, Nr. 6623/05, VVAS RF 2007, Nr. 9, S. 106 (110).

370 Föderales Gesetz v. 18.6.2001, Nr. 78-FZ, SZ RF 25.6.2001, Nr. 26, Pos. 2582.

371 Urteile des Föderalen Wirtschaftsgerichts des Ost-Sibirischen Bezirks v. 27.7.2006, Nr. A33-20498/05-F02-3716/06-S2; v. 10.8.2005, Nr. A19-31927/04-7-F02-3776/05-S2; Urteil des Föderalen Wirtschaftsgerichts des Moskauer Bezirks v. 23.4.2003, Nr. KG-A40/2165-03, abgedruckt in *Krašeninnikov* (u.a.), Sudebnaja praktika (Rechtssprechung), Teil 3, S. 425.

IV. Bodenkategorie, Nutzungsart

Das russische Bodenrecht weist in diesem Zusammenhang eine weitere Besonderheit auf. Der Boden wird durch Art. 7 Abs. 1 BodenGB in sieben Nutzungskategorien[372] unterteilt.
Jedes Grundstück darf nur entsprechend seines durch die Nutzungskategorie vorgegebenen Zwecks genutzt werden, worin eines der wichtigen bodenrechtlichen Grundprinzipien zu sehen ist.[373]
In Anbetracht der jeweiligen Nutzungskategorie können sich für die fraglichen Grundstücke Einschränkungen und Besonderheiten hinsichtlich ihrer Nutzung und die Einräumung von Rechten daran ergeben.
Ein Grundstück kann von einer Kategorie in eine andere Kategorie übertragen werden. Das entsprechende Verfahren ist durch ein Gesetz vom 21. Dezember 2004[374] geregelt.

G. Registrierung

Die Entstehung des dinglichen Rechts an einem Grundstück sowie jede Änderung und Aufhebung hängen von der staatlichen Registrierung ab, Art. 8 Abs. 2, 131 Abs. 1 ZGB. Erst zum Zeitpunkt der Registrierung entsteht das dingliche Recht am Grundstück beim Erwerber.[375] Somit kommt der Eintragung auch im russischen Recht konstitutive Wirkung zu.[376]
Die Registrierungspflicht erstreckt sich nicht auf Rechte, die vor Inkrafttreten des Immobilienregistergesetzes, also vor dem 31. Januar 1998, begründet wurden. Sie unterliegen keiner nachträglichen Registrierung, Art. 6 Abs. 2 ImmoRegG.[377]

I. Regelungssystematik

Der zivilrechtlichen Registrierungspflicht (Art. 131 ZGB) unterliegen nach Anordnung des Punktes 14 des Präsidentenukaz vom 28. Februar 1996[378] das Eigentumsrecht und andere dingliche Rechte, darunter Servitute und Hypotheken. Diese Aussage wiederholt die in Art. 131 Abs. 1 ZGB formulierte Aufzählung der zu registrierenden Rechte. Danach unterliegen der Registrierung das Eigentumsrecht, das Recht der Bewirtschaftung, das Recht der operativen Verwaltung, das Recht des Erbgrundbesitzes auf Lebenszeit, das Recht der ständigen Nutzung, Hypotheken, Servitute und sonstige Rechte, soweit dies gesetzlich bestimmt ist.

Eine gesetzgeberische Ungenauigkeit besteht aber insofern, als dass in Art. 131 Abs. 1 ZGB nur von einem „Recht der ständigen Nutzung“ die Rede ist. Ein „Recht der ständigen Nut-

372 Böden landwirtschaftlicher Zweckbestimmung, Siedlungsböden, Böden industrieller und wirtschaftlicher Bedeutung, Böden besonders geschützter Territorien, Böden des Wald- und Wasserfonds, Reserveböden.

373 Art. 1 Abs. 1 Pkt. 8 BodenGB, Art. 260 Abs. 2 ZGB; vgl. *Zentner*, WiRO 2000, S. 333 (334).

374 Föderales Gesetz „Über die Übertragung von Böden und Grundstücken aus einer Kategorie in eine andere“ v. 21.12.2004, Nr. 172-FZ, SZ RF 27.12.2004, Nr. 52 (Teil 1), Pos. 5276.

375 *Čubarov* in: *Sadikov* (Hrsg.), Kommentari k GK I, Art. 209, Rn. 2 a.E.

376 *Grišaev*, ŽRP 2006, Nr. 10, S. 85 (86).

377 Zu beachten ist allerdings, dass eine Verfügung über ein solches Recht erst möglich ist, wenn es registriert ist, Art. 13 Abs. 2 ImmoRegG.

378 Ukaz des Präsidenten der RF v. 28.2.1996, Nr. 293, SZ RF 4.3.1996, Nr. 10, Pos. 880.

zung" ist dem Zivilgesetzbuch aber nicht bekannt. Gemeint ist aber wohl das Recht der ständigen (unbefristeten) Nutzung.[379]

Eine dem Art. 131 Abs. 1 ZGB entsprechende Vorschrift findet sich auch im Bodengesetzbuch. Nach Art. 25 Abs. 1 BodenGB sind die erwähnten Rechte nach den Vorgaben des Immobilienregistergesetzes zu registrieren.

Auch das Immobilienregistergesetz enthält neben einer allgemeinen Aussage über die Registrierungspflicht in Art. 4 Abs. 1[380] eine Reihe von Vorschriften für die Registrierung einzelner Arten von Rechten, welche teilweise mit den Regelungen des Zivilgesetzbuchs korrespondieren und diese zugleich näher ausgestalten. Beispielhaft sei auf Art. 27 ImmoRegG verwiesen, der die Registrierung von Servituten erfasst.

Neben den dinglichen Rechten an Immobilien sind gem. Art. 131 Abs. 1 S. 1 ZGB auch Beschränkungen dinglicher Rechte zu registrieren, sofern dies gesetzlich angeordnet ist (Art. 4 Abs. 1 S. 2 ImmoRegG). Gem. Art. 164 Abs. 1 ZGB sind auch die Rechtsgeschäfte mit Immobilien gesondert zu registrieren.[381]

Die Umsetzung des Immobilienregistergesetzes erfolgt nach Maßgabe der „Regeln über die Führung des Einheitlichen staatlichen Registers für Immobilienrechte und Immobiliengeschäfte von 1998.[382]

II. Vorgeschichte

Die Regelung des formellen Grundstücksrechts und seine entsprechende Anpassung an das neue Zivilrecht wurde erst 1997 begonnen, und mit der Verabschiedung des Gesetzes „Über die staatliche Registrierung von Immobilienrechten und Immobiliengeschäften" wurde ein erster richtungweisender Schritt getan. Mit diesem Gesetz sollte ein geordnetes System der Erfassung und Dokumentierung von Rechten an Grundstücken und Gebäuden geschaffen und damit die Rechtssicherheit im Grundstücksrecht gefördert werden.[383] Nach dem Übergang zur Marktwirtschaft war die Schaffung eines einheitlichen Registrierungssystems dringend erforderlich, um die Grundlage für einen sicheren und transparenten Immobilienverkehr zu ermöglichen.[384]

Durch die Einführung des Immobilienregistergesetzes wurde Klarheit in ein bis dahin bestehendes unübersichtliches und lückenhaftes Regelungswerk von verschiedenen Rechtsvor-

---

379 Praktische Bedeutung kommt dieser Frage insoweit zu, als dass die Registrierung des Rechts unklar ist. Art. 4 Abs. 1 ImmoRegG verweist hinsichtlich der zu registrierenden Rechte auf Art. 131 ZGB. Auch das ImmoRegG selbst sieht die ausdrückliche Registrierung des Rechts nicht vor. Erwähnung findet das ständige (unbefristete) Nutzungsrecht zwar in Art. 25.2 ImmoRegG, jedoch nicht bezüglich dessen Registrierung.

380 Nach Art. 4 Abs. 1 ImmoRegG unterliegen auch Pachtverhältnisse der staatlichen Registrierung, sofern diese für mehr als ein Jahr vereinbart werden, Art. 26 Abs. 2 BodenGB.

381 Einzelheiten hierzu bei *Breig*, Eigentum und andere dingliche Rechte, S. 88 ff.

382 Verabschiedet durch Entscheidung der Regierung der RF v. 18.2.1998, Nr. 219, SZ RF 23.2.1998, Nr. 8, Pos. 963.

383 Vgl. *Digmayer/Hüper/Rumjanzew*, WiRO 1998, S. 21.

384 *Grišaev*, ŽRP 2006, Nr. 10, S. 85.

schriften gebracht und die für die jeweiligen Immobilienobjekte unterschiedlichen Register in einem einheitlichen Register zusammengefasst.[385] In dieses neue Register wurden hohe Erwartungen gesetzt. So gab es bis dahin kein einheitliches und verlässliches Registersystem. Grundstücksrechtliche Verhältnisse waren stets unklar. Diese Unklarheiten erschwerten auch den Privatisierungsprozess, was zusätzlich dadurch bedingt ist, dass während der Sowjetzeit vielfach die Grundstücksregister vernichtet wurden.[386]

III. Grundbuchsystem

Die Rechte an Immobilienobjekten sowie die Beschränkung dieser Rechte durch Eintragung aller Immobilienrechte und Immobiliengeschäfte erfolgt im *Einheitlichen staatlichen Register der Immobilienrechte und Immobiliengeschäfte*[387], Art. 2 Abs. 2 ImmoRegG. Dieses Immobilienregister entspricht grundsätzlich dem Grundbuch im deutschen Immobilienrecht.[388]

1. Aufbau des Grundbuchs

Neben dem eigentlichen Register der Immobilienrechte enthält das Immobilienregister auch für jedes Immobilienobjekt eine Akte der rechtsbegründenden Dokumente und die Bücher zur Dokumentenerfassung[389], Art. 12 Abs. 2 ImmoRegG.
Das eigentliche Register besteht aus einzelnen Abschnitten, die Eintragungen über jedes einzelne Immobilienobjekt enthalten, bei Beginn der Registrierung eines Immobilienrechts angelegt werden und durch die Katasternummer identifiziert werden, Art. 12 Abs. 6 ImmoRegG. Der erste Abschnitt enthält Angaben zum Grundstück. Der zweite Abschnitt ist den Angaben bezüglich der Gebäude und Anlagen und anderer Objekte, die fest mit dem Boden verbunden sind, gewidmet. Der dritte Abschnitt schließlich gibt Auskunft über Wohnungen, Räumlichkeiten und andere zu einem Gebäude oder einer Anlage gehörende Objekte.

Jeder dieser Abschnitte ist wiederum in drei Unterabschnitte unterteilt. In Unterabschnitt I ist die Objektbeschreibung enthalten. In Unterabschnitt II werden das Eigentum und andere dingliche Rechte an der Immobilie eingetragen. In Unterabschnitt III erfolgen Eintragungen über Beschränkungen und Belastungen des Eigentumsrechts oder des anderen dinglichen Rechts.[390] Die Unterteilung der einzelnen Unterabschnitte erfolgt auf Grundlage der Regeln zur Führung des Immobilienregisters 1998.

Gem. Art. 12 Abs. 6 ImmoRegG sind die Abschnitte nach dem Prinzip der Einheitlichkeit des Immobilienobjekts angelegt. Nach dem Eintrag über ein Grundstück muss der Eintrag über die auf diesem Grundstück befindlichen Immobilienobjekte erfolgen.[391]

---

385 Zur alten Rechtslage *Digmayer/Hüper/Rumjanzew*, WiRO 1998, S. 21.

386 Vgl. *Schroeder*, DNotZ 1964, S. 645 (646).

387 Im Folgenden, wie bisher, abgekürzt: Immobilienregister.

388 Vgl. allgemein zu den Unterschieden zum dt. Recht *Holloch* in: *Breidenbach* (Hrsg.), Handbuch WiRO, Bd. 3, RUS, D.III, Rn. 79 ff.; *Gerasin*, FS Boguslavskij, S. 579 ff.

389 Zu Einzelheiten *Lassen*, Die Hypothek nach russischem Recht, S. 26 f.

390 Hinsichtlich einer anschaulichen graphischen Darstellung des Registeraufbaus sei verwiesen auf *Lassen*, Die Hypothek nach russischem Recht, S. 24, 26.

391 *Piskunova/Kindeeva*, Nedvižimost', S. 726.

2. Registerbehörde

Für die Registrierung von Rechten an Immobilien waren lange Zeit spezielle Einrichtungen der Justiz zuständig.[392] Nach einer Gesetzesänderung 2004[393] wurde diese Kompetenz jedoch auf ein föderales Exekutivorgan und dessen territoriale Organe übertragen, Art. 9 Abs. 1 ImmoRegG.

Für die Registrierung wurde der Föderale Registrierungsdienst („Rosregistracija") geschaffen[394], welcher dem föderalen Justizministerium unterstellt ist. Mit einem kürzlich ergangenen Ukaz[395] wurde der Föderale Registrierungsdienst in „Föderaler Dienst für staatliche Registrierung, Kataster und Kartographie" („Rosreester")[396] umbenannt. Neben der Führung des Immobilienregisters ist dieser Dienst auch für die Führung des Immobilienkatasters zuständig. Damit sind die beiden Register nun auch auf institutioneller Ebene zusammengefasst. Dieser neue Dienst ist dem Ministerium für wirtschaftliche Entwicklung unterstellt.[397]

Im Rahmen der Registrierung des beantragten Rechts kommt der Registrierungsbehörde gem. Art. 9 Abs. 3 ImmoRegG die wesentliche Aufgabe zu, die am jeweiligen Immobilienobjekt früher registrierten oder früher angemeldeten Rechte zu überprüfen. Dies spielt insofern eine wichtige Rolle, als vor Einführung des Einheitlichen Immobilienregisters, wie bereits erwähnt, ein unübersichtliches und uneinheitliches Registerwesen bestand. Für die Richtigkeit eines nunmehr im geltenden Immobilienregister erfolgenden Eintrags muss daher die Rechtslage am entsprechenden Immobilienobjekt sorgfältig untersucht werden.

3. Katastereintrag

Voraussetzung für die Eintragung eines Immobiliengeschäfts in das Immobilienregister ist die bereits erwähnte katasterliche Erfassung des Grundstücks, an welchem das Recht besteht, nach dem Immobilienkatastergesetz. Die katasterliche Erfassung eines Grundstücks ist zwingende Voraussetzung für eine Registrierung im Immobilienregister, da nur erfasste Grundstücke Rechtsobjekte darstellen.[398]

Zwischen dem Immobilienkataster und dem Immobilienregister findet gem. Art. 15 ImmoKatG ein gegenseitiger Informationsaustausch statt.

4. Registrierungsantrag

Die Registrierung eines dinglichen Rechts an einem Grundstück erfolgt auf Antrag des jeweiligen Rechtsinhabers, Art. 16 Abs. 1 ImmoRegG. Sofern es sich bei der Registrierung um eine Belastung eines Rechts handelt, kann die Registrierung nicht nur vom Inhaber des zu belaste-

---

392 Vgl. in etwa *Gerasin*, FS Boguslavskij, S. 581.

393 Art. 93 Abs. 6 des Änderungsgesetzes v. 22.8.2004, Nr. 122-FZ, SZ RF 30.8.2004, Nr. 35, Pos. 3607.

394 Pkt. 13 des Präsidentenukazes der RF v. 9.3.2004, Nr. 314, SZ RF 15.3.2004, Nr. 11, Pos. 945.

395 Ukaz des Präsidenten der RF v. 25.12.2008, Nr. 1847, SZ RF 29.12.2008, Nr. 52 (Teil 1), Pos. 6366.

396 http://www.rosreestr.ru/

397 Pkt. 10 des Präsidentenukazes der RF v. 12.5.2008, Nr. 724, SZ RF 19.5.2008, Nr. 20, Pos. 2290. Vgl. hierzu auch die Regierungsverordnung „Über den Föderalen Registrierungsdienst" in Kraft gesetzt durch den Regierungsbeschluss v. 12.6.2008, Nr. 451, SR RF 23.6.2008, Nr. 25, Pos. 2984.

398 Vgl. oben Kapitel 2 F. II.

ten Rechts erwirkt werden, sondern auch auf Antrag des Begünstigten erfolgen, Art. 13 Abs. 1 ImmoRegG.[399]
Entsteht das dingliche Recht auf Grundlage eines Verwaltungsaktes einer staatlichen oder kommunalen Behörde, so ist der Antrag von der begünstigten Person zu stellen.

Die Registrierung des Rechts hat gem. Art. 13 Abs. 3 ImmoRegG innerhalb eines Monats nach Antragsstellung zu erfolgen.[400]
Die dinglichen Rechte werden in der Reihenfolge registriert, die der Reihenfolge der gestellten Anträge entspricht, Art. 16 Abs. 7 S. 2 ImmoRegG. Das Datum der Registrierung wird durch die Vornahme der Registrierung im Immobilienregister definiert, Art. 3 Abs. 2 ImmoRegG.

5. Prinzip der doppelten Registrierung

Ein wichtiger Unterschied zum deutschen Grundbuchrecht stellt das Prinzip der doppelten Registrierung dar. Wie sich bereits aus der Gesetzesbezeichnung (wörtlich: „Über die Registrierung von Rechten an unbeweglichem Vermögen und Rechtgeschäfte mit ihnen") ergibt, sind nicht nur die Rechte und Rechtsänderungen zu registrieren, sondern auch die Rechtsgeschäfte, welche diesen Rechten und Rechtsgeschäften zugrunde liegen.

6. Öffentlichkeitsgrundsatz

Eine wichtige Funktion kommt dem Immobilienregister insofern zu, als den am Grundstücksverkehr beteiligten Personen eine Einsichtnahme in dieses möglich ist. Gem. Art. 7 Abs. 1 ImmoRegG hat jede beliebige Person einen Anspruch auf Auskunft über beliebige Immobilienobjekte.[401] Nur durch die Offenlegung der grundstücksrechtlichen Verhältnisse ist ein stabiler und dadurch sicherer Grundstücksverkehr möglich. Dieser Publizitätsgrundsatz wird dadurch realisiert, dass rechtsgeschäftliche Rechtsänderungsvorgänge in das Register einzutragen sind.[402]
Unter Öffentlichkeit in diesem Sinne kann allerdings nur die formelle Publizität gemeint sein.[403]

7. Öffentlicher Glaube

In diesem Zusammenhang stellt sich die für den Rechtsverkehr bedeutendste Frage, ob der Öffentlichkeitsgrundsatz auch in materieller Hinsicht besteht. Der zentrale Anknüpfungspunkt ist darin zu sehen, ob dem Immobilienregister eine Rechtsscheinwirkung zukommt und damit

399 Diese Möglichkeit kommt bei der Registrierung eines Servituts in Betracht, vgl. Kapitel 3 A. II. 7. e.

400 In diesem Zusammenhang ist anzumerken, dass das russische Strafgesetzbuch v. 13.6.1996, Nr. 63-FZ, SZ RF 17.6.1996, Nr. 25, Pos. 2954, in Art. 170 einen Straftatbestand für die Registrierung gesetzeswidriger Rechtsgeschäfte über Grund und Boden vorsieht. Die Registrierung rechtswidriger Geschäfte mit Grund und Boden aus Gewinnsucht oder einem sonstigen persönlichen Interesse kann für die registrierenden Beamten eine Geldstrafe nach sich ziehen. Vgl. hierzu *Schroeder*, ZStW 2002, S. 215 (218, 221).

401 Einschränkungen ergeben sich aus Art. 7 Abs. 3 ImmoRegG. Duch Art.1 Abs. 4 des Änderungsgesetzes Nr. 334-FZ v. 21.12.2009, SZ RF 28.12.2009, Nr. 52 (Teil 1), Pos. 6410 wurde in Art. 7 Abs. 6 ImmoRegG eine Regelung geschaffen, wonach Immobilienregisterauszüge über die Internetseite des *Rosreestr* (http://www.rosreestr.ru) abgerufen werden können.

402 *Grišaev*, ŽRP 2006, Nr. 10, S. 85.

403 Vgl. auch *Schwarkewitsch*, Hypothek nach russischem Recht, S. 21; *Sultanova*, RIW 2002, S. 768 (773).

ein gutgläubiger Erwerb auf Grundlage des Registerinhalts möglich ist und eine gesicherte Position bewirkt.

Die Frage nach dem öffentlichen Glauben des Immobilienregisters ist nach wie vor nicht eindeutig geklärt und daher umstritten. Dies erklärt sich dadurch, dass im russischen Recht keine dem § 892 BGB vergleichbare Regelung existiert, aus der die Möglichkeit eines gutgläubigen Erwerbs hervorginge.

Bis 2004 bestand Einigkeit darüber, dass ein gutgläubiger Eigentumserwerb nicht besteht.[404] Für ein derartiges Rechtsinstitut bot die gesetzliche Lage keine Stütze. Dieses Verständnis nahm jedoch mit einer Entscheidung des Verfassungsgerichts der RF vom 21. April 2003[405] eine entscheidende Wendung. In dieser Entscheidung kam das Verfassungsgericht zu dem Schluss, dass auch im Falle der Nichtigerklärung eines Kaufvertrags das Immobilienvermögen von einem redlichen Erwerber nicht zurückgefordert werden darf. Als redlich gilt der Erwerber dann, wenn er nachweisen kann, dass er das Immobilienvermögen entgeltlich erworben hat und weder wusste noch wissen konnte, dass der Verkäufer kein Recht zur Veräußerung des Immobilienvermögens hatte.[406]
Infolge dieser Entscheidung des Verfassungsgerichts der RF wurde der Gesetzgeber aktiv und fügte dem Art. 223 Abs. 2 ZGB einen neuen Satz 2 hinzu: „Immobiliarsachen gelten als dem gutgläubigen Erwerber (Art. 302 Abs. 1 ZGB[407]) als Eigentümer ab dem Zeitpunkt dieser Eintragung gehörend, ausgenommen sind die in Art. 302 dieses Gesetzbuchs vorgesehenen Fälle, in denen der Eigentümer das Recht hat, die Herausgabe von dem gutgläubigen Erwerber zu verlangen."[408]
Nach überzeugender Ansicht wird die Möglichkeit des gutgläubigen Erwerbs dennoch abgelehnt.[409] Der Verweis auf Art. 302 ZGB im geänderten Art. 223 ZGB vermag die Frage nach der Publizitätswirkung des Immobilienregisters insoweit nicht zu beantworten, als dass auch Art. 302 ZGB nicht die Eigenschaft der Gutgläubigkeit des Erwerbers definiert.[410] Für die Begründung der Gutgläubigkeit durch den Inhalt des Immobilienregisters und das Vertrauen in seine Richtigkeit besteht daher nach wie vor keine gesetzliche Grundlage.[411]

---

404 *Ostrovska*, WiRO 2005, S. 293; *Arzinger/Galander*, Russisches Wirtschaftsrecht, S. 282 f.; *Solotych*, Das neue russische ZGB, S. 39.

405 Urteil Nr. 6-P, SZ RF 28.4.2003, Nr. 17, Pos. 1657.

406 Zu Kritik an diesem Urteil *Schmitkel*, Notariatsverfassung in Russland, S. 405; *Samojlov*, VGP 2007, Nr. 4, S. 63 (94 ff.).

407 Danach ist der gutgläubige Erwerber einer nicht dem Veräußerer gehörenden Sache grundsätzlich keinem Vindikationsanspruch des Alteigentümers ausgesetzt, es sei denn, diesem ist die Sache vorher gegen seinen Willen abhanden gekommen oder unentgeltlich erworben worden.

408 Übersetzung nach *Ostrovska*, WiRO 2005, S. 293 (296).

409 Vgl. eingehend *Schmitkel*, Notariatsverfassung in Russland, S. 407 f. m.w.N.; *Ostrovska*, WiRO 2005, S. 293 ff. Aus der russischen Literatur insbesondere *Samojlov*, VGP 2007, Nr. 4, S. 63 (98 ff.) m.w.N.; a.A. *Lassen*, Die Hypothek nach russischem Recht, S. 43 ff.; *Volodin*, WiRO 2005, S. 38 f.

410 Bereits *Breig*, WiRO 2002, S. 33 (37).

411 *Schmitkel*, Notariatsverfassung in Russland, S. 407 m.w.N.

Unumstritten ist, dass ein gutgläubiger Erwerb lediglich hinsichtlich des Eigentumsübergangs an der Sache in Betracht kommt. Die Möglichkeit eines gutgläubigen lastenfreien Erwerbs kennt das russische Recht nicht.[412]

IV. Bewertung

Mit der Einrichtung eines einheitlichen Immobilienregisters wurde eine wichtige Grundlage für einen verlässlichen und sicheren Grundstücks- und Immobilienmarkt gelegt. Allerdings kann davon in der Praxis noch keine Rede sein. So besteht eine Vielzahl von „Altrechten“, welche vor Inkrafttreten des Immobilienregistergesetzes Anfang des Jahres 1998 begründet wurden, bislang aber noch nicht registriert sind und auch keiner nachträglichen Registrierung unterliegen.[413] Der derzeitige Inhalt des Immobilienregisters enthält damit keine chronologische und ordnungsmäßige Registrierung von Immobilienobjekten und der Rechte an ihnen. Neben einer fehlenden ausreichenden rechtlichen Regelung muss auch aus diesem Grund ein öffentlicher Glaube des Immobilienregisters ausscheiden.
Ausserdem muss beachtet werden, dass nicht immer der im Immobilienregister eingetragene Rechtsinhaber auch der wahre Berechtigte ist. Aufgrund des in vielen Bereichen korrupten Verwaltungssystems ist von der teilweisen Unrichtigkeit des Immobilienregisters in Folge „gekaufter“ Eintragungen auszugehen.[414]

Was die Vollständigkeit des Immobilienregisters angeht, so steht in weiten Teilen des Landes noch die katasterliche Erfassung des Bodens aus. Dies dürfte jedoch angesichts der Größe Russlands und der Trägheit der russischen Bürokratie noch viele Jahre dauern.[415]

Für den Erwerber eines Grundstücksrechts empfiehlt sich aus diesen Gründen dringend eine Überprüfung der grundstücksrechtlichen Lage und der bisher erfolgten Immobilientransaktionen. Erst nach Durchführung einer so genannten „due diligence“ kann eine entsprechende Investition vernünftigerweise realisiert werden. Darüber hinaus empfiehlt sich der Abschluss einer Versicherung für den Fall eines Rechtsstreits über die Grundstücksrechte.[416]

---

412 Bereits *Digmayer/Hüper/Rumjanzew*, WiRO 1998, S. 21 (22). Eine tiefergehende Untersuchung der Gutglaubensproblematik unterbleibt im vorliegenden Zusammenhang daher.

413 Vgl. hierzu oben Kapitel 2 G.

414 So die Beurteilung von *Prof. E. A. Suchanov* in einem Gespräch am 20.6.2008 in Moskau.

415 So die Einschätzung von *Resch*, Unternehmensrecht in Russland, S. 72.

416 *Alekseev*, Nedvižimoe imuščestvo, S. 82 f.

Kapitel 3. Die dinglichen Nutzungsrechte im Einzelnen

A. Grunddienstbarkeit (Servitut)

Dienstbarkeiten sind beschränkt dingliche Rechte an fremden Sachen, durch die dem Berechtigten ein absolut wirkendes Recht eingeräumt wird, das er – anders als bloß obligatorische Rechte wie z.B. Miete oder Pacht – gegenüber jedermann durchsetzen kann.

Gesetzlich geregelt sind nur die Grunddienstbarkeiten. Sie werden gemäß der römischen Terminologie Servitute[417] genannt. Ob neben diesen im russischen Recht auch persönliche Dienstbarkeiten bestehen können, ist umstritten.[418]

Das Servitut ist nur in wenigen Artikeln des Zivilgesetzbuchs (Art. 274-277) und des Bodengesetzbuchs (Art. 23) geregelt. Servitute, die an Wald- oder Wassergrundstücken bestellt werden, richten sich ebenfalls nach den zivil- und bodenrechtlichen Vorschriften, Art. 9 Waldgesetzbuch[419], Art. 4 Abs. 2 Wassergesetzbuch.[420]

I. Entwicklung

Das aus dem römischen Recht bekannte Rechtsinstitut bestand bereits im vorrevolutionären Russland.[421] Im sowjetischen Recht war es dann jedoch nicht mehr geregelt. Eine Notwendigkeit hierfür bestand auch nicht mehr, da der gesamte Grund und Boden im Staatseigentum befindlich war.[422] Das eigentliche Regelungsziel, die Ermöglichung der Nutzung eines benachbarten Grundstücks zwischen Privaten, war damit obsolet geworden.
Eine erneute Berücksichtigung erfuhr das Servitut im russischen Recht erst wieder nach dem Zusammenbruch der Sowjetunion und der beginnenden Reformierung des Rechtssystems ab dem Jahre 1990.
Eine erstmalige Erwähnung findet sich in Punkt 4.10 der „Grundlegenden Bestimmungen des staatlichen Programms zur Privatisierung staatlicher und kommunaler Unternehmen nach dem 1.7.1994“.[423] Geregelt waren hierdurch vorerst so genannte öffentliche Servitute, die im öffentlichen Interesse bestellt wurden. Gegenstand dieser Servitute war unter anderem die ent-

417 Lat. *servitus* – Knechtschaft.

418 Ablehnend *Čubarov*, Problemy pravovogo regulirovanija nedvižimosti (Probleme der rechtlichen Reglung von Immobilien), S. 215; bejahend *Kuzmishin (u.a.)*, Immobilienrecht Russland, Rn. 100; *Mirošnikova* in: *Sergeev* (Hrsg.), Graždanskoe Pravo 1 (Zivilrecht 1), S. 767, die das Wohnrecht von Familienangehörigen gem. Art. 292 ZGB, Art. 31, 33 f. WohnungsGB hierzu zählt; eine tiefergehende Untersuchung dieser Frage unterbleibt vorliegend.

419 Waldgesetzbuch der Russischen Föderation v. 4.12.2006, Nr. 200-FZ, SZ RF 11.12.2006, Nr. 50, Pos. 5278; damit fallen nun alle Servitute, unabhängig davon, an welcher Bodenkategorie sie bestellt werden, unter den Anwendungsbereich des Zivil- und Bodenrechts. Vgl. zur alten Rechtslage Art. 21 Waldgesetzbuch v. 29.1.1997, Nr. 22-FZ, SZ RF 3.2.1997, Nr. 5, Pos. 610.

420 Wassergesetzbuch der Russischen Föderation v. 3.6.2006, Nr. 74-FZ, SZ RF 5.6.2006, Nr. 23, Pos. 2381. Vgl. zur alten Rechtslage Art. 43 Wassergesetzbuch v. 16.11.1995, Nr. 167-FZ, SZ RF 20.11.1995, Nr. 47, Pos. 4471.

421 Vgl. nur *Kopylov*, Veščnye prava na zemlju, S. 39 ff.; *Babaev*, Sistema veščnych prav, S. 66 ff.

422 *Babaev*, Sistema veščnych prav, S. 141; *Ščennikova,* Zakonodatel'stvo 2002, Nr. 4, S. 34.

423 Verabschiedet durch den Präsidentenukaz v. 22.7.1994, Nr. 1535, SZ RF 25.7.1994, Nr. 13, Pos. 1478.

geltfreie und ungehinderte Nutzung von Fußwegen und Autostraßen, sowie anderer Infrastrukturobjekte, die bereits bei Grundstückseigentumserwerb bestanden.

Eingang in das geltende Zivilgesetzbuch von 1994 fand das (private) Servitut in den Art. 274-277. Deren Geltung war jedoch durch das Inkrafttreten des Bodengesetzbuchs bedingt, Kapitel 17 ZGB insoweit nicht von Anfang an in Kraft gesetzt.[424] Dennoch wurde in Art. 8 Abs. 1 ZGB eine gewisse Regelungsgrundlage für das Servitut auch vor Inkrafttreten des Bodengesetzbuchs gesehen.[425] Danach entstehen Bürgerliche Rechte und Pflichten aus Gründen, die durch Gesetz oder sonstige Rechtsvorschriften bestimmt sind.

Die Regelung dieses Rechtsinstituts im geltenden Zivilgesetzbuch war zwingend mit der Einführung des Privateigentums an Grund und Boden verbunden.[426] Die damit einhergehenden Gesetzesreformen bestätigten die Bedeutung einiger grundlegender Rechtsinstitute, die sich bereits im römischen Recht bewährt haben und forderten deren Übernahme in die neue Gesetzgebung.[427]

So können Grundstücke unter Umständen nur zweckgemäß und wirtschaftlich sinnvoll genutzt werden, wenn z.B. Leitungen durch das Nachbargrundstück verlegt werden.[428] Für die Ausgestaltung dieses Nachbarschaftsverhältnisses bietet das Servitut eine geeignete Rechtsgrundlage.[429]

II. Privates Servitut

Auf das private Servitut finden sowohl die Regelungen des Zivilrechts als auch Art. 23 BodenGB Anwendung. Auch wenn Art. 23 Abs. 1 BodenGB auf die Zivilgesetzgebung verweist, so sind auch einige Regelungen des Art. 23 BodenGB – wie im weiteren zu zeigen sein wird - auf diese anwendbar. Trotz der allgemeinen Bezeichnung des Art. 274 ZGB werden von den zivilrechtlichen Regelungen (Art. 274-276 ZGB) nur die privaten Servitute erfasst.[430]

1. Wesen

Das Servitut ist das Recht auf begrenzte Nutzung einer fremden Immobilie, Art. 274 Abs. 1 S. 1 ZGB, Art. 5 Abs. 3 BodenGB, Art. 1 Abs. 5 ImmoRegG.

Die Grunddienstbarkeit (Prädialservitut) stellt nicht auf eine bestimmte Person ab, die Rechte an einem Grundstück hat, sondern es wird zwischen einem berechtigten und einem verpflichteten Grundstück unterschieden. Die Bedeutung einer Grunddienstbarkeit liegt darin, dass der jeweilige Eigentümer eines dienenden Grundstücks (praedium serviens)[431] gewisse Eingriffe

---

424 Vgl. oben Kapitel 1 B. II.

425 Vgl. *Popov*, ChiP 2001, Nr. 7, S. 15 (17). Vereinzelt wurden die Art. 274-277 ZGB trotz des Geltungsvorbehaltes auch von einigen Gerichten angewandt. In seinem Urteil v. 8.8.2000, Nr. KG-A40/3509-00 hat das Föderale Wirtschaftgericht des Moskauer Bezirks das vorinstanzliche Urteil aufgehoben, in dem die Bestellung eines Servitut gem. Art. 274-277 ZGB entschieden wurde.

426 *Kopcev*, GP 2007, Nr. 1, S. 43; *Novicki*, Rimskoe graždanskoe pravo, S. 103.

427 *Suchanov* in Vorwort zu: *Novicki*, Rimskoe Pravo, S. 3.

428 Anschaulich *Kosarev*, Pravovedenie 1996, Nr. 3, S. 99 (103).

429 *Novicki*, Rimskoe graždanskoe pravo, S. 103.

430 *Maleina* in: *Mozolin/dies.* (Hrsg.), Art. 274, Rn. 1.

431 Entgegen dieser allgemein anerkannten Bezeichnung erachtet *Maleina*, VGP 2008, Nr. 4, S. 80 (87) das belastete Grundstück als das „herrschende" oder „dominierende", da dieses schließlich die Interessen des Inhabers des Servituts befriedige.

des jeweiligen Eigentümers des herrschenden Grundstücks (praedium dominans) zu dulden hat.[432] Dem Eigentümer des dienenden Grundstücks werden, soweit die Belastung durch die Grunddienstbarkeit reicht, einzelne Teilbefugnisse aus dem Eigentum genommen. Der Berechtigte der Grunddienstbarkeit hat das Recht, diese Teilbefugnisse seinerseits auszuüben. Nach diesem Verständnis kommt dem privaten Servitut damit eine Doppelnatur zu, indem es dem Inhaber einerseits ein dingliches Nutzungsrecht gewährt und andererseits den Eigentümer des dienenden Grundstücks in seinem Eigentumsrecht einschränkt.[433] Die Interessenlage ist also dadurch gekennzeichnet, dass der Berechtigte und der Eigentümer des dienenden Grundstücks auf Dauer nebeneinander das Grundstück nutzen.

Der dingliche Charakter des Servituts und die damit verbundene absolute Wirkung hat auch die Beschränkung anderer Rechte an diesem Grundstück zur Folge (z.B. Pacht oder andere Nutzungsrechte).[434] Die Verfügungsmöglichkeit des Grundstückseigentümers, sowie die Besitz- und Nutzungsbefugnis des Pächters oder Inhabers eines anderen Nutzungsrechts bleiben dabei unberührt.[435]

Die Bestellung eines Servituts kann sowohl zeitlich begrenzt, als auch für unbestimmte Zeit erfolgen, Art. 23 Abs. 4 BodenGB.[436] Trotz der Verweisung in Art. 23 Abs. 1 BodenGB auf die Art. 274-277 ZGB und das dortige Fehlen einer entsprechenden Vorschrift, gilt die Vorschrift auch für private Servitute.[437]

Aus dem Wesen des Servituts ergibt sich eine zwingende Bindung an das konkrete Grundstück. Es kann nicht selbständig und von diesem losgelöst existieren.[438] Nach Art. 275 Abs. 1 ZGB, der die Regelung des Art. 216 Abs. 3 ZGB sinngemäß wiedergibt, bleibt das Servitut bei Übertragung der Rechte am Grundstück, welches mit dem Servitut belastet ist, entsprechend bestehen. Die Bedürfnisse des Rechtsinhabers sind an das Grundstück und nicht an die Person des Grundstückseigentümers gebunden. Eine Ausnahme von diesem Grundsatz gilt für den Fall, dass der Inhaber des Servituts das dienende Grundstück zu Eigentum erwirbt.[439]
Nach dem Wechsel des Grundstückseigentümers ist weder eine neue Vereinbarung über die Bestellung[440] noch eine erneute Registrierung des Servituts[441] erforderlich.

---

432 *Mirošnikova* in: *Sergeev* (Hrsg.), Graždanskoe Pravo 1, S. 767; *Man'ko*, PiP 2008, Nr. 10, S. 2483; vgl. auch *Kosarev*, Pravovedenie 1996, Nr. 3, S. 99 (104).

433 *Piskunova/Kindeeva*, Nedvižimost', S. 85; *Metel'skaja*, AP 2009, Nr. 2, S. 18.

434 *Kulešova/Tret'jakov* in: *Barchatov* (Hrsg.), Art. 274 ZGB, Rn. 1.

435 *Samončik* in: *Bogoljubov/Minina* (Hrsg.), Art. 23, S. 163.

436 Zu Recht wird auf die nicht ganz korrekte Formulierung der Vorschrift hingewiesen. Statt in „befristete" und „ständige" Servitute, hätte eine Unterteilung in befristete und unbefristete Servitute erfolgen müssen. Jedes Recht kann frühzeitig beendet werden, und damit nicht „ständig" bestehen, *Timonina* in: *Čubukov/Tichomirov* (Hrsg.), Art. 23, Rn. 4. Auch in diesem Punkt wird die ungenaue Gesetzgebungstechnik deutlich, wie die abweichende und korrekte Verwendung der Begriffe „befristet" und „unbefristet" in Art. 56. Abs. 4 BodenGB zeigt.

437 *Timonina* in: *Čubukov/Tichomirov* (Hrsg.), Art. 23, Rn. 4; *Minina* in: *Bogoljubov* (Hrsg.), Art. 23, S. 122; *Kozyr'* in: *Volkov/Goličenkov/ders.* (Hrsg.), Art. 23, Rn. 4.

438 *Svit*, Zakon 2004, Nr. 2, S. 20 (24).

439 *Kazancev/Koršunov*, RJu 1997, Nr. 5, S. 22.

440 *Suchova*, Sbornik normativnych aktov po zemel'nomu pravu, Art. 275 ZGB, S. 142; *Kulešova/Tret'jakov* in: *Barchatov* (Hrsg.), Art. 275 ZGB, Rn. 1; nach *Ikonickaja* in: *Abova/Kabalkin* (Hrsg.), Kommentari

Auch bleibt ein Servitut im Falle einer Grundstücksteilung oder Grundstücksverbindung in den ursprünglichen Grenzen auf den neuen Grundstücken bestehen, Art. 11.8 Abs. 5 BodenGB.
Gem. Art. 275 Abs. 2 ZGB ist der isolierte Verkauf, die Verpfändung und jede sonstige Übertragung des Servituts folglich ausgeschlossen.[442]

2. Inhalt

a. Positive und negative Servitute

Das Servitut kann das Recht des Berechtigten beinhalten, gewisse Handlungen vorzunehmen, die der Eigentümer des dienenden Grundstücks zu dulden hat. Dies wird in der russischen Literatur als „positives Servitut" bezeichnet.[443]
Fraglich und nicht unumstritten ist, ob daneben auch das Unterlassen von Handlungen durch den Eigentümer des belasteten Grundstücks („negatives Servitut")[444] Inhalt einer Grunddienstbarkeit sein kann. Von den gesetzlichen Regelungen erfasst ist nur das positive Servitut.

Nach einer Ansicht kann das Verbieten von Handlungen nicht im Sinne eines Servitutes festgelegt werden. Eine solche Möglichkeit ist vom gesetzlichen Wortlaut nicht erfasst.[445] Dies folgt insbesondere aus der beispielhaften Aufzählung möglicher Servitute in Art. 274 Abs. 1 S. 2 ZGB, die alle eine positive Handlung des Rechtsinhabers voraussetzen.[446]
Das in Art. 274 Abs. 1 ZGB genannte Recht sei als tatsächliches Nutzungsrecht an einem fremden Grundstück zu verstehen. Zur Ausübung erforderlich ist dafür jedenfalls eine Handlung des Berechtigten, die der Eigentümer des Grundstücks zu dulden habe.[447] Eine solche Handlung ist bei einem negativen Servitut jedoch nicht gegeben, so dass es sich dabei mehr um eine Einschränkung des Eigentumsrechts handle, deren Anerkennung als Servitut und damit als dingliches Recht abzulehnen sei. Jegliche Einschränkung des Eigentumsrechts muss gem. Art. 55 Abs. 3 VerfRF, Art. 1 Abs. 2 S. 2 ZGB gesetzlich vorgesehen sein.[448]
Darüber hinaus ist die Anerkennung negativer Servitute auch nicht erforderlich, da die Interessen des Rechtsinhabers durch Erheben einer Unterlassungsklage[449] gewahrt werden können.[450] So stelle beispielsweise das „Verbauen" und die damit verbundene Beeinträchtigung

---

k GK I, II, Art. 275, ist allerdings eine Vertragserneuerung erforderlich. Dies überzeugt insofern, als dass die Vereinbarung nur inter partes wirkt und den Folgeeigentümer nicht binden kann.

441 *Gubaeva* in: *Egorov/Sergeev* (Hrsg.), Art. 275, Rn. 2.

442 In dieser Regelung ist ein Fall des Art. 454 Abs. 4 ZGB zu sehen, nach dem ein Vermögensrecht ausnahmsweise nicht (selbständiger) Gegenstand eines Kaufvertrags sein kann, vgl. *Litovkin* in: *Sadikov* (Hrsg.), Kommentari k GK I, Art. 274-275, Rn. 3.

443 *Rjabov*, ŽRP 2007, Nr. 5, S. 67 (68); *Suchanov* in: *ders.* (Hrsg.), Graždanskoe Pravo II, S. 150. Dies entspricht im deutschen Recht den Grunddienstbarkeiten mit Nutzungsbefugnis (§ 1018 Alt. 1 BGB).

444 Diese Verbotsgrunddienstbarkeiten sind im deutschen Recht, § 1018 Alt. 2 BGB, ausdrücklich geregelt: „oder dass auf dem Grundstück gewisse Handlungen nicht vorgenommen werden dürfen", vgl. *Palandt*, § 1018, Rn. 19.

445 *Mirošnikova* in: *Sergeev* (Hrsg.), Graždanskoe Pravo 1, S. 768; so auch *Solotych*, JOR 1996, S. 273 (295).

446 *Metel'skaja*, AP 2009, Nr. 2, S. 18 (23).

447 *Kosarev*, Pravovedenie 1996, Nr. 3, S. 99 (105).

448 *Metel'skaja*, AP 2009, Nr. 2, S. 18 (23).

449 Hierzu unten Kapitel 4 B. II.

450 *Mirošnikova* in: *Sergeev* (Hrsg.), Graždanskoe Pravo 1, S. 768.

des Lichteinfalls eine mögliche Eigentumsverletzung des angrenzenden Grundstücks dar und betreffe nicht den Inhalt eines Servituts.[451]

Nach anderer Ansicht kann auch das Verbot einer bestimmten Handlung des Eigentümers der belasteten Immobilie Inhalt eines Servituts sein.[452] Als Beispiel kann das Verbot angeführt werden, auf dem belasteten Grundstück ein Gebäude zu errichten, oder ein Gebäude von bestimmter Höhe zu errichten, wodurch Lichteinfall oder ein gewisser Ausblick beeinträchtigt würden. Begründet wird dies mit einem weiten Verständnis des Begriffs der „Nutzung" im Sinne des Art. 274 Abs.1 ZGB. Darunter sei jede Möglichkeit zu verstehen, aus einer Sache Vorteile zu ziehen, unabhängig von der Art und Weise. Nicht jede Nutzung setzt einen tatsächlichen Zugriff auf das Grundstück voraus.[453] Zudem sind die Parteien berechtigt, den Inhalt des Servituts vertraglich frei festzulegen, was bereits aus Art. 1 Abs. 2 ZGB folgt.[454]
Auch ein positives Servitut beinhaltet die Verpflichtung des Eigentümers des dienenden Grundstücks, gewisse Handlungen zu unterlassen, die die Ausübung des Servituts beeinträchtigten.[455] Die Unterscheidung positiver und negativer Servitute hat demzufolge nicht danach zu erfolgen, ob dem Eigentümer des dienenden Grundstücks gewisse Handlungen auferlegt oder verboten werden, sondern danach, ob die Ausübung eines Servituts durch den Berechtigten eine aktive Handlung erfordert oder nicht. In jedem Fall hat dann der Eigentümer des dienenden Grundstücks die Verpflichtung, jegliche Handlung zu unterlassen, die die Ausübung des Servituts beschränken würde.[456] In seiner Eigenschaft als beschränkt dingliches Recht stellt das negative Servitut damit eine Beschränkung des Eigentumsrechts dar.[457]
Für die Anerkennung negativer Servitute besteht darüber hinaus ein praktisches Bedürfnis. Die Möglichkeit einer Unterlassungsklage gegenüber Handlungen des Nachbars ist keinesfalls ausreichend, da eine solche nur gegenüber rechtswidrigen Handlungen erfolgreich sein kann.[458] Rechtmäßige Handlungen hat der Nachbar, dessen Interessen möglicherweise verletzt werden, zu dulden. Insoweit vermag die angeführte Argumentation nicht zu überzeugen.

b. Konkreter Inhalt

Zu untersuchen ist, welchen konkreten Inhalt ein Servitut haben kann. Nach der beispielhaften[459] Aufzählung des Art. 274 Abs. 1 S.2 ZGB kann ein Servitut zur Gewährung des Durchgangs und der Durchfahrt durch das benachbarte Grundstück, zum Verlegen und Betrieb von elektrischen, Kommunikations- und Rohrleitungen, zur Wasserversorgung und Bodenverbesserung berechtigen.
Darüber hinaus kann ein Servitut für andere Zwecke bestellt werden, die für einen Eigentümer unbeweglichen Vermögens von Belang sind und nicht ohne die Bestellung eines Servituts

451 *Kosarev*, Pravovedenie 1996, Nr. 3, S. 99 (105).

452 *Suchanov* in: *ders.* (Hrsg.), Graždanskoe Pravo II, S. 150; *Kopylov*, Veščnye prava na zemlju, S. 76.

453 *Rjabov*, ŽRP 2007, Nr. 5, S. 67 (71), so kann die Nutzung eines Grundstücks in diesem Sinne auch in der Aussicht auf eine schöne Landschaft, im Genuss der Natur zu sehen sein.

454 *Ljušnja*, Zakonodatel'stvo 2006, Nr. 1, S. 17 (18).

455 *Rjabov*, ŽRP 2007, Nr. 5, S. 67 (72).

456 *Rjabov*, ŽRP 2007, Nr. 5, S. 67 (72).

457 *Rjabov*, ŽRP 2007, Nr. 5, S. 67 (74).

458 *Rudokvas*, VVAS RF 2009, Nr. 4, S. 186 (189).

459 *Suchova*, Sbornik normativnych aktov po zemel'nomu pravu, Art. 274 ZGB, S. 139; *Minina* in: *Bogoljubov* (Hrsg.), Art. 23, S. 122; *Rudokvas*, VVAS RF 2009, Nr. 4, S. 186.

verwirklicht werden können.[460] Der Gesetzgeber hat der Ausgestaltung eines Servituts damit freien Raum gegeben und den beteiligten Personen viele Regelungsmöglichkeiten eröffnet. Insbesondere im Bereich des Städtebaus kommt dem Rechtsinstitut des Servituts große Bedeutung zu. Hier ist die Bestellung eines Servituts unter anderem zur Erstellung, Renovierung und Unterhaltung von Gebäuden erforderlich, ebenso wie zur Bereitstellung von Objekten der technischen Infrastruktur.[461]

Unklar und, soweit ersichtlich, nicht diskutiert ist die Frage, wann der Zweck der Bestellung gegeben sein muss. Insbesondere stellt sich die Frage, ob ein Servitut auch für künftige Zwecke bestellt werden kann.[462] Eine Antwort findet sich weder in der Literatur noch in der Rechtsprechung, so dass derzeit wohl auf den Zeitpunkt der Bestellung des Servituts abzustellen sein dürfte.

c. Unzulässiger Inhalt

Entsprechend dem römisch-rechtlichen Grundsatz *servitus in faciendo consistere nequit*[463] kann der Eigentümer der durch eine Dienstbarkeit belasteten Sache nicht zu einem aktiven Tun verpflichtet werden. Es kann durch das Servitut nicht eine positive Leistungspflicht des Eigentümers bestimmt werden.

3. Notwendigkeit der Bestellung des Servituts für das herrschende Grundstück

Aus der Formulierung des Art. 274 Abs. 1 S. 2 ZGB („sowie für andere Zwecke, die für den Eigentümer unbeweglichen Vermögens von Belang sind und nicht ohne Bestellung eines Servituts verwirklicht werden können.") ergibt sich für die Bestellung des Servituts die Voraussetzung, dass eine Notwendigkeit für die Einräumung dieser Rechtsposition bestehen muss. Es wird damit der Anspruch auf Bestellung eines Servituts an ein entsprechendes Zweckerfordernis geknüpft. Mit dieser Regelung ist der Aufhebungsgrund des Art. 276 Abs. 1 ZGB[464] verbunden, nach dem ein Servitut bei Fortfall des Zwecks, für den es bestellt wurde, aufgehoben werden kann. In dieser rechtlichen Ausgestaltung kann das Servitut als eine Art Notrecht bezeichnet werden, wie dies zum Beispiel in § 917 BGB normiert ist.[465]

Einem solch streng wortlautgetreuen Verständnis widerspricht jedoch einerseits die Privatautonomie der Parteien bei der Ausgestaltung ihrer vertraglichen Beziehung, soweit die Bestellung des Servituts auf Grundlage eines Vertrags erfolgt. Andererseits stellt der Wortlaut auf die Notwendigkeit der Bestellung für den Grundstückseigentümer ab, und nicht auf die Notwendigkeit für das herrschende Grundstück selbst.[466] Der Grundstückseigentümer kann jede beliebige Handlung auf seinem Grundstück vornehmen, sofern diese nicht der Zweckbestim-

---

460 Eine Aufzählung möglicher Fälle bei *Andreev*, ChiP 2004, Nr. 5, S. 85 (90); auch *Erofeev*, Zemel'noe pravo, S. 167, nach dem auch die Errichtung von Gebäuden und Anlagen von gewisser Höhe durch das Servitut erfasst werden kann.

461 *Romanova*, Jurist 2006, Nr. 8, S. 54 (55).

462 Im deutschen Recht möglich: BGH NJW 1984, S. 2157 (2158); BGHZ 106, S. 348 (351ff.) = NJW 1989, S. 1607.

463 Vgl. zum deutschen Recht *Wilhelm*, Sachenrecht, Rn. 1962.

464 Hierzu unten Kapitel 3 A. II. 9. b. aa.

465 Vgl. *Breig*, Eigentum und andere dingliche Rechte, S. 217.

466 *Rudokvas*, VVAS RF 2009, Nr. 4, S. 186 (193).

mung des Grundstücks entgegensteht. Es muss ihm daher möglich sein, diesen Handlungen entsprechend Servitute am benachbarten Grundstück zu bestellen, unabhängig davon, ob das Grundstück auch anderweitig genutzt werden könnte.[467]
Zudem ist in Bezug auf den erwähnten Aufhebungsgrund des Art. 276 Abs. 1 ZGB zu beachten, dass ausweislich des Wortlauts („verlangen kann") lediglich ein Anspruch des Grundstückseigentümers auf Aufhebung besteht, die Vorschrift hingegen nicht zwingend formuliert ist.

4. Grenzen des Servituts

Die Bestellung eines Servituts kann gem. Art. 274 Abs. 2 ZGB nicht zur Entziehung der eigentumstypischen Rechtsposition des Eigentümers und damit zu einem *jus nudum* führen.[468] Der Privatautonomie der Parteien sind insoweit gewisse Grenzen gesetzt.[469] Dies folgt nicht zuletzt auch aus den gesetzlichen Regelungen selbst. Nach Art. 276 Abs. 1 ZGB kann der Eigentümer eines belasteten Grundstücks die Aufhebung des Servituts wegen Wegfall der Gründe, aus denen es bestellt worden war, verlangen. Inhaltliche Grenzen sind zudem durch Art. 276 Abs. 2 ZGB gegeben. Kann das belastete Grundstück nicht mehr seiner Zweckbestimmung entsprechend genutzt werden, kann der Eigentümer vor Gericht die Aufhebung des Servituts verlangen.

5. Gegenstand

a. Grundstück

Ausweislich des Wortlauts des Art. 274 Abs. 1 S. 1 ZGB kann ein Servitut sowohl am benachbartem als auch an einem anderen Grundstück bestellt werden. Eine Angrenzung der Grundstücke ist nicht erforderlich.[470]
Voraussetzung ist jedoch, dass sich das Nachbargrundstück im Eigentum einer anderen Person befinden muss.[471] Damit scheidet die Möglichkeit einer Eigentümergrunddienstbarkeit, wie sie dem deutschen Recht bekannt ist[472], aus.

Umstritten, da gesetzlich nicht geregelt, ist die Möglichkeit der Bestellung eines privaten Servituts an einem im staatlichen oder kommunalen Eigentum stehendem Grundstück, das zur Pacht, ständiger (unbefristeten) Nutzung oder dem Erbgrundbesitz auf Lebenszeit überlassen ist. In der Praxis kann für angrenzende Nachbarn der Bedarf bestehen, diese Grundstücke in begrenztem Maße zu nutzen.[473] Aus diesem Grund wird teilweise auch in diesem Fall eine

467 *Rudokvas*, VVAS RF 2009, Nr. 4, S. 186 (193).

468 *Suchanov* in: *ders.* (Hrsg.), Graždanskoe Pravo II, S. 151; die Vorschrift des Art. 274 Abs. 2 ZGB findet auch auf den Grundstücksnutzer und –besitzer Anwendung, *Minina* in: *Bogoljubov* (Hrsg.), Art. 23, S. 121.

469 *Mirošnikova* in: *Sergeev* (Hrsg.), Graždanskoe Pravo 1, S. 768 f.

470 *Čubarov*, Problemy pravovogo regulirovanija nedvižimosti, S. 213; *Kulešova/Tret'jakov* in: *Barchatov* (Hrsg.), Art. 274 ZGB, Rn. 1.

471 *Kulešova/Tret'jakov* in: *Barchatov* (Hrsg.), Art. 274 ZGB, Rn. 1; in der Sache auch *Maleina* in: *Mozolin/dies.* (Hrsg.), Art. 274, Rn. 2; a.A. *Rudokvas*, VVAS RF 2009, Nr. 4, S. 186 (199 f.).

472 Vgl. BGH NJW 1988, 2362; *Baur/Stürner*, § 33, Rn. 34; *Ahrens*, Dingliche Nutzungsrechte, Rn. 171.

473 *Kim*, ŽRP 2007, Nr. 6, S. 132 (134).

mögliche Bestellung eines privaten Servituts anerkannt.[474] Für die Möglichkeit einer Bestellung des Servituts an einem Grundstück, welches sich in staatlichem oder kommunalem Eigentum befindet, spricht einerseits der Grundsatz des Art. 124 Abs. 2 ZGB, dass private Teilnehmer des Rechtsverkehrs und Personen öffentlich-rechtlicher Organisationsstruktur grundsätzlich gleich zu behandeln sind. Andererseits geht auch der Aufhebungsgrund des Art. 276 Abs. 2 ZGB[475] davon aus, dass auch Grundstücke der öffentlichen Hand mit einem Servitut belastet werden können. Dieser Aufhebungsgrund steht ausdrücklich nur dem privaten Grundstückseigentümer zu.[476]

Nicht möglich ist hingegen die Bestellung eines Servituts durch den Gebäudeeigentümer am zugrunde liegenden (fremden) Grundstück.[477] Für diese Konstellation ist das Rechtsinstitut Servitut nicht konzipiert, dessen Wesen sich durch die Nutzung eines Nachbargrundstücks auszeichnet.

Dagegen kann ein Servitut nicht an einem Grundstück bestellt werden, das gem. Art. 262 ZGB zur Nutzung durch die Allgemeinheit bereit steht.[478] In einem solchen Fall besteht keine Notwendigkeit einer gesteigerten Rechtsposition zugunsten einer einzelnen Person.

b. Grundstücksteil

Die beschränkte Nutzung kann auch an einem Grundstücksteil i.S.d. Art. 6 Abs. 1 Pkt. 3 BodenGB vereinbart werden. Diese Möglichkeit ergibt sich aus Art. 27 Abs. 2 ImmoRegG und entspricht den Bedürfnissen grundstücksrechtlicher Beziehungen.[479]
In dieser Möglichkeit, ein Servitut nur an einem Grundstücksteil zu bestellen, ist kein Verstoß gegen den Grundsatz zu sehen, dass nur Grundstücke im Ganzen anerkannte Rechtsobjekte darstellen. Vielmehr dient dies zur Konkretisierung des dinglichen Rechts. Zu einer Anerkennung des Grundstücksteils als Rechtsobjekt führt dies hingegen nicht.[480]

---

474 Urteil des Föderalen Wirtschaftsgerichts des Moskauer Bezirks v. 7.10.2004, Nr. KG-A40/8796-04; *Samončik* in: *Bogoljubov/Minina* (Hrsg.), Art. 23, S. 163; ebenso *Minina* in: *Bogoljubov* (Hrsg.), Art. 23, S. 121; zur Ausgestaltung der Rechtbeziehung siehe unten Kapitel 3 A. II. 7. a. cc..; a.A. *Ikonickaja* in: *Abova/Kabalkin* (Hrsg.), Kommentari k GK I, Art. 274, Rn. 1, nach deren Ansicht eine Bestellung des Servituts nur an einem privaten Grundstück möglich sein soll.

475 Hierzu Kapitel 3 A. II. 9. b. bb.

476 *Breig*, Eigentum und andere dingliche Rechte, S. 219.

477 *El'nikova*, Civilist 2007, Nr. 2, S. 43 (45); so auch *Minina* in: *Bogoljubov* (Hrsg.), Art. 23, S. 122; a.A. wohl *Kopylov*, Veščnye prava na zemlju, S. 67, nach dem für die Nutzung eines auf einem fremden Grundstück befindlichen Gebäudes für den Gebäudeeigentümer oder Inhaber eines Bewirtschaftungsrechts (Art. 294 ZGB) oder des Rechts der operativen Vermögensverwaltung (Art. 296 ZGB) ein Servitut bestellt werden kann; a.A. auch, ohne die Frage zu diskutieren *Breig*, WiRO 2002, S. 33 (40), *Mirošnikova* in: *Sergeev* (Hrsg.), Graždanskoe Pravo 1, S. 771.

478 Urteil des Föderalen Wirtschaftsgerichts des Moskauer Bezirks v. 23.4.2003, Nr. KG-A40/2165-03, abgedruckt in *Krašeninnikov* (u.a.), Sudebnaja praktika, Teil 3, S. 425.

479 *Kulešova/Tret'jakov* in: *Barchatov* (Hrsg.), Art. 274 ZGB, Rn. 1; *Gubaeva* in: *Egorov/Sergeev* (Hrsg.), Art. 274, Rn. 1.

480 *Sklovski*, Sobstvennost' v graždanskom prave, S. 346.

c. Gebäude

Gegenstand eines Servituts kann gem. Art. 277 ZGB auch die Belastung eines Gebäudes, einer Anlage und anderer Immobilien sein.[481] Insoweit finden die Art. 274 - 276 ZGB entsprechende Anwendung.[482]

6. Verhältnis zwischen Rechtsinhaber und Eigentümer

Grundsätzlich ist der Inhaber eines Servituts dazu angehalten, seine Rechtsposition in schonender und gewissenhafter Art und Weise auszuüben, damit die Rechtsausübung die möglichst geringste Belastung für den Grundstückseigentümer darstellt.[483] Gesetzlich wird dies von Art. 23 Abs. 5 BodenGB vorgegeben, der auch auf private Servitute Anwendung findet.[484] Dieser gesetzlichen Vorgabe ist durch eine entsprechende vertragliche Regelung nachzukommen.[485]

a. Stellung des Berechtigten

Das Servitut gewährt kein allgemeines Nutzungsrecht, sondern eine genau definierte Nutzungsmöglichkeit.[486] Wie sich aus der Formulierung des Art. 274 Abs. 1 S. 2 ZGB („sowie für andere Zwecke, die nicht ohne Bestellung eines Servituts verwirklicht werden können") ergibt, besteht ein weiter Spielraum für vertragliche Ausgestaltungen, den der Gesetzgeber bewusst geben wollte.[487] Die Vertragsparteien müssen die Nutzungsbefugnisse, die sich gem. Art. 41 Abs. 2 Alt. 1 BodenGB aus dem Vertrag ergeben, genau festlegen.[488] Eine anderweitige Nutzung ist dann ausgeschlossen.
Wird beispielsweise ein Wegerecht eingeräumt, ist es dem Rechtsinhaber nicht gestattet auf dem entsprechenden Grundstücksteil Leitungen zu verlegen oder Baumaterial zu lagern.[489]

Sofern die genauen Nutzungsbedingungen nicht näher bestimmt sind, kann der Inhaber des Servituts die ihm eingeräumte Nutzungsbefugnis gem. Art. 9 Abs. 1 ZGB nach seinem Belieben ausüben, soweit er dadurch nicht die Rechte des Eigentümers des dienenden Grundstücks verletzt.[490]

---

481 Beispielhaft kann auf die Nutzung von Nebenräumen, insbesondere zur Verlegung von Versorgungsleitungen, und Treppenhäusern eines Gebäudes verwiesen werden, *Suchanov* in: *ders.* (Hrsg.), Graždanskoe Pravo II, S. 149; *Mirošnikova* in: *Sergeev* (Hrsg.), Graždanskoe Pravo 1, S. 768.

482 In systematischer Hinsicht ist die Regelung des Art. 277 ZGB im Kapitel 17 deplaziert, regelt dieses doch das „Eigentumsrecht und andere dingliche Rechte an Grund und Boden", vgl. *Andreev*, ChiP 2004, Nr. 5, S. 85 (93).

483 *Maleina*, ChiP 2006, Nr. 7, S. 105 (112).

484 *Minina* in: *Bogoljubov* (Hrsg.), Art. 23, S. 123; *Tichomirov, M. Ju.* in: *ders.* (Hrsg.), Art. 23, Rn. 5.

485 *Tichomirov, M. Ju.* in: *ders.* (Hrsg.), Art. 23, Rn. 5. Wird das erforderliche Nutzungsmaß durch den Inhaber des Servituts überschritten und entsteht dem Eigentümer des dienenden Grundstücks dadurch ein Schaden, so ist dieser gem. Art. 15 ZGB zu ersetzen, vgl. *Rudokvas*, VVAS RF 2009, Nr. 4, S. 186 (196).

486 *Dmitriev*, ChiP 2005, Nr. 9, S. 49 (50); *Svit*, Zakon 2004, Nr. 2, S. 20 (25).

487 *Ščennikova*, Veščnye prava v graždanskom prave Rossii, S. 47.

488 *Mirošnikova* in: *Sergeev* (Hrsg.), Graždanskoe Pravo 1, S. 769; *Svit*, Zakon 2004, Nr. 2, S. 20 (25).

489 *Gubaeva* in: *Egorov/Sergeev* (Hrsg.), Art. 274, Rn. 2.

490 *Kosarev*, Pravovedenie 1996, Nr. 3, S. 99 (105).

Die Legaldefinition des Art. 274 Abs. 1 S. 1 ZGB ist wörtlich zu verstehen. Das Servitut gewährt die Nutzung des fremden Grundstücks. Es gewährt allerdings kein Besitzrecht.[491] Ebenso wenig beinhaltet es ein Verfügungsrecht über das Grundstück, was sich bereits aus dem Wesen eines Nutzungsrechts ergibt.[492]

b. Stellung des Eigentümers des dienenden Grundstücks

Der Eigentümer des dienenden Grundstücks hat jegliche Handlung zu unterlassen, die die Nutzung des Grundstücks durch den Berechtigten beeinflusst.[493] Zudem ist er verpflichtet, in aktiver Weise die Ausübung des Servituts zu ermöglichen.[494] Dieser Verpflichtung kann jedoch nicht soweit gehen, dass eine Ausübung des Servituts ohne eine positive Handlung des Grundstückseigentümers nicht möglich ist. Für die Ausübung eines dinglichen Rechts darf es nicht auf die Handlung einer anderen Person ankommen.[495] Die Vornahme von Handlungen kann damit lediglich eine Nebenpflicht des Grundstückseigentümers sein.[496]

Andererseits bleiben seine Rechte auf Besitz, Nutzung und Verfügung seines Grundstücks unberührt (Art. 274 Abs. 2 ZGB). Dies bedeutet, dass der Grundstückseigentümer weiterhin berechtigt ist, z.B. ein Gebäude zu errichten. Hierdurch kann die Situation entstehen, dass ein bestimmtes Wegerecht dann nicht mehr ausgeübt werden kann. Dieser Umstand ist durch eine entsprechende Änderung der Parteivereinbarung zu lösen, welche den Verlauf des Weges neu bestimmt.[497]

c. Nutzungsentgelt

Für das begründete Servitut kann der Eigentümer des belasteten Grundstücks Zahlung eines angemessenen Nutzungsentgelts verlangen, Art. 274 Abs. 5 ZGB, Art. 23 Abs. 6 BodenGB. Die Erhebung eines solchen Nutzungsentgelts ist nicht zwingend vorgeschrieben, so dass der Grundstückseigentümer von der Erhebung absehen kann. Wird in einem solchen Fall das dienende Grundstück übertragen, hat der neue Grundstückseigentümer erneut das Recht, ein angemessenes Nutzungsentgelt zu verlangen.[498]

Uneinheitlich wird die Frage beurteilt, wann das Nutzungsentgelt als angemessen im Sinne dieser Vorschrift zu beurteilen ist.

491 *Galinovskaja* in: *Saj/Bogolojubov* (Hrsg.), Art. 23, Rn. 1; *Tichomirov, M. Ju.* in: *ders.* (Hrsg.), Art. 23, Rn. 1; *Dmitriev*, ChiP 2005, Nr. 9, S. 49 (50).

492 *Suchova*, Sbornik normativnych aktov po zemel'nomu pravu, Art. 274 ZGB, S. 139; *Ščennikova*, Veščnye prava v graždanskom prave Rossii, S. 45.

493 *Samončik* in: *Bogoljubov/Minina* (Hrsg.), Art. 23, S. 161.

494 *Maleina*, ChiP 2006, Nr. 7, S. 105 (114).

495 *Timonina* in: *Čubukov/Tichomirov* (Hrsg.), Art. 23, Rn. 5.

496 Dieses Verständnis entspricht dem deutschen Recht, *Palandt*, § 1018, Rn. 5. In den §§ 1021 f. BGB sind diese Nebenpflichten für die Fälle, in denen das Halten einer Anlage zur Ausübung des Servituts gehört, positiv geregelt.

497 *Kosarev*, Pravovedenie 1996, Nr. 3, S. 99 (107); ebenso *Rudokvas*, VVAS RF 2009, Nr. 4, S. 186 (197). Ein gesetzlicher Anspruch auf Änderung des Servituts, welcher sich im deutschen Recht aus § 1023 Abs. 1 BGB ergeben kann, besteht jedoch nicht.

498 *Kosarev*, Pravovedenie 1996, Nr. 3, S. 99 (108).

Als angemessen ist das Entgelt nach Vorgabe des Föderalen Bodenkatasterdienstes von 2004 dann anzusehen, wenn es dem Nachteil entspricht, der dem Grundstückseigentümer in Folge der Beschränkung durch das Servitut entsteht.[499] Unklar bleibt bei dieser Aussage jedoch, wie dieser Nachteil zu bemessen ist.

Nach einem anderen Ansatz bestimmt sich das Nutzungsentgelt in Abhängigkeit von den monatlichen Aufwendungen, die in der Erhaltung des Grundstücks anfallen. Berücksichtigung finden dabei der Wert der Abnutzung und die Kosten der Erhaltung.[500] An diesem Betrag soll der Inhaber des Servituts anteilsmäßig beteiligt werden.[501]
In einer anderen Entscheidung[502] wurden die Grundstücksflächen der beteiligten Parteien und die Fläche des belasteten Grundstücks (286,4 qm) in Verhältnis gesetzt und als Anknüpfungspunkt für die Höhe des Nutzungsentgelts gesehen. Als angemessen erachtete das Gericht einen monatlichen Betrag i.H.v. 1000 RUB.

Nach wiederum anderer Ansicht sei neben den angeführten Kriterien noch die Schwere der Belastung des Eigentümers zu berücksichtigen. So sei die Angemessenheit des Nutzungsentgelts in Abhängigkeit von der Häufigkeit und Intensität der Nutzung und der damit verbundenen Beeinträchtigung des dienenden Grundstücks zu bestimmen.[503]

Ein weiterer Anhaltspunkt für die Bestimmung der Angemessenheit des Nutzungsentgelts ist der Pachtzins für ein vergleichbares Grundstück. Das Nutzungsentgelt für ein Servitut hat jedenfalls unter diesem vergleichbaren Pachtzins zu liegen, da die Intensität der Nutzung durch den Inhaber eines Servituts geringer ist als die dauerhafte Nutzung eines Grundstücks durch den Pächter.[504]

In dieser Frage lässt sich noch keine einheitliche Linie erkennen und es bleibt abzuwarten, nach welchen Kriterien die Angemessenheit des Nutzungsentgelts zukünftig festgelegt wird. In Anbetracht dessen dürften die Parteien ein Interesse an einer einvernehmlichen unmissverständlichen vertraglichen Regelung haben.

7. Entstehung

Ein Servitut wird grundsätzlich durch einen Vertrag zwischen den Parteien begründet. Zudem kann ein Servitut auch in gesetzlich normierten Fällen entstehen, oder auf Grund einer gerichtlichen Entscheidung begründet werden. Umstritten ist die Möglichkeit, die Bestellung eines Servituts durch ein einseitiges Rechtsgeschäft zu begründen.
Die wirksame Entstehung hängt in jedem Fall aber von der Registrierung des Servituts im Register ab, Art. 8 Abs. 2, 131 Abs. 1 ZGB, Art. 27 Abs. 1 S. 2 ImmoRegG.

---

499 Pkt. 1.2 der Methodischen Empfehlung zur Bestimmung eines angemessenen Entgelts für ein Servitut (vremennye metodičeskie rekomendacii po ocenke sorazmernoj platy za servitut), bestätigt vom Föderalen Bodenkatasterdienst am 17.3.2004 (verfügbar über die Rechtsdatenbank Consultant Plus).

500 *Derjugina*, Graždansko-pravovoe regulirovanie instituta servituta, S. 9, 74.

501 Zur Hälfte (RUB 190,-/qm), Urteil des Föderalen Wirtschaftsgerichts des Povolžkoer Bezirks v. 11.11.2004, Nr. A57-14517/03-30.

502 Urteil des Föderalen Wirtschaftsgerichts des Uraler Bezirks v. 2.11.2004, Nr. F09-3622/04-GK.

503 *Maleina*, ChiP 2006, Nr. 7, S. 105 (113); *Rudokvas*, VVAS RF 2009, Nr. 4, S. 186 (196).

504 *Babaev* in: *Belov (Hrsg.)*, S. 517.

a. Vertragliche Einigung

Der Regelfall für die Begründung eines Servituts ist die vertragliche Einigung. Dies kommt in den gesetzlichen Regelungen der Art. 274 Abs. 3 S.1 ZGB, Art. 41 Abs. 2 BodenGB zum Ausdruck.

Der Vertrag, welcher gem. Art. 164 Abs. 1 i.V.m. Art. 131 ZGB der Registrierung im Immobilienregister unterliegt[505], gilt erst mit seiner Registrierung als geschlossen, sofern gesetzlich nicht etwas anderes vorgesehen ist.[506] Unterbleibt die Registrierung, ist der Vertrag unwirksam und die Registrierung des Servituts kann nicht erfolgen.[507]

aa. Rechtliche Qualifizierung

Zu untersuchen ist, welche rechtliche Funktion und Bedeutung der Vertrag über die Vereinbarung eines Servituts hat. Die Rechtsfolge eines solchen Vertrages ist die Begründung eines dinglichen Rechts, welches nicht nur relative, sondern absolute Wirkung entfalten soll.[508]

Teilweise wird daher vertreten, dass diese Einigung keine schuldrechtlichen Verpflichtungen zur Folge hat und daher als „Verfügungsgeschäft" (*rasporjaditel'naja sdelka*) oder „dinglicher Vertrag" (*veščnyj dogovor*) bezeichnet wird.[509] Die Besonderheit dieses dinglichen Vertrags bestehe darin, dass Vertragsgegenstand nicht eine Handlung des Vertragspartners, sondern unmittelbar eine Sache sei.[510] Eine schuldrechtliche Verpflichtung für den Vertragspartner ergebe sich hieraus nicht.
Nach anderer und überzeugender Ansicht ist zu differenzieren. Die vertragliche Einigung, die als schuldrechtliche Vereinbarung Rechte und Pflichten der beteiligten Parteien beinhaltet, ist vom dinglichen Recht, welches auf Grundlage der Vereinbarung entstehen kann, zu unterscheiden.[511] Die schuldrechtliche Vereinbarung enthält im Wesentlichen die Verpflichtung zur Herbeiführung der dinglichen Rechtswirkung. Da dem russischen Zivilrecht das Trennungs- und damit auch das Abstraktionsprinzip nicht bekannt ist[512], tragen solche Konstruktionen eines „dinglichen Vertrags" nicht zur Rechtsklarheit bei und sind daher abzulehnen.[513]
Nach diesem Verständnis entspricht der in Art. 274 Abs. 3 S. 1 ZGB erwähnte Vertrag dem Kausalgeschäft in der deutschen Rechtsdogmatik.[514]

---

505 Einzutragen in Abschnitt III-4 des Immobilienregisters.

506 Urteil des Präsidiums des höchsten Wirtschaftsgerichts der RF v. 15.1.2008, Nr. 11694/07, VVAS RF 2008, Nr. 3, S. 103 (105). Nach deutschem Verständnis gilt der Vertrag wohl mit der Unterzeichnung durch die Parteien als geschlossen, ist aber bis zur staatlichen Registrierung schwebend unwirksam.

507 *Kosarev*, Pravovedenie 1996, Nr. 3, S. 99 (108).

508 *Gubaeva* in: *Egorov/Sergeev* (Hrsg.), Art. 274, Rn. 6.

509 *Mirošnikova* in: *Sergeev* (Hrsg.), Graždanskoe Pravo 1, S. 770 m.w.N.

510 *Braginski* in: *ders./Vitrjanski* (Hrsg.), Dogovornoe pravo I, S. 280; *Derjugina*, Graždansko-pravovoe regulirovanie instituta servituta, S. 141.

511 *Ščennikova*, Veščnye prava v graždanskom prave Rossii, S. 45.

512 Das russische Recht unterscheidet nicht zwischen Verpflichtungs- und Verfügungsgeschäft. Es knüpft vielmehr an den Vertrag die dingliche Wirkung an. Auch dann, wenn für den Übergang des Rechts weitere Handlungen, wie Übergabe der Sache oder Eintragung in ein Register erforderlich sind, wird kein weiterer Vertrag geschlossen. Eine Abstraktion von der causa findet also nicht statt.

513 *Suchanov*, Kodifikacija zakonodatel'stva o veščnom prave, S. 87.

514 Vgl. etwa *Schwab/Prütting*, Sachenrecht, Rn. 882, 139 ff.; *Wilhelm*, Sachenrecht, Rn. 99 ff.

bb. Form

Rechtsgeschäfte über die Begründung eines Servituts werden in Übereinstimmung mit den allgemeinen Vorschriften geschlossen.[515] Danach gilt der Grundsatz der Formfreiheit, sofern für ein Rechtsgeschäft keine besondere Form durch Gesetz vorgesehen ist, Art. 159 Abs. 1, 434 Abs. 1 S. 1 ZGB. Für die Vereinbarung über die Bestellung eines Servituts ist eine Form gesetzlich nicht bestimmt. Jedoch unterliegt die wirksame Bestellung eines Servituts der staatlichen Registrierung, Art. 131 Abs. 1 ZGB, 27 ImmoRegG. Aus diesem Umstand lässt sich schließen, dass die Vereinbarung über die Bestellung eines Servituts wenigstens der einfachen Schriftform gem. Art. 160 Abs. 1, 434 Abs. 2, 3, 420 Abs. 2 ZGB bedarf.[516]

In diesem Zusammenhang ist eine Besonderheit des russischen Rechts bezüglich der Rechtsfolgen bei der Nichtbeachtung eines Formerfordernisses zu beachten. Nach russischer Systematik (Art. 162 Abs. 2 ZGB) hat die Nichtbeachtung eines Formerfordernisses die Nichtigkeit des Rechtsgeschäfts nur zur Folge, wenn dies ausdrücklich bestimmt ist. Ansonsten kommt der Form lediglich Beweisfunktion zu.[517]

Unabhängig von einem Formerfordernis ist mangels anderweitiger gesetzlicher Regelung die Vereinbarung über die Bestellung eines Servituts jedenfalls wirksam.

cc. Vertragsparteien

Vertragspartei auf Seiten des dienenden Grundstücks kann gem. Art. 274 Abs. 1 ZGB nur der Eigentümer desselben sein, nicht hingegen Inhaber sonstiger dinglicher Rechte.[518] Auch der Pächter eines Grundstücks kann die Bestellung eines Servituts an dem von ihm gepachteten Grundstück nicht veranlassen.[519]
Berechtigter kann neben dem Eigentümer auch der Erbgrundbesitzer oder Inhaber eines ständigen (unbefristeten) Nutzungsrechts sein, Art. 274 Abs. 4 ZGB, und zwar sowohl natürliche,

515 *Arzinger/Galander*, Russisches Wirtschaftsrecht, S. 292.

516 *Ščennikova*, Veščnye prava v graždanskom prave Rossii, S. 45; *Andreev*, ChiP 2004, Nr. 5, S. 85 (91); *Kosarev*, Pravovedenie 1996, Nr. 3, S. 99 (108); im Ergebnis so auch *Maleina* in: *Mozolin/dies.* (Hrsg.), Art. 274, Rn. 5; ohne Begründung *Guev*, Kommentari GK I, Art. 274, Rn. 4; *Arzinger/Galander*, Russisches Wirtschaftsrecht, S. 292.

517 Kritisch hierzu *Pellegrino*, RIW 1998, S. 501 (503).

518 Urteil des Föderalen Wirtschaftsgerichts des Nord-Kaukasischen Bezirks v. 9.4.2008, Nr. F08-254/2008; *Kopylov*, Veščnye prava na zemlju, S. 67; über eine derartige Belastung seines Grundstücks soll nur der Eigentümer entscheiden, *Kosarev*, Pravovedenie 1996, Nr. 3, S. 99 (107).

519 Urteil des Föderalen Wirtschaftsgerichts des Povolžskoer Bezirks v. 13.6.2006, Nr. A49-13314/2005-7/18; Urteil des Föderalen Wirtschaftsgerichts des Zentralen Bezirks v. 7.8.2006, Nr. A68-GP-568/4-05. Anders entschieden hat sich in einem Fall das Föderale Wirtschaftsgericht des Nordwestlichen Bezirks in seinem Urteil v. 9.10.2003, Nr. A21-2148/03-S2. In diesem Fall sollte die Überfahrt über eine asphaltierte Fläche des Nachbargrundstückes erfolgen. Diese Asphaltfläche befand sich im Eigentum des Grundstückspächters, weshalb das Gericht die Bestellung des Servituts durch den Pächter als zulässig erachtete.

als auch juristische Personen.[520] Sofern ein föderales Gesetz dies bestimmt, kann ein Servitut auch im Interesse einer anderen Person bestellt werden.[521]
Ein anderer rechtmäßiger Besitzer eines Grundstücks (z.B. Pächter, Verwahrer) kann die Bestellung eines Servituts hingegen nicht verlangen.[522] Dies kann er jedoch dadurch erreichen, dass der Eigentümer des verpachteten Grundstücks ein entsprechendes Servitut bestellt. Dazu ist der Verpächter aus dem Pachtvertrag möglicherweise verpflichtet, wenn die pachtvertragliche Nutzung des Grundstücks durch den Pächter nicht anders gewährleistet werden kann.[523]

Eine Besonderheit besteht für den Fall der Bestellung eines Servituts aufgrund der Notwendigkeit für die Nutzung eines auf einem fremden Grundstück befindlichen Gebäudes. In diesem Fall kann nicht nur der Gebäudeeigentümer, sondern auch der Inhaber eines Bewirtschaftungsrechts (Art. 294 ZGB)[524] oder des Rechts der operativen Vermögensverwaltung (Art. 296 ZGB)[525] Vertragspartei sein.[526]

Ein Servitut besteht folglich immer zwischen zwei Parteien, dem Eigentümer des dienenden Grundstücks und der Person, die die Bestellung des Servituts verlangt.[527]
Dieses Verständnis beruht auf dem Gesetzeswortlaut des Art. 274 Abs. 1 ZGB.

In der Praxis kann es aber, wie gezeigt[528], zu Konstellationen kommen, in denen ein privates Servitut an einem Grundstück in staatlichem oder kommunalen Eigentum erforderlich ist, das jedoch in Erbgrundbesitz auf Lebenszeit, in ein ständiges (unbefristetes) Nutzungsrecht oder in Pacht vergeben ist. Fraglich ist dann, zwischen welchen Personen die Vereinbarung über die Bestellung des Servituts zustande kommt.
Es wird daher vorgeschlagen, ein Servitut auch in einem Drei-Personen-Verhältnis zuzulassen.[529] Nach teilweise vertretener Ansicht ist der Antrag auf Bestellung des Servituts an das staatliche oder kommunale Organ als Grundstückseigentümer zu richten. Dies ergebe sich aus dem Wortlaut des Art. 274 Abs. 1 S. 1 ZGB, der nur den Grundstückseigentümer erwähnt.[530]

---

520 *Dmitriev*, ChiP 2005, Nr. 9, S. 49 (50).

521 Diese Regelung wurde durch Art. 1 des Änderungsgesetzes v. 30.12.2008, Nr. 311-FZ, SZ RF 5.1.2009, Nr. 1, Pos. 19 in Art. 274 Abs. 4 ZGB aufgenommen und erfasst insbesondere die „Olympischen Servitute“. Vgl dazu unten Kapitel 3 A. II. 11.

522 *Svit*, Zakon 2004, Nr. 2, S. 20 (24); Urteile des Föderalen Wirtschaftsgerichts des Moskauer Bezirks v. 21.9.2004, Nr. KG-A40/7763-04, v. 12.7.2004, Nr. KG-A40/5399-04; Urteil des Föderalen Wirtschaftsgerichts des Nord-Westlichen Bezirks v. 25.6.2004, Nr. A21-5391/03-S2.

523 *Svit*, Zakon 2004, Nr. 2, S. 20 (24).

524 Vgl. oben Kapitel 2 E. I.

525 Vgl. oben Kapitel 2 E. I.

526 *Kopylov*, Veščnye prava na zemlju, S. 67; *Andreev*, ChiP 2004, Nr. 5, S. 85 (91).

527 *Ščennikova*, Veščnye prava v graždanskom prave Rossii, S. 44.

528 Vgl. oben Kapitel 3 A. II. 5. a.

529 *Kim*, ŽRP 2007, Nr. 6, S. 132 (135).

530 *Minina* in: *Bogoljubov* (Hrsg.), Art. 23, S. 121; *Minina* in: *Bogoljubov* (Hrsg.), Zemel'nyj učastok, S. 44; so wohl auch das Föderale Wirtschaftsgerichts des Moskauer Bezirks in seinem Urteil v. 7.10.2004, Nr. KG-A40/8796-04.

Nach anderer Ansicht kann der Vertrag auch mit dem Grundstücksnutzer geschlossen werden[531], welcher aber des Einverständnisses des Grundstückseigentümers bedarf.[532] Unmittelbar von der Belastung durch das Servitut betroffen ist in diesen Fällen aber jedenfalls der Grundstücksnutzer bzw. -besitzer. Dieser soll daher einen Anspruch auf Pachtminderung oder die Möglichkeit der Kündigung des Pachtvertrages[533] bzw. Ersatz der gezahlten Grundsteuer[534] geltend machen können.[535]

Die Vertragsparteien sind zu benennen und gelten damit als zwingender Vertragsinhalt.[536]

dd. Vertragsinhalt

In Ermangelung einer gesetzlichen Regelung an die inhaltlichen Anforderungen der Vereinbarung, besteht hinsichtlich der wesentlichen Vertragsbestandteile Uneinigkeit.
Grundsätzlich gilt die Vertragsfreiheit, die der Gesetzgeber in Art. 1 Abs. 2 S. 1, 421 Abs. 4 ZGB normiert hat.[537] Nach der allgemeinen Vorschrift des Art. 432 Abs. 1 S. 2 ZGB werden als wesentlich der Vertragsgegenstand, die die jeweilige Vertragsart charakterisierenden essentialia negotii und diejenigen Bedingungen angesehen, zu denen nach dem Willen auch nur einer Partei eine Vereinbarung getroffen werden soll.

(i). Gegenstand des Servituts

Als wesentlicher Vertragsinhalt gilt jedenfalls der Gegenstand des Servituts.[538] Wie oben erwähnt, berechtigt das Servitut zur genau definierten Nutzung eines fremden Grundstücks. Einerseits sind die konkreten Nutzungsbefugnisse, andererseits das zu nutzende Grundstück vertraglich zu bestimmen. Teilweise wird daher gefordert, dass der Katasterplan des Grundstücks in Form einer Anlage Vertragsbestandteil wird.[539]
In Anlehnung an Art. 27 Abs. 2 ImmoRegG wird teilweise argumentiert, dass dies nur dann der Fall sein soll, wenn das Servitut nur an einem Grundstücksteil bestellt wird.[540]
Für letztere Ansicht spricht zwar der Wortlaut der angeführten Vorschrift. Jedoch erscheint es auf Grund der besonderen Boden- und Grundstücksverhältnisse aus Rechtssicherheitsgründen

---

531 Im Ergebnis so auch *Ščennikova*, Veščnye prava v graždanskom prave Rossii, S. 44. Deren Begründung vermag jedoch nicht zu überzeugen: Die Rechtssubjekte seien lediglich nicht befugt, über das Grundstück zu verfügen. Die Bestellung eines Servituts stelle aber gerade keine Verfügung dar, weshalb die Bestellung eines Servituts zulässig sein müsse.

532 *Andreev*, ChiP 2004, Nr. 5, S. 85 (91).

533 Gemeint ist damit wohl eine analoge Anwendung des Art. 613 S. 2 ZGB i.V.m.. Art. 450, 451 ZGB.

534 Gem. Art. 388 Abs. 1 des Steuergesetzbuchs (Steuergesetzbuch der RF, Teil 2 v. 5.8.2000, Nr. 117-FZ, SZ RF 7.8.2000, Nr. 32, Pos. 3340; im weiteren mit SteuerGB abgekürzt) sind neben dem Grundstückseigentümer auch die Inhaber eines ständigen (unbefristeten) Nutzungsrechts und eines Erbgrundbesitzes auf Lebenszeit zur Zahlung der Grundsteuer verpflichtet; vgl. unten Kapitel 3 B. VIII., Kapitel 3 C. VI.

535 *Badulin*, AP 2007, Nr. 6, S. 41 (45); *Kim*, ŽRP 2007, Nr. 6, S. 132 (135); *Babaev* in: *Belov (Hrsg.)*, S. 514.

536 *Kim*, ŽRP 2007, Nr. 6, S. 132 (134).

537 *Kosarev*, Pravovedenie 1996, Nr. 3, S. 99 (105).

538 *Kim*, ŽRP 2007, Nr. 6, S. 132 (133); *Badulin*, AP 2007, Nr. 6, S. 41.

539 Urteil des Föderalen Wirtschaftsgerichts des Zentralen Bezirks v. 24.10.2005, Nr. A68-GP-104/A-04; *Kim*, ŽRP 2007, Nr. 6, S. 132 (133); auch *Gorochov*, ZiË 2002, Nr. 7, S. 10 (16).

540 *Kopylov*, Veščnye prava na zemlju, S. 68; *Andreev*, ChiP 2004, Nr. 5, S. 85 (91).

als ratsam und daher vorzugswürdig, die Anlage des Katasterplans zu fordern. Wie dargestellt, gelten nur individuell bestimmte, d.h. katasterlich erfasste Grundstücke als Rechtsobjekte.

(ii). Ziel des Servituts

Teilweise wird gefordert, dass auch das Ziel der Bestellung eines Servituts als wesentlicher Bestandteil in den Vertrag aufgenommen wird. Damit ist der Zweck gemeint, welcher die Bestellung des Servituts erfordert. Begründet wird dies einerseits damit, dass das Ziel eng mit dem Inhalt der Nutzung verbunden ist und die Nutzungsbefugnisse nur in Zusammenhang mit dem Ziel definiert werden können, andererseits damit, dass das Servitut bei Wegfall des Ziels seine Geltung verliert.[541]
Hiergegen wird jedoch der Einwand vorgebracht, dass Art. 274 Abs. 1 ZGB selbst die möglichen Zwecke eines Servituts zwingend vorschreibt. Sollte ein solcher Zweck nicht gegeben sein und die Bestellung des Servituts zur Nutzung des fremden Grundstücks damit nicht erforderlich sein, so kann ein entsprechender Vertrag zu Bestellung des Servituts nicht geschlossen werden.[542]

(iii). Nutzungsentgelt

Unklar und umstritten ist die Frage, ob das Nutzungsentgelt als wesentlicher Vertragsinhalt angesehen werden muss.

Nach einer Ansicht ist das Nutzungsentgelt zwingend vertraglich festzulegen.[543] Dies werde von Art. 274 Abs. 5 ZGB so indiziert.[544] In diesen Fällen sei die Regelung des Art. 424 Abs. 3 ZGB grundsätzlich anwendbar.[545] Diese Vorschrift aus dem allgemeinen Teil des Schuldrechts gibt eine Auslegungsregel für entgeltliche Verträge, in denen ein Preis nicht bestimmt und dieser auch nicht aufgrund der Vertragsbedingungen bestimmbar ist. In diesen Fällen ist für die Vertragserfüllung ein Preis zu zahlen, der unter vergleichbaren Umständen für vergleichbare Leistungen verlangt wird.
Eine Anwendung dieser Vorschrift erscheint allerdings aus praktischen Gesichtspunkten kaum möglich. Wie dargestellt, ist das Servitut eine neue rechtliche Institution im modernen russischen Zivilrecht. Praktische Erfahrungen, die einen entsprechenden Vergleich ermöglichen würden, sind kaum vorhanden.[546] Zudem hängt die Bewertung eines Grundstücks und damit eines möglichen Servituts von verschiedenen Faktoren ab, wie zum Beispiel Größe oder Lage.

---

541 *Derjugina*, Graždansko-pravovoe regulirovanie instituta servituta, S. 8, 145; *Maleina*, VGP 2008, Nr. 4, S. 80 (88).

542 *Kim*, ŽRP 2007, Nr. 6, S. 132 (134).

543 *Mirošnikova* in: *Sergeev* (Hrsg.), Graždanskoe Pravo 1, S. 771.

544 *Kopylov*, Veščnye prava na zemlju, S. 68, dessen Ansicht, dass Vereinbarungen über die Bestellung eines Servituts stets entgeltlich seien, ist angesichts des doch eindeutigen Wortlauts allenfalls schwerlich vertretbar.

545 *Suchova*, Sbornik normativnych aktov po zemel'nomu pravu, Art. 274 ZGB, S. 141; *Kopylov*, Veščnye prava na zemlju, S. 68.

546 *Suchova*, Sbornik normativnych aktov po zemel'nomu pravu, Art. 274 ZGB, S. 142; auch *Kim*, ŽRP 2007, Nr. 6, S. 132 (135).

Aus diesen Gründen muss eine vertragliche Festlegung des Nutzungsentgelts zwingend als Vertraginhalt gefordert werden. Ohne diese Bestimmung gilt der Vertrag als nicht geschlossen und kann nicht registriert werden.[547]

Nach anderer Ansicht ist das Nutzungsentgelt nicht zwingend vertraglich zu bestimmen. Für die Annahme des Nutzungsentgelts als wesentlicher Vertragsinhalt bestehe keine gesetzliche Grundlage.[548] Damit sei die Voraussetzung des Art. 432 Abs. 1 S. 2 ZGB nicht erfüllt und das Benutzungsentgelt nicht als wesentlicher Vertragsinhalt zu werten.[549] Das in Art. 274 Abs. 5 ZGB vorgesehene Recht des Grundstückseigentümers könne auch nach Vereinbarung eines entgeltlosen Servituts noch geltend gemacht werden.[550]

(iv). Fakultativer Vertragsinhalt

Neben den dargestellten notwendigen Vertragsinhalten erscheint es sinnvoll, einzelne Haftungsfragen für den Fall von Vertragsverletzungen, wie Vertragsstrafen, Schadenersatzfragen vertraglich festzulegen.[551]

Die Vertragsparteien können sich über eine Befristung des Servituts verständigen. Der Zeitraum, für den das Servitut bestellt wird, zählt jedoch nicht zu den wesentlichen Vertragsinhalten. Ist der Zeitraum nicht bestimmt, so kann das Servitut dennoch registriert werden, es gilt dann als unbefristet.[552]

b. Gerichtliche Entscheidung

Grundlage eines Servituts kann auch die Entscheidung eines Gerichts sein. Sie kann dann beantragt werden, wenn der Eigentümer des Grundstücks eine vertragliche Einigung verweigert oder sich die Parteien über Bestellung und den Inhalt des Servituts nicht einigen können, Art. 274 Abs. 3 ZGB.

Einzelne Stimmen in der russischen Literatur erkennen die gerichtliche Entscheidung nicht als eigenständige Entstehungsgrundlage an.[553] Aufgabe des Gerichts sei es, die Einigung über die Bestellung eines Servituts herbeizuführen und nicht das Recht selbst zu begründen. Auch in diesem Fall bleibt die Einigung, zu welcher der Beklagte gerichtlich gezwungen wird, Grundlage des Servituts.[554]

---

547 *Kopylov*, Veščnye prava na zemlju, S. 68. Gemeint ist wohl auch hier die Unwirksamkeit des Vertrages.

548 Urteil des Föderalen Wirtschaftsgerichts des Nord-Kaukasischen Bezirks v. 24.12.2004, Nr. F08-5630/2004.

549 *Leonova* in: *Romanec* (Hrsg.), Sudebno-arbitražnaja praktika, Art. 274, Rn. 4.

550 *Kim*, ŽRP 2007, Nr. 6, S. 132 (135); Urteil des Föderalen Wirtschaftsgerichts des Nordwestlichen Bezirks v. 13.10.2004, Nr. A56-8120/04.

551 *Ščennikova*, Veščnye prava v graždanskom prave Rossii, S. 49; auch *Gubaeva* in: *Egorov/Sergeev* (Hrsg.), Art. 274, Rn. 6.

552 Pkt. 51 der Regeln über die Führung des Immobilienregisters; vgl. auch das Urteil des Föderalen Wirtschaftsgerichts des Nord-Kaukasischen Bezirks v. 24.12.2004, Nr. F08-5630/2004.

553 *Babaev*, Sistema veščnych prav, S. 281.

554 *Babaev*, Sistema veščnych prav, S. 281; wohl auch *Andreev*, ChiP 2004, Nr. 5, S. 85 (91).

Dem ist jedoch die gesetzliche Systematik entgegenzuhalten. Nach Art. 274 Abs. 3 ZGB, Art. 8 Abs. 1 Pkt. 3 ZGB kann auch eine gerichtliche Entscheidung Entstehungsgrundlage eines Vermögensrechts und damit auch des Servituts sein.[555] Auch die Regelungen über die Registrierung im Immobilienregister stützen dieses Verständnis. Nach Art. 59 Abs. 2 BodenGB, Art. 17 Abs. 1 ImmoRegG kann auch eine Gerichtsentscheidung Grundlage für die Registrierung im Immobilienregister sein.

Im Sinne einer gerichtlichen Entscheidung ist auch die Entscheidung eines Schiedsgerichts (russ. *tretejski sud*) zu verstehen.[556]

aa. Klageberechtigung

Nach dem Gesetzeswortlaut ist nur die Person klageberechtigt, deren Interessen die Bestellung des Servituts am benachbarten Grundstück erfordern. Beklagter ist entsprechend der Eigentümer des dienenden Grundstücks.

Der Kläger muss in diesem Fall darlegen, dass er sein Grundstück oder eine andere Immobilie nicht wirtschaftlich sinnvoll nutzen kann, ohne das fremde unbewegliche Vermögen mit einem Servitut zu belasten.[557] Bestehen beispielsweise andere Zugangsmöglichkeiten zum benachbarten Grundstück, so ist die Bestellung eines Servituts nicht geboten.[558]
Bei der Entscheidung über die Frage einer Bestellung eines Servituts sind auch die Interessen des beklagten Grundstückseigentümers zu berücksichtigen. Diese Interessenabwägung ist aufgrund der in Art. 1 Abs. 1 ZGB verankerten Grundprinzipien wie der Gleichheit der Beteiligten und der Vertragsfreiheit geboten.[559]

Fraglich ist jedoch, ob nicht auch der Eigentümer des mit dem Servitut zu belastenden Grundstücks berechtigt sein kann, einen entsprechenden Antrag auf Bestellung des Servituts zu stellen, ohne selbst Inhaber des Servituts zu werden. In der Praxis kann der Grundstückseigentümer durchaus ein Interesse an einer solchen Bestellung haben, wenn nämlich sein Grundstück faktisch bereits von einer benachbarten Person genutzt wird.[560]

555 *Kopylov*, Veščnye prava na zemlju, S. 69 f.

556 Übersicht der Entscheidungen des Obersten Gerichtshofs im 4. Kapital 2004 v. 9.2.2005, Frage 25 in: BVS RF 2005 Nr. 7, S. 13 (31); Hierzu *Tichomirov*, ChiP-P 2008, Nr. 5, S. 41.

557 *Larin*, ZR 2007, Nr. 10, S. 23; *Svit*, Zakon 2004, Nr. 2, S. 20 (24); *Kopylov*, Veščnye prava na zemlju, S. 69; Urteil des Föderalen Wirtschaftsgerichts des Moskauer Bezirks v. 4.2.2008, Nr. KG-A41/14866-07; Urteil des Föderalen Wirtschaftsgerichts des Nord-Kaukasischen Bezirks v. 24.8.2006, Nr. F08-4023/2006; Urteil des Föderalen Wirtschaftsgerichts des Moskauer Bezirks v. 7.10.2004, Nr. KG-A40/8796-04. Anschauliche Beispielfälle aus der Rechtsprechung bei *Metel'skaja*, AP 2009, Nr. 2, S. 18 (20 ff.).

558 Urteil des Föderalen Wirtschaftsgerichts des Nord-Kaukasischen Bezirks v. 4.4.2006, Nr. F08-352/2006; Urteil des Föderalen Wirtschaftsgerichts des Zentralen Bezirks v. 14.6.2006, Nr. A68-GP-284/7-05.

559 Urteil des Föderalen Wirtschaftsgerichts des Ost-Sibirischen Bezirks v. 10.1.2007, Nr. A10-1285/05-F02-7113/06-S2. In dem zitierten Urteil war die Notwendigkeit eines Servituts hinreichend dargelegt, die Bestellung wurde durch das Gericht aber abgelehnt, da sie dem geplanten Bauvorhaben des Grundstückseigentümers entgegenstand.

560 Vgl. *Larin*, ZR 2007, Nr. 10, S. 23 (24).

Dies wird unter Verweis auf den insoweit eindeutigen Gesetzeswortlaut teilweise verneint.[561]

bb. Klageantrag

Der Klageantrag ist entweder auf die Bestellung des Servituts[562] oder auf die Verurteilung des Grundstückseigentümers zum Abschluss des Vertrages zur Bestellung des Servituts zu richten.[563] Dies entscheidet sich danach, aus welchen Gründen eine Einigung zwischen den Parteien nicht erzielt werden konnte. Sofern bereits Streit über die Bestellung an sich besteht, so ist die Klage auf die Bestellung des Servituts zu richten. Besteht hingegen Einigkeit über die Frage der Bestellung, jedoch Streit über einzelne Vertragsdetails, so ist die Verurteilung zum Abschluss des Vertrages zur Bestellung des Servituts zu beantragen.[564]

c. Gesetzliche Entstehung

In besonderen Situationen ist es erforderlich, dass ein Servitut kraft Gesetzes entsteht. Im Falle der Vollstreckung in ein verpfändetes Grundstück erfordert dies der Schutz des Pfandschuldners, welchem Gebäude auf diesem Grundstück gehören. Bei einer Hypothek an einem Grundstück erstreckt sich das Pfandrecht grundsätzlich auf die auf dem Grundstück befindlichen Gebäude des Verpfänders, sofern vertraglich nichts anderes vereinbart ist, Art. 340 Abs. 4 S. 1 ZGB, Art. 64 Abs. 1 S. 1 HypG.

Wird vertraglich vereinbart, dass sich die Hypothek nicht auf das Gebäude erstreckt, so behält der Pfandschuldner im Falle der Zwangsvollstreckung in das verpfändete Grundstück nach Art. 340 Abs. 4 S. 2 ZGB, Art. 64 Abs. 1 S. 3 HypG ein beschränktes Nutzungsrecht (Servitut) an dem Teil des Grundstücks, welcher für die Nutzung des auf dem Grundstück befindlichen und nicht verpfändeten Gebäudes erforderlich ist.
In diesem Fall erwirbt der Pfandgeber ein besonderes Wegerecht nicht auf Grundlage eines Vertrages, sondern direkt kraft Gesetzes.[565]

Nach der bereits zitierten Ansicht stellt auch die gesetzliche Normierung eines Servituts nicht dessen eigentliche Entstehungsgrundlage dar. Vielmehr sei auch in diesen Fällen eine vertragliche Grundlage erforderlich, die in den entsprechenden Kaufverträgen, bzw. Pfandverträgen zu sehen sei.[566] Grundlage jedes Servituts muss demnach eine bestimmte schuldrechtliche Beziehung sein.
Dem steht jedoch erneut der Wortlaut der genannten Vorschriften entgegen.

---

561 *Guev*, Kommentari GK I, Art. 274, Rn. 4; Urteil des Föderalen Wirtschaftsgerichts des West-Sibirischen Bezirks v. 24.11.2005, Nr. F04-7248/2005 (15820-A27-9).

562 Vgl. Urteil des Föderalen Wirtschaftsgerichts des Ost-Sibirischen Bezirks v. 22.3.2002, Nr. A33-13498/01-S2-F02-658/02-S2; Urteil des Föderalen Wirtschaftsgerichts des Moskauer Bezirks v. 7.10.2004, Nr. KG-A40/8796-04; Urteil des Föderalen Wirtschaftsgerichts des Povolžskoer Bezirks v. 20.6.2006, Nr. A49-629/2006-24/12.

563 *Kim*, ŽRP 2007, Nr. 6, S. 132 (138); Urteil des Föderalen Wirtschaftsgerichts des Volgo-Vjatskoer Bezirks v. 2.11.2005, Nr. A29-397/2005-4ė; Urteil des Föderalen Wirtschaftsgerichts des Nordwestlichen Bezirks v. 21.11.2003, Nr. A56-3093/03.

564 *Babaev* in: *Belov (Hrsg.)*, S. 515 f.

565 *Kopylov*, Veščnye prava na zemlju, S. 71.

566 *Babaev*, Sistema veščnych prav, S. 281.

Auch in diesen gesetzlichen Fällen entsteht das Servitut nicht im Moment des entsprechenden Vertragsschlusses, sondern ebenfalls erst mit der Registrierung im Immobilienregister.[567]

d. Entstehung durch einseitiges Rechtsgeschäft

Schließlich kommt noch die Entstehung des Servituts durch ein einseitiges Rechtsgeschäft in Betracht. Diese Frage wird insbesondere hinsichtlich des Vermächtnisses, Art. 1137 ZGB, diskutiert. Der Vermächtnisgeber kann dem Erben, insbesondere eines Wohnhauses oder einer Wohnung, die Pflicht auferlegen, einer dritten Person den Wohnraum zu überlassen.

Nach einer Meinung wird diese Möglichkeit abgelehnt. Aus der Formulierung des Art. 274 Abs. 3 ZGB folge nur die Möglichkeit einer vertraglichen Vereinbarung durch übereinstimmende Willensbildung, wodurch eine einseitige Bestellung ausgeschlossen sei.[568]
Wenn der Erbe diese Pflicht durch Bestellung eines Servituts erfüllen möchte, so kann dies nur durch eine vertragliche Vereinbarung mit dem begünstigten Dritten erfolgen. Von einer unmittelbaren einseitigen Entstehung in Folge des Vermächtnisses kann damit nicht ausgegangen werden.[569]

Nach anderer Ansicht kann ein Servitut auch in Folge eines Vermächtnisses, Art. 1137, entstehen.[570] Dies ergibt sich auch aus Art. 8 Abs. 1 S. 2 Pkt. 1 ZGB, Art. 17 Abs. 1 ImmoRegG, wonach auch einseitige Rechtsgeschäfte Entstehungsgrundlage für Vermögensrechte darstellen können.[571]

e. Registrierung

Neben den allgemeinen Vorschriften ergibt sich die Registrierungspflicht speziell aus Art. 274 Abs. 3 ZGB, Art. 23 Abs. 9 BodenGB, Art. 4 Abs. 1 S. 2 ImmoRegG. Die Registrierung des Servituts erfolgt entweder auf Antrag des Grundstückseigentümers oder der Person, zu deren Gunsten das Servitut bestellt wird, Art. 27 Abs. 1 S. 1 ImmoRegG.

Gegenstand der Eintragung ist das Servitut an sich, nicht ausschließlich der Vertrag bzw. die gerichtliche Entscheidung[572], welche nur die Voraussetzung für die Eintragung darstellen.[573] Dies folgt bereits aus der gesetzlichen Formulierung (vgl. Art. 23 Abs. 9 BodenGB, Art. 27 Abs. 1 ImmoRegG).[574] Der Vertrag über die Bestellung des Servituts ist zusätzlich, und zwar im Abschnitt III-4 des Immobilienregisters einzutragen.[575]

---

567 *Kopylov*, Veščnye prava na zemlju, S. 71.

568 *Kosarev*, Pravovedenie 1996, Nr. 3, S. 99 (108).

569 *Derjugina*, Graždansko-pravovoe regulirovanie instituta servituta, S. 147.

570 *Maleina*, ChiP 2006, Nr. 7, S. 105 (109).

571 *Kopylov*, Veščnye prava na zemlju, S. 71.

572 Ein Recht an einem Grundstück kann durch Gerichtsurteil festgestellt und begründet werden, Art. 8 Abs. 1 Pkt. 3 ZGB.

573 *Makovskaja*, ChiP 2003, Nr. 9, S. 9 (12); Urteil des Föderalen Wirtschaftsgerichts des Fernöstlichen Bezirks v. 9.8.2005, Nr. F03-A51/05-1/2156; *Kopylov*, Veščnye prava na zemlju, S. 68.

574 *Kim*, ŽRP 2007, Nr. 6, S. 132 (137).

575 Pkt. 44 der Regeln zur Führung des Immobilienregisters 1998.

Bezieht sich das Servitut nur auf einen Teil des belasteten Grundstücks, so ist dem Registrierungsantrag der entsprechende Katasterauszug bezüglich des Grundstücks beizufügen. Soll die Belastung durch das Servitut das ganze Grundstück erfassen, so ist dies nicht erforderlich, Art. 27 Abs. 2 ImmoRegG.

Für die Registrierung des privaten Servituts besteht angesichts der dargestellten Doppelnatur des Servituts eine Besonderheit hinsichtlich des Registereintrags. Nach den *Methodischen Empfehlungen zum Verfahren der staatlichen Registrierung von Servituten an Grundstücken* des Justizministeriums der RF[576] ist je nach der Person des Antragsstellers ein unterschiedlicher Eintrag vorzunehmen. Bei Antragsstellung durch den Eigentümer des durch das Servitut belasteten Grundstücks wird das Servitut im Unterabschnitt III-3 des Immobilienregisters als eine Rechtsbelastung eingetragen (Punkt 13 der *Methodischen Empfehlungen*). Im Falle der Antragsstellung durch den aus dem Servitut Berechtigten wird das Servitut neben der Eintragung als Rechtsbelastung in Unterabschnitt III-3 zusätzlich als dingliches Recht in Unterabschnitt II-1 eingetragen (Punkt 14 der *Methodischen Empfehlungen*).

Hinsichtlich der Registrierung des Servituts fällt gem. Art. 333.33 Abs. 1 Pkt. 24 SteuerGB eine Gebühr an. Diese beträgt für natürliche Personen 500 Rubel, für juristische Personen 2000 Rubel.

8. Übertragung des Servituts

Das Servitut kann nicht isoliert Gegenstand eines Kaufes bzw. Verkaufes, einer Verpfändung oder einer sonstigen Übertragung sein, Art. 275 Abs. 2 ZGB. Eine Übertragung ist nur dann möglich, wenn die erwerbende Person auch Eigentümerin des herrschenden Grundstücks wird, zu dessen Nutzung das Servitut bestellt worden ist.[577] Dies erfordert die zwingende Zugehörigkeit des Servituts zu einem bestimmten Grundstück.[578]

Bei Übertragung des Servituts ist Art. 274 Abs. 3 entsprechend anzuwenden und die Rechtsposition für den neuen Inhaber im Immobilienregister einzutragen.[579]

9. Beendigung

Wie die Entstehung und die Übertragung, ist auch die Beendigung des Servituts in jedem Fall mit der entsprechenden Registrierung im Register verbunden, Art. 131 Abs. 1 ZGB.
Im Falle eines Gerichtsurteils über die Beendigung gilt das Servitut als aufgehoben, sobald das Urteil Rechtskraft erlangt.[580]

---

576 Verabschiedet durch Verordnung des Justizministeriums der RF v. 26.7.2004, Nr. 132, verfügbar über die Rechtsdatenbank Consultant Plus, (russ: *Metodičeskie rekomendacii o porjadke gosudarstvennoj registracii servitutov na zemel'nye učastki*).

577 *Čubarov*, Problemy pravovogo regulirovanija nedvižimosti, S. 214; in diesem Sinne auch *Man'ko*, PiP 2008, Nr. 10, S. 2483 (2486), nach dem dieser Fall in Art. 275 Abs. 1 ZGB gesetzlich normiert werden sollte.

578 *Maleina* in: *Mozolin/dies.* (Hrsg.), Art. 275.

579 *Maleina* in: *Mozolin/dies.* (Hrsg.), Art. 275.

580 *Andreev*, ChiP 2004, Nr. 5, S. 85 (94).

a. Allgemeine Beendigungsgründe

Wie alle dinglichen Rechte erfährt auch das Servitut seine Aufhebung, wenn das Eigentumsobjekt, an dem das Servitut besteht, untergeht.[581] Die ursprüngliche, vertraglich vereinbarte Nutzungsmöglichkeit ist dann nicht mehr gegeben.

aa. Vertragliche Aufhebung

Die Beendigung eines Servituts kann auch durch eine einvernehmliche Aufhebung durch die Parteien[582] oder eine einseitige Kündigung der Vereinbarung erfolgen.[583] Unklar, da gesetzlich nicht geregelt, sind in letzterem Fall jedoch die Kündigungsgründe und die zu wahrende Frist. Eine Kündigung durch den Eigentümer des dienenden Grundstücks soll im Falle der Nichtzahlung des vereinbarten Nutzungsentgelts möglich sein, im Übrigen in den vertraglich festgelegten Fällen.[584]
Die Möglichkeit einer einvernehmlichen Aufhebung ergibt sich aus Art. 450 Abs. 1 ZGB. Insoweit ist eine entgegenstehende gesetzliche Regelung nicht ersichtlich. In diesem Fall erlischt das Servitut in der Person des bisherigen Rechtsinhabers und geht nicht etwa auf den Eigentümer des dienenden Grundstücks über.[585]

bb. Zeitablauf

Auch wenn diese Möglichkeit nicht ausdrücklich gesetzlich geregelt ist, so erlischt das Servitut mit Ablauf der Zeit, für die es bestellt wurde, sofern eine Befristung vereinbart wurde.[586]

cc. Rechtsinhaberidentität

Eine Aufhebung des Servituts wird auch dann stattfinden müssen, wenn der Inhaber des Servituts Eigentümer des belasteten Grundstücks wird.[587] Dann nämlich besteht eine vergleichbare Situation, wie sie Art. 413 ZGB zu regeln intendiert. Danach erlischt ein Schuldverhältnis, wenn ein und dieselbe Person Schuldner und Gläubiger wird.
Wenn der Rechtsinhaber Eigentümer des dienenden Grundstücks wird, besteht für ein Fortbestehen des Servituts auch gar keine Notwendigkeit mehr.[588]

---

581 *Mozolin* in: *Abova/Kabalkin* (Hrsg.), Kommentari k GK I, II, Art. 216, Rn. 1 a.E.; *Krassov*, Zemel'noe Pravo, S. 201.

582 *Svit*, Zakon 2004, Nr. 2, S. 20 (25).

583 *Maleina* in: *Mozolin/dies.* (Hrsg.), Art. 276, Rn. 1.

584 *Andreev*, ChiP 2004, Nr. 5, S. 85 (94).

585 *Kosarev*, Pravovedenie 1996, Nr. 3, S. 99 (109).

586 *Andreev*, ChiP 2004, Nr. 5, S. 85 (94); *Kulešova/Tret'jakov* in: *Barchatov* (Hrsg.), Art. 276 ZGB, Rn. 3; *Man'ko*, PiP 2008, Nr. 10, S. 2483 (2487).

587 *Andreev*, ChiP 2004, Nr. 5, S. 85 (94); *Maleina*, VGP 2008, Nr. 4, S. 80 (95); wohl auch *Gubaeva* in: *Egorov/Sergeev* (Hrsg.), Art. 276, Rn. 4.

588 Teilweise und systematisch überzeugender wird dieser Fall unter Art. 276 Abs. 1 ZGB subsumiert und damit als ein Wegfall der Gründe, für die das Servitut bestellt wurde, qualifiziert, *Kosarev*, Pravovedenie 1996, Nr. 3, S. 99 (108).

b. Spezielle Beendigungsgründe

aa. Zweckfortfall

Nach Art. 276 Abs. 1 ZGB, Art. 48 Abs. 1 BodenGB kann die Aufhebung des Servituts auf Initiative des Eigentümers des dienenden Grundstücks verlangt werden, wenn die Gründe, aus denen es bestellt wurde, weggefallen sind. Dies ist insbesondere dann gegeben, wenn die beschränkte Nutzung des fremden Grundstücks objektiv nicht mehr erforderlich ist.[589]
Trotz des insoweit eindeutigen Wortlautes soll diese Möglichkeit auch für den Inhaber des Servituts bestehen.[590]
Das genaue Verfahren ist gesetzlich nicht geregelt. Insbesondere stellt sich die Frage, wie die Beendigung in den Fällen erfolgen soll, in denen das Servitut auf Grundlage einer Gerichtsentscheidung bestellt wurde.[591] Aus der Systematik ist aber wie für die Begründung ebenfalls eine entsprechende Vereinbarung der Parteien über die Aufhebung des Servituts zu fordern. Auf dieser Grundlage kann dann die Löschung aus dem Immobilienregister erfolgen.[592] Im Streitfalle soll das Gericht entscheiden.[593]

bb. Aufhebung der zweckentsprechenden Nutzungsmöglichkeit

Ferner kann der Eigentümer des belasteten Grundstücks die Aufhebung des Servituts verlangen, wenn er sein Grundstück in Folge der Belastung durch das Servitut nicht mehr entsprechend seiner Zweckbestimmung nutzen kann, Art. 276 Abs. 2 ZGB, Art. 48 Abs. 1 BodenGB. Dieser Aufhebungsgrund steht ausweislich des Wortlauts nur einer natürlichen oder juristischen Person des Privatrechts zu.
In diesem Fall ist ein Antrag zum Gericht notwendig. Dies begründet sich dadurch, dass der Wegfall der zweckbestimmten Nutzung nicht ohne weiteres festzustellen ist.[594]

cc. Verzicht

Fraglich ist, ob das Servitut auch durch Verzicht auf die Rechtsposition beendet werden kann. Eine gesetzliche Grundlage besteht insoweit nicht. Möglicherweise kommt aber eine entsprechende Anwendung des Art. 53 BodenGB[595] auch auf das Servitut in Betracht, obwohl diese Vorschrift dieses Recht vom Wortlaut her nicht erfasst.

Nach einer Ansicht besteht die Notwendigkeit einer analogen Anwendung des Art. 53 BodenGB, so dass das Servitut ebenfalls von dieser Vorschrift erfasst wird.[596] Im Vergleich zu den anderen dinglichen Nutzungsrechten besteht kein verständlicher Grund, warum diese Möglichkeit nicht auch dem Inhaber eines Servituts zur Verfügung stehen muss. Hierfür

589 *Kosarev*, Pravovedenie 1996, Nr. 3, S. 99 (108).

590 *Litovkin* in: *Sadikov* (Hrsg.), Kommentari k GK I, Art.274-267, Rn. 4.

591 *Kulešova/Tret'jakov* in: *Barchatov* (Hrsg.), Art. 276 ZGB, Rn. 1.

592 *Gubaeva* in: *Egorov/Sergeev* (Hrsg.), Art. 276, Rn. 2; ebenso *Borisov*, Kommentari k GK, Art. 276, S. 296.

593 *Gubaeva* in: *Egorov/Sergeev* (Hrsg.), Art. 276, Rn. 2.

594 *Gubaeva* in: *Egorov/Sergeev* (Hrsg.), Art. 276, Rn. 3.

595 Art. 53 BodenGB enthält Regelungen zum Verzicht auf das Eigentumsrecht, das ständige (unbefristete) Nutzungsrecht und den Erbrundbesitz auf Lebenszeit.

596 *Kulešova/Tret'jakov* in: *Barchatov* (Hrsg.), Art. 53 BodenGB, Rn. 1.

spricht zudem die Artikelüberschrift des Art. 53 BodenGB („Bestimmung und Verfahren des Verzichtes einer Person auf das Recht am Grundstück").[597]

Die Gegenansicht vertritt die Position, dass für die Regelung des Verzichts auf das Servitut gerade kein Bedürfnis besteht und Art. 53 BodenGB seinem Wesen nach darauf nicht anwendbar ist.[598] Ein möglicher Verzicht hätte keine Auswirkung auf das rechtliche Schicksal des Grundstücks dahingehend, als dass es besitz- oder gar herrenlos würde, worin einer der Regelungszwecke der Vorschrift zu sehen sei. Das Servitut gewährt im Vergleich zu den anderen dinglichen Rechten kein Besitzrecht und ein Verzicht würde lediglich die Befreiung von einer zusätzlichen Grundstücksbelastung bedeuten.[599]

Von einem gänzlichen Verzicht auf die Rechtsposition des Servituts ist der Verzicht auf die durch das Servitut eingeräumten Rechte zu unterscheiden. Ein solcher Verzicht befreit den Rechtsinhaber nicht von Pflichten, die ihm aus Art. 42 BodenGB erwachsen, Art. 43 Abs. 2 BodenGB. Nach dieser Vorschrift obliegen dem Rechtsinhaber verschiedene Schutz- und Erhaltungspflichten, die er jedenfalls erfüllen muss. Erst mit Übergang des Nutzungsrechts auf eine andere Person oder die endgültige Aufhebung mit Registrierung erlöschen auch diese Pflichten.[600]

dd. Nichtgebrauch der Befugnisse

Ein weiterer Erlöschensgrund wird dann angenommen, wenn der Berechtigte seine Nutzungsbefugnisse für einen längeren Zeitraum nicht ausübt.[601] Zwar ist dieser Fall für das Servitut gesetzlich nicht geregelt, jedoch entspricht ein solcher Erlöschensgrund den wirtschaftlichen Bedürfnissen des privaten Grundstücksverkehrs.[602]
In Anlehnung an die Art. 45 Abs. 2 Pkt. 4, 46 Abs. 2 Pkt. 4 BodenGB, welche einen solchen Erlöschensgrund für das ständige (unbefristete) Nutzungsrecht, den Erbgrundbesitz auf Lebenszeit und die Pacht vorsehen, wenn ein Gebrauch der Rechtsposition für einen Zeitraum von drei Jahren ausbleibt, wird eine analoge Anwendung dieser Vorschrift auf das Servitut gefordert.[603]
Die Tatsache, dass ein Rechtsinhaber von seiner Rechtsposition über einen längeren Zeitraum keinen Gebrauch macht, könnte auch unter Art. 276 Abs. 1 ZGB zu fassen sein. In diesem Fall spricht einiges dafür, dass die Gründe, aus denen das Servitut bestellt wurde, nicht mehr bestehen.[604]

597 *Kulešova/Tret'jakov* in: *Barchatov* (Hrsg.), Art. 53 BodenGB, Rn. 1.

598 *Romadin/Košelev*, ChiP 2004, Nr. 2, S. 116.

599 *Romadin/Košelev*, ChiP 2004, Nr. 2, S. 117; im Ergebnis ebenso, jedoch ohne Begründung *Tichomirov, M. Ju.* in: *ders.* (Hrsg.), Art. 53, Rn. 2.

600 *Kozyr'* in: *Volkov/Goličenkov/ders.* (Hrsg.), Art. 43, Rn. 2; *Galinovskaja* in: *Bogoljubov* (Hrsg.), Art. 43, S. 229.

601 Allgemein *Kosarev*, Pravovedenie 1996, Nr. 3, S. 99 (108), der sich jedoch auf keinen genauen Zeitraum festlegt.

602 *Derjugina*, Graždansko-pravovoe regulirovanie instituta servituta, S. 9, 155 f.

603 *Kim*, ŽRP 2007, Nr. 6, S. 132 (137).

604 Soweit ersichtlich, wird diese Frage in der russischen Literatur nicht diskutiert.

10. Bewertung

Das Institut des Servituts trägt dem Bedürfnis nach einem dinglich gesicherten Recht zur dauernden Nutzung eines (dienenden) Grundstücks für ein anderes (herrschendes) Grundstück Rechnung.

Mit der Regelung des Servituts im geltenden Zivil- und Bodenrecht knüpft der russische Gesetzgeber an römisch-rechtliche Traditionen an, wie dies auch im übrigen europäischen Rechtsraum überwiegend erfolgt ist.
Dies überrascht nicht, stellt das Servitut doch ein wichtiges Rechtsinstitut dar, welches für die Ausgestaltung grundstücksrechtlicher Beziehungen notwendig ist und viele mit der Nutzung von Grundstücken verbundene Probleme lösen kann.[605]

Unbefriedigend ist allerdings die gesetzliche Ausgestaltung dieses Rechtsinstituts, das nur rudimentär in einigen wenigen Artikeln des Zivil- und des Bodengesetzbuchs geregelt ist. Hierdurch erklären sich die zahlreichen offenen Fragen, welche im Zusammenhang mit der rechtlichen Ausgestaltung dieser Rechtsbeziehungen bestehen und weder in der juristischen Literatur noch in der Rechtssprechung auf Subjekts- oder Föderationsebene gelöst sind. Wünschenswert und erforderlich ist daher eine viel genauere Ausgestaltung dieses wichtigen Rechtsinstituts.[606] Dies würde nicht nur zu Rechtssicherheit und –klarheit führen, sondern auch zur Attraktivität dieses Rechtsinstituts beitragen.

11. Exkurs: „Olympische Servitute"

Für die Organisation und Durchführung der Olympischen Winterspiele 2014 in Soči hat der russische Gesetzgeber Ende 2007 ein eigenes Gesetz erlassen.[607]
Art. 15.2 dieses Gesetzes ermöglicht die Bestellung eines Servituts, wenn dies für den Bau und die Nutzung von olympischen Objekten erforderlich ist. Diese Servitute werden daher „Olympische Servitute" genannt.[608] Art. 15.2 Abs. 2 zählt dabei in sechs Punkten die möglichen Ziele der Bestellung eines solchen Servituts auf.

Aus dem Servitut können auch Körperschaften und Unternehmen berechtigt sein, die kein dingliches Recht am benachbarten Grundstück haben (Art. 15.2 Abs. 5). Insoweit besteht in dieser Vorschrift eine abweichende Bestimmung im Sinne des Art. 274 Abs. 4 ZGB.[609]
Wenn sich das Grundstück in staatlichem oder kommunalen Eigentum befindet und zur Nutzung oder zur Pacht überlassen ist, so ist der Vertrag über die Bestellung mit dem entspre-

605 *Kozyr'* in: *Volkov/Goličenkov/ders.* (Hrsg.), Art. 23, Rn. 1.

606 *Kopcev*, GP 2007, Nr. 1, S. 43 (46); *Man'ko*, PiP 2008, Nr. 10, S. 2483 (2486 f.); mit zahlreichen Änderungsvorschlägen bereits *Ščennikova,* Zakonodatel'stvo 2002, Nr. 5, S. 30 ff. Ein Gesetzesprojekt Nr. 96025935-2 zur Verabschiedung des Föderalen Gesetzes „Über Servitute" (verfügbar über die Rechtsdatenbank Garant) wurde am 24.10.2002 mit Beschluss Nr. 3178-III GD, SZ RF 4.11.2002, Nr. 44, Pos. 4341, von der Duma abgelehnt.

607 Föderales Gesetz „Über die Organisation und Durchführung der XXII. Olympischen Winterspiele und die XI. Paraolympischen Winterspiele 2014 in Soči, die Entwicklung der Stadt Soči als gebirgsklimatischer Kurort und einige Änderungen in der Gesetzgebung der RF" v. 1.12.2007, Nr. 310-FZ, SZ RF 3.12.2007, Nr. 49, Pos. 6071. Vgl. aus der deutschen Literatur *Minaeva*, OER 2010, S. 38 ff.

608 Vgl. *Metel'skaja*, AP 2009, Nr. 2, S. 18 (27).

609 Vgl. hierzu oben Kapitel 3 A. II. 7. a. cc.

chenden Grundstücksnutzer, Grundstücksbesitzer oder Pächter zu schließen (Art. 15.2 Abs. 6).

Hinsichtlich dieser „Olympischen Servitute“ besteht auch insoweit eine Besonderheit, als vor Abschluss des Vertrages über die Bestellung des Servituts, die zuständige kommunale Behörde über die Bestellung des Servituts entscheiden muss. Hierfür ist ein Antrag der Körperschaft oder des Unternehmens, in deren Interesse das Servitut bestellt werden soll, erforderlich (Art. 15.2 10-19). Die olympischen Servitute enthalten damit sowohl Elemente des privaten, als auch des öffentlichen Servituts.[610]

Eine weitere Besonderheit besteht bezüglich der staatlichen Registrierung. Wird die Bestellung des Servituts für einen Zeitraum von weniger als einem Jahr vereinbart, so besteht keine Registrierungspflicht (Art. 15.2 Abs. 29).

Im Gegensatz zu den allgemeinen Vorschriften über das Servitut im Zivil- und Bodengesetzbuch enthält Art. 15.2 in Abs. 21 eine Regelung über die Höhe des Nutzungsentgelts. Sofern das Servitut für bestimmte Zeit bestellt wird, so beträgt die jährliche Summe 3 % des Katasterwerts des Grundstücks. Wird das Servitut für unbestimmte Zeit bestellt, so bestimmt sich die Höhe des Nutzungsentgelts in Abhängigkeit der Wertminderung des Grundstücks in Folge der Belastung durch das Servitut.

Ein spezieller Beendigungsgrund ist in Abs. 28 Pkt. 1 für den Fall geregelt, dass der Rechtsinhaber von seinem Recht für einen Zeitraum von einem Jahr keinen Gebrauch macht.
In Abweichung zu Art. 276 Abs. 2 ZGB hingegen kann der Eigentümer des belasteten Grundstücks die Aufhebung des Servituts nicht verlangen, wenn er in Folge der Belastung sein Grundstück nicht mehr zweckentsprechend nutzen kann. Gem. Art. 15.2 Abs. 3 ist er (und ebenso der Grundstücksnutzer und –besitzer) in diesem Fall berechtigt, den Ankauf des Grundstücks zu verlangen. Der Pächter des Grundstücks kann die Auflösung seines Pachtvertrages verlangen.

Die Regelungen über das „Olympische Servitut“ haben bis zum 1. Januar 2014 auf dem Gebiet der Krasnodarer Region Geltung.

Die Regelungen über das „Olympische Servitut“ sind zwar nur in einem Artikel des genannten Gesetzes enthalten, in 32 Absätzen jedoch auffallend detailliert ausgestaltet. Angesichts der nur rudimentären Regelung der allgemeinen Servitute überrascht dies auch aufgrund der nur begrenzten Geltungsdauer des Art. 15.2. Umso erstaunlicher ist es daher, dass es dem Gesetzgeber offensichtlich nicht erforderlich erscheint, die allgemeinen zivil- und bodenrechtlichen Vorschriften weitergehend auszugestalten, um damit wenigstens einige der dargestellten Probleme zu lösen.[611]

---

610 Vgl. hierzu sogleich Kapitel 3 A. III.

611 Zu Recht wird die Verabschiedung dieses anlassbezogenen Gesetzes kritisiert, *Okunev*, Jurist 2008, Nr. 11, S. 34 (35). Wünschenswert wäre die nähere Ausgestaltung der allgemeinen zivil- und bodenrechtlichen Vorschriften, welche sodann alle Rechtsbeziehungen erfassen könnten.

III. Öffentliches Servitut

Neben den privaten Servituten kennt das russische Recht auch öffentliche Servitute. Sie sind in Art. 23 Abs. 2 – 9 BodenGB geregelt.

Bei den öffentlichen Servituten handelt es sich um Belastungen von Grundstücken, deren Bestellung ein staatliches Interesse, ein Interesse der kommunalen Selbstverwaltung oder ein solches der Bevölkerung erfordert. Wie sich aus der Formulierung des Art. 23 Abs. 7 S. 1 BodenGB ergibt, kann ein Grundstück belastet werden, das im Eigentum einer Privatperson befindlich ist oder einer Person zur ständigen (unbefristeten) Nutzung oder als Erbgrundbesitz auf Lebenszeit vergeben ist.[612] Insoweit besteht bereits eine Abweichung von der grundsätzlichen Regelung des Art. 274 Abs. 1 S. 1 ZGB bezüglich privater Servitute.

1. Inhalt

Art. 23 Abs. 3 BodenGB enthält eine abschließende[613] Reihe möglicher öffentlicher Servitute. Im öffentlichen Interesse können solche Servitute zu folgenden Zwecken bestellt werden: zum Durchgang oder zur Durchfahrt über ein Grundstück (Pkt. 1), zu Renovierungszwecken an Infrastrukturobjekten (Pkt. 2), zur Installation von Vermessungsstationen (Pkt. 3), zur Durchführung von Entwässerungsarbeiten (Pkt. 4), zur Wassergewinnung (Pkt. 5), zum Durchtrieb von Nutzvieh (Pkt. 6), zur Heuernte, zum Weiden des Nutzviehs (Pkt. 7), zu Jagd- und Fischereizwecken (Pkt. 8), zu Forschungsarbeiten (Pkt. 9), zum freien Zugang zur Küstenzone (Pkt.10).
Der konkrete Inhalt ergibt sich gem. Art. 41 Abs. 2 Alt. 2 BodenGB aus der Rechtsnorm, durch die es errichtet wurde.

2. Stellung des Grundstückseigentümers

Der Eigentümer des belasteten Grundstücks hat die Nutzung seines Grundstücks grundsätzlich zu dulden, ohne dass er hierfür eine entsprechende Entschädigung erhält. Nur wenn die Belastung durch das öffentliche Servitut zu einer wesentlichen Beeinträchtigung seiner Nutzungsmöglichkeiten führt, kann er von dem zuständigen öffentlichen Organ ein angemessenes Nutzungsentgelt verlangen, Art. 23 Abs. 7 S. 2 BodenGB.

Die Bestellung eines öffentlichen Servituts kann dazu führen, dass dem Eigentümer sein Eigentumsrecht und damit verbundene Nutzungsmöglichkeiten gänzlich entzogen werden.
Für diesen Fall sieht Art. 23 Abs. 7 S. 1 BodenGB ein Art Andienungsrecht[614] des Grundstückseigentümers vor: Der Grundstückseigentümer kann vom zuständigen staatlichen oder kommunalen Organ entweder verlangen, dass ihm sein Grundstück abgekauft wird und er den durch die Belastung entstandenen Schaden ersetzt bekommt oder ihm ein gleichwertiges Grundstück zur Verfügung gestellt wird und ebenfalls sein durch die Belastung entstandener Schaden ersetzt wird[615]. Im Gegensatz zu Art. 276 Abs. 2 ZGB, welcher in einem solchen Fall die Aufhebung des privaten Servituts ermöglicht, bleibt das öffentliche Servitut bestehen.

---

612 *Ikonickaja* in: *Abova/Kabalkin* (Hrsg.), Kommentari k GK I, Art. 274, Rn. 1.

613 *Tichomirov, M. Ju.* in: *ders.* (Hrsg.), Art. 23, Rn. 3; *Minina* in: *Bogoljubov* (Hrsg.), Art. 23, S. 119.

614 So bezeichnet von *Arzinger/Galander*, Russisches Wirtschaftsrecht, S. 292.

615 Dem Eigentümer ist gem. Art. 15 ZGB der vollständige Schaden zu ersetzen, vgl. *Man'ko*, PiP 2008, Nr. 10, S. 2483 (2485).

3. Voraussetzungen

a. Normative Grundlage

Grundlage eines öffentlichen Servituts ist entweder ein Gesetz oder ein sonstiger Normativakt der RF, oder ein Normativakt eines Föderationssubjekts oder Organs der örtlichen Selbstverwaltung. Art. 23 Abs. 2 BodenGB ist daher dem öffentlichen Recht zuzuordnen.[616]
Fraglich ist jedoch, welches öffentliche Organ die Kompetenz zum Erlass eines solchen Gesetzes- oder Verwaltungsaktes haben soll. Eine gesetzliche Regelung auf Föderationsebene besteht nicht. Unklar ist daher, ob die Legislative oder Exekutive im Einzelfall zum Erlass befugt ist.[617]

b. Öffentliches Interesse

Die Bestellung eines öffentlichen Servituts erfordert gem. Art. 23 Abs. 2 S. 1 BodenGB ein staatliches Interesse, ein Interesse der kommunalen Selbstverwaltung oder der Bevölkerung.[618] Öffentliches und privates Interesse können in Einzelfällen nicht klar unterschieden werden. So kann ein Zugangsrecht zu einem Einkaufsgeschäft im öffentlichen Interesse der möglichen Kunden und auch im privaten Interesse des Geschäftsinhabers sein. Daher ist das öffentliche Interesse im konkreten Fall zu ermitteln und im entsprechenden Verwaltungsakt oder Gesetz stets genau zu definieren.[619]

c. Öffentliche Anhörung

Die Bestellung eines öffentlichen Servituts kann nur unter Berücksichtigung der Ergebnisse einer öffentlichen Anhörung erfolgen, Art. 23 Abs. 2 S. 2 BodenGB. Dieses Erfordernis wird dem allgemeinen bodenrechtlichen Prinzip gem. Art. 1 Abs. 1 Pkt. 4 BodenGB gerecht, wonach in bodenbezogenen Entscheidungen die Bürger beteiligt werden sollen.[620]
Das Verfahren über die Durchführung dieser öffentlichen Anhörung ist jedoch gesetzlich nicht geregelt.[621] In der Praxis wird sie von der Subjektsverwaltung oder einem Organ der kommunalen Selbstverwaltung durchgeführt.[622] Allerdings erfolgt die öffentliche Anhörung in der Praxis häufig nicht.[623] Nach einer Ansicht muss dies jedoch nicht als Grund für die Unwirksamkeit des Verwaltungsakts über die Bestellung des öffentlichen Servituts angesehen

---

616 *Kopcev*, GP 2007, Nr. 1, S. 43 (45).

617 Zur unterschiedlichen Regelung auf Gebietsebene vgl. *Badulin*, AP 2007, Nr. 6, S. 41 (43 f.).

618 Vgl. hierzu auch das Urteil des Föderalen Wirtschaftsgerichts des Uraler Bezirks v. 21.7.2005, Nr. F09-2279/05-S6.

619 *Svit*, Zakon 2004, Nr. 2, S. 20 (25); *Maleina*, Zakonodatel'stvo 2004, Nr. 4, S. 8 (15).

620 Hierzu jüngst *Anisimov/Vasil'čuk*, ChiP 2008, Nr. 7, S. 59 ff.

621 *Badulin*, AP 2007, Nr. 6, S. 41 (43), wertet diesen Umstand zu Recht als ein Versäumnis des Gesetzgebers. Ein solches gesetzliches Erfordernis mache nur im Zusammenhang mit entsprechenden Bestimmungen zur Durchführung Sinn; auch *Suchanov*, ÈP 2003, Nr. 1, S. 50 (52); lediglich in einigen Städten und Gebieten bestehen Verordnungen, in denen Verfahrenregeln aufgestellt sind, vgl. *Maleina*, Zakonodatel'stvo 2004, Nr. 4, S. 8 (13).

622 *Maleina*, Zakonodatel'stvo 2004, Nr. 4, S. 8 (13).

623 *Viktorov/Ašitkova*, Zakonnost' 2004, Nr. 2, S. 27 (28). Dennoch hat das Föderale Wirtschaftsgericht des Povolžskoer Bezirks in seinem Urteil v. 10.4.2003, Nr. A12-17236/02-S43, VVAS RF 2003, Nr. 7, S. 57 (58) die Wirksamkeit der Bestellung eines öffentlichen Servituts festgestellt. Nach Ansicht des Gerichts müsse aber auf irgendeine Weise die Meinung der Öffentlichkeit eingeholt werden.

werden. Ein derartiger Schluss lässt sich aus dem Gesetzeswortlaut nicht gewinnen.[624] Die Wirksamkeit des öffentlichen Servituts hängt in diesen Fällen davon ab, ob die fehlende Anhörung öffentliche Interessen verletzt oder nicht. Ist dies nicht der Fall, gilt das öffentliche Servitut auch ohne die öffentliche Anhörung als wirksam.[625]

Unter Verweis auf die gesetzliche Anordnung der öffentlichen Anhörung wird diese teilweise als zwingende Voraussetzung für die Bestellung eines öffentlichen Servituts verstanden. Anderenfalls würde die Norm bedeutungslos werden.[626]

d. Staatliche Registrierung

Auch das öffentliche Servitut entsteht erst mit seiner staatlichen Registrierung, Art. 23 Abs. 9, 25 Abs. 1 BodenGB. Registriert werden kann es gem. Punkt 15 der *Methodischen Empfehlungen* nur in Form einer Einschränkung des Eigentumsrechts an der Immobilie in Abschnitt III-3 des Immobilienregisters, nicht hingegen als beschränkt dingliches Recht.[627]

4. Rechtscharakter

Angesichts der im Vergleich zum privaten Servitut unterschiedlichen Entstehungsvoraussetzung drängt sich die Frage nach der rechtlichen Einordnung des öffentlichen Servituts auf.

Nach ganz überwiegender Ansicht wird das öffentliche Servitut nicht als ein beschränkt dingliches Recht qualifiziert. Vielmehr ist in dieser Regelung eine gesetzliche Einschränkung des Eigentumsrechts des Grundstückseigentümers bzw. des Inhabers eines Nutzungsrechts zu sehen.[628] Dieses Verständnis, welches bereits das römische Privatrecht kannte, liegt auch der Regelung des Art. 262 Abs. 1 ZGB zugrunde.[629]

Gegen die Einordnung als ein beschränkt dingliches Recht spricht die Besonderheit, dass ein konkreter Rechtsinhaber fehlt.[630] Aus dem öffentlichen Servitut berechtigt ist vielmehr die Allgemeinheit.

Auch die Tatsache, dass einem öffentlichen Servitut eine „öffentliche Anhörung" vorangeht, ist für ein privatrechtliches Institut undenkbar.[631] Zudem ist die Bestellung eines öffentlichen

624 Urteil des Föderalen Wirtschaftsgerichts des Uraler Bezirks v. 25.11.2004, Nr. F09-3898/04-GK.

625 *Leonova* in: *Romanec* (Hrsg.), Sudebno-arbitražnaja praktika, Art. 274, Rn. 2; in diesem Sinne auch das Föderale Wirtschaftsgericht des Nord-Kaukasischen Bezirks v. 3.5.2005, Nr. F08-686/2005.

626 *Badulin*, AP 2007, Nr. 6, S. 41 (43).

627 *Timonina* in: *Čubukov/Tichomirov* (Hrsg.), Art. 23, Rn. 2; *Kopcev*, GP 2007, Nr. 1, S. 43 (45); *Galinovskaja* in: *Saj/Bogolojubov* (Hrsg.), Art. 23, Rn. 9.

628 *Svit*, Zakon 2004, Nr. 2, S. 20 (26); *Man'ko*, PiP 2008, Nr. 10, S. 2483 (2486); *Mirošnikova* in: *Sergeev* (Hrsg.), Graždanskoe Pravo 1, S. 769 f.; *Kopylov*, Veščnye prava na zemlju, S. 62, 76; so bereits auch *Kosarev*, Pravovedenie 1996, Nr. 3, S. 99 (107).

629 *Suchanov*, ĖP 2003, Nr. 1, S. 50 (52); *Char'kov*, ChiP 2000, Nr. 9, S. 29 (35) erachtet daher die terminologische Bezeichnung als „öffentliches Servitut" als verfehlt.

630 *Piskunova/Kindeeva*, Nedvižimost', S. 85; *Ikonickaja*, Zemel'noe pravo, S. 98; *Čubarov*, Problemy pravovogo regulirovanija nedvižimosti, S. 216.

631 *Suchanov* in: *ders.* (Hrsg.), Graždanskoe Pravo II, S. 151.

Servituts nicht zwingend mit der Nutzung eines benachbarten Grundstücks verbunden.[632] Die Beziehung zwischen einem dienenden und einem herrschenden Grundstück, welche eine der wesentlichen Charakteristiken des privaten Servituts ausmacht, ist bei einem öffentlichen Servitut gerade nicht gegeben.[633]

Das öffentliche Servitut gehört damit nicht zum Regelungsbereich des Zivilrechts.[634] Dieses Verständnis beruht auf dem bereits genannten Art. 2 Abs. 3 ZGB, nach welchem vermögensrechtliche Beziehungen auf administrativer Grundlage nicht unter den Regelungsbereich der Zivilgesetzgebung fallen.
Nach einer Mindermeinung ist auch das öffentliche Servitut zu den beschränkt dinglichen Rechten zu zählen. Trotz eines unbestimmten Kreises an Rechtsinhabern sei eine Qualifizierung als subjektives Recht möglich. Auch könnten andere dingliche Rechte - ständiges (unbefristetes) Nutzungsrecht, Recht der wirtschaftlichen Führung - ebenfalls auf Grundlage eines Gesetzes oder Verwaltungsaktes entstehen.[635]

Aus rechtsvergleichender Sicht lassen sich gegenüber dem öffentlichen Servitut Parallelen zu dem im deutschen Bauordnungsrecht geregelten Institut der Baulast ziehen. Mit Ausnahme von Bayern und Brandenburg ist die Baulast in allen Bundesländern durch die Bauordnung geregelt.[636] Nach der gesetzlichen Definition beinhaltet die Baulast eine Erklärung des Grundstückseigentümers gegenüber der zuständigen Bauaufsichtsbehörde, mit welcher der Eigentümer bestimmte öffentlichrechtliche Verpflichtungen zu einem sein Grundstück betreffendes Tun, Dulden oder Unterlassen übernimmt, die sich nicht schon aus öffentlichrechtlichen Vorschriften ergeben. Durch die Baulast entsteht eine dinglich wirkende Verpflichtung für den Bauherrn und seinen Rechtsnachfolger.[637]

5. Beendigung

Ein öffentliches Servitut ist gem. Art. 48 Abs. 2 BodenGB bei Wegfall der öffentlichen Bedürfnisses, für die es bestellt wurde, aufzuheben. Zudem hat eine Beendigung der Grundstücksbelastung nach Ablauf des Zeitraums, für den das öffentliche Servitut bestellt wurde oder auf Grundlage einer Gerichtsentscheidung über die Unwirksamkeit der Bestellung des Servituts zu erfolgen.[638]

B. Ständiges (unbefristetes) Nutzungsrecht

Das ständige (unbefristete) Nutzungsrecht wird durch Art. 216, 268, 269 ZGB und Art. 20 BodenGB geregelt. Die Bedeutung des Klammerzusatzes, welcher im Gesetzestext selbst so

---

632 *Ščennikova*, Veščnye prava v graždanskom prave Rossii, S. 51.

633 *Kulešova/Tret'jakov* in: *Barchatov* (Hrsg.), Art. 274 ZGB, Rn. 2.

634 *Kozyr'* in: *Volkov/Goličenkov/ders.* (Hrsg.), Art. 23, Rn. 1.

635 *Maleina*, ChiP 2006, Nr. 7, S. 105 (106); nochmalig *Maleina*, Zakonodatel'stvo 2004, Nr. 4, S. 8 (10); ebenso *Andreev*, ChiP 2004, Nr. 5, S. 85 (93).

636 Vgl. §§ 70f. BadWürttBauO; § 73 BerlBauO; §§ 107a und b BremBauO; § 79 HbgBauO; §§ 109f. HessBauO; § 80 MVBauO; §§ 92f. NdsBauO; § 78 NRWBauO; § 84 RhPfBauO; §§ 109a und b SaarlBauO; § 80 SächsBauO; § 80 SachAnhBauO; § 79 SchlHBauO; § 80 TürBauO.

637 Zu Einzelheiten vgl. in etwa *Kasten* in: *Hoppenberg/de Witt* (Hrsg.), Kap. A I, Rn. 196; *Weisemann*, NJW 1997, S. 2857 f.; *Ahrens*, Dingliche Nutzungsrechte, Rn. 278.

638 *Maleina*, Zakonodatel'stvo 2004, Nr. 4, S. 8 (16).

verwendet wird, ist aus sich heraus nicht verständlich, meinen doch beide Adjektive die Inhaberschaft auf unbestimmte Zeit.[639]

I. Rechtssubjekte

Dieses Recht kann gem. Art. 268 Abs. 1 ZGB, Art. 20 Abs. 1 BodenGB nur an staatliche und kommunale Einrichtungen[640], staatliche Unternehmen[641], Organe der Staatsgewalt und der örtlichen Selbstverwaltung, nicht hingegen an Bürger oder private juristische Personen wie Wirtschaftsunternehmen oder Handelsgesellschaften vergeben werden, Art. 20 Abs. 2 BodenGB, Art. 3 Abs. 8 EGBodenGB.[642]

Fraglich ist in diesem Zusammenhang jedoch, ob Organe der Staatsgewalt oder der örtlichen Selbstverwaltung rechtsfähige Teilnehmer des Rechtsverkehrs sein können. Weder in Art. 2 ZGB, noch in Art. 124 ZGB sind sie als solche bezeichnet.
Nach Art. 50 Abs. 3 ZGB können nichtkommerzielle Organisationen in Form von Verbrauchergenossenschaften, gemeinnützigen und religiösen Organisationen (Vereinigungen), wohltätigen oder anderen Stiftungen sowie in anderen gesetzlich vorgesehenen Formen bestehen. In keinem Gesetz jedoch ist die Rechtsform staatlicher Organe oder von Organen der örtlichen Selbstverwaltung, die sie als Rechtspersönlichkeit qualifizieren, vorgesehen.[643] Sie können lediglich für die über ihnen stehenden Rechtssubjekte handeln und in dieser Funktion Rechte erwerben. Inhaber werden sie damit aber nicht selbst (als Organe dieser Subjekte).[644] Zudem besteht in dieser Formulierung ein Widerspruch zu Art. 5 Abs.1 BodenGB, wonach Beteiligte grundstücksrechtlicher Beziehungen neben Bürgern nur juristische Personen, die Russische Föderation, ihre Subjekte und kommunale Gebilde sein können.[645]

---

639 Vgl. *Misnik*, Zakon 2008, Nr. 3, S. 53 (55).

640 Art. 120 ZGB. Vgl. *Solotych*, Handbuch WiRO D.I. Rn. 1 ff. Es handelt sich dabei um juristische Personen der öffentlichen Hand. Allerdings wird die Begrifflichkeit „Juristische Person des öffentlichen Rechts" im russischen Recht nicht verwendet. Im Folgenden wird der Begriff jedoch der Einfachheit wegen gebraucht.

641 Art. 115 ZGB.

642 In diesem Punkt bestand lange Zeit ein eklatanter Widerspruch zwischen dem Zivilgesetzbuch und dem Bodengesetzbuch. Im Gegensatz zu Art. 20 Abs. 1, 2 BodenGB gewährte Art. 268 Abs. 1 ZGB a.F. auch Bürgern und juristischen Personen dieses Recht. Dieser Widerspruch wurde durch Art. 13 Abs. 5 lit. a des Änderungsgesetzes Nr. 118-FZ v. 26.6.2007 (vgl. Fn. 129) aufgehoben, die Regelung des ZGB entsprechend Art. 20 BodenGB angepasst. Durch diese Regelung ist der Kreis der Rechtssubjekte deutlich eingeschränkt.

643 *Kulešova/Tret'jakov* in: *Barchatov* (Hrsg.), Art. 20 BodenGB, Rn. 1; *Misnik*, GiP 2006, Nr. 4, S. 18 (25). Nach Art. 41 Abs. 2 des Föderalen Gesetzes „Über allgemeine Prinzipien der Organisation der örtlichen Selbstverwaltung in der RF" v. 6.10.2003, Nr. 131-FZ (SZ RF 6.10.2003, Nr. 40, Pos. 3822) können Organen der örtlichen Selbstverwaltung Rechte einer juristischen Person zugewiesen werden; sie sind dann kommunale Einrichtungen, die der staatlichen Registrierung unterliegen. Diese jedoch werden bereits von Art. 268 Abs. 1 ZGB, Art. 20 Abs. 1 BodenGB erfasst.

644 *Misnik*, Zakon 2008, Nr. 3, S. 53 (58).

645 *Gros'*, ŽRP 2002, Nr. 9, S. 42 (45); zutreffend wird diese Formulierung als Folge „juristischer Schlampigkeit" bezeichnet, *Suchanov*, ĖP 2003, Nr. 1, S. 50 (52).

Nach anderer Ansicht, jedoch ohne Verweis auf eine Rechtsvorschrift, werden staatliche Organe und Organe der örtlichen Selbstverwaltung als juristische Personen in Form von staatlichen oder kommunalen Haushaltseinrichtungen angesehen.[646]

Die genannten juristischen Personen können nicht Eigentümer von Grundstücken werden, Art. 113 Abs. 1, 120 Abs. 1 S. 2, 296 Abs. 1 ZGB. Für sie stellt das ständige (unbefristete) Nutzungsrecht eine rechtliche Position dar, die ihnen eigentümerähnliche Befugnisse gewährt.[647] Die Rechtsposition des ständigen (unbefristeten) Nutzungsrechts stellt für sie das einzige dingliche Nutzungsrecht an einem Grundstück dar.[648]

Daher hat das ständige (unbefristete) Nutzungsrecht durch die Regelungen des Bodengesetzbuchs wieder die rechtliche Ausgestaltung erfahren, die es inhaltlich bereits in Form des unbefristeten (ständigen) Nutzungsrechts des Bodengesetzbuchs der RSFSR von 1991 hatte, und entspricht somit nicht mehr der Rechtsnatur, die ursprünglich von den Art. 268-270 ZGB a.F. vorgesehen war.[649] Seit dem letzten Änderungsgesetz vom 26.6.2007, Nr. 118-FZ entsprechen die Art. 268-270 ZGB nun Art. 20 BodenGB.

II. Wesen

Das ständige (unbefristete) Nutzungsrecht ist aber bis heute ein weit verbreitetes Nutzungsrecht. Viele Bürger und juristische Personen sind noch Inhaber dieses Rechts[650], welches gem. Art. 20 Abs. 3 BodenGB Bestandsschutz genießt.[651] Seine Bedeutung ist daher nach wie vor groß und eine vertiefende Untersuchung nicht nur für die Wissenschaft von Interesse.[652]

Bürgern und juristischen Personen, die ein ständiges (unbefristetes) Nutzungsrecht vor Einführung des Bodengesetzbuchs im Jahre 2001 erworben haben, wird dieses Recht gem. Art. 20 Abs. 3 BodenGB im Bestand geschützt.
Gem. Art. 3 Abs. 12 EGBodenGB entspricht das vor Einführung des Bodengesetzbuchs vergebene unbefristete (ständige) Nutzungsrecht dem ständigen (unbefristeten) Nutzungsrecht i.S.d. Art. 20 BodenGB.[653]
Wurde beim Kauf eines Immobilienobjekts das entsprechende Nutzungsrecht am zur Nutzung erforderlichen Grundstück jedoch nicht genau ausgestaltet, so hat der Käufer keinen Anspruch auf Einräumung eines ständigen (unbefristeten) Nutzungsrechts.[654]

---

646 *Piskunova/Kindeeva*, Nedvižimost', S. 316.

647 *El'nikova*, ZR 2007, Nr. 10, S. 10.

648 *Kopylov*, Veščnye prava na zemlju, S. 127.

649 *Kozyr'* in: *Volkov/Goličenkov/ders.* (Hrsg.), Art. 20, Rn. 2.

650 *Medvedev*, ChiP 2005, Nr. 5, S. 66; *Gerasin*, WiRO 2005, S. 297.

651 Dies wird auch höchstgerichtlich so gesehen: Urteil des Höchsten Wirtschaftsgerichts der RF v. 30.10.2007, Nr. 6501/07, VVAS RF 2008, Nr. 1, S. 105 (108).

652 *El'nikova*, ZR 2007, Nr. 10, S. 10; *Getalova*, ZiĖ 2005, Nr. 4, S. 41.

653 In dieser Regelung wird teilweise eine unzulässige Einschränkung des schon vor Inkrafttreten des Bodengesetzbuchs bestehenden, und im Umfang der Befugnisse weiterreichenden Nutzungsrechts gesehen, die nicht den Anforderungen des Art. 1 Abs. 2 S. 3 ZGB genügt, vgl. *Kulešova/Tret'jakov* in: *Barchatov* (Hrsg.), Art. 20 BodenGB, Rn. 3.

654 Urteil des Föderalen Wirtschaftsgerichts des Uraler Bezirks v. 22.7.2004, Nr. F09-2268/04-GK.

Auch das ständige (unbefristete) Nutzungsrecht bleibt bei Übertragung des Eigentums am Grundstück bestehen, Art. 216 Abs. 3 ZGB. Im Falle einer Grundstücksteilung oder Grundstücksverbindung entsteht das Recht entsprechend auf den neu gebildeten Grundstücken, Art. 11.8 Abs. 2 BodenGB.

III. Erwerbsmöglichkeiten

1. Erwerb auf Grundlage eines Verwaltungsakts

Gem. Art. 268 Abs. 1 ZGB kann dieses Nutzungsrecht nur an Grundstücken bestehen, die sich im staatlichen oder kommunalen Eigentum befinden. Für die erstmalige Bestellung dieses Rechts ist eine Entscheidung eines dafür befugten staatlichen oder kommunalen Organs erforderlich. Diese Befugnis ergibt sich aus Art. 29 BodenGB. Danach können Grundstücke, die sich in staatlichem oder kommunalem Eigentum befinden, von den staatlichen oder kommunalen Vollzugsorganen entsprechend ihrer Kompetenzen nach Art. 9-11 BodenGB überlassen werden. Grundstücksverfügungen kann danach nur der Grundstückseigentümer vornehmen.
Die Entscheidung ergeht in Form eines Verwaltungsaktes.[655] Der Rechtserwerb des ständigen (unbefristeten) Nutzungsrechts erfolgt in diesem Falle somit auf verwaltungsrechtlicher Grundlage.

Wie bereits erwähnt[656], kann die Vergabe eines ständigen (unbefristeten) Nutzungsrechts auf Grundlage eines Verwaltungsakts nur an die in Art. 20 Abs. 1 BodenGB aufgezählten juristischen Personen des öffentlichen Rechts erfolgen.
Eine spezielle Vorschrift zur Vergabe eines ständigen (unbefristeten) Nutzungsrechts ist in Art. 30 Abs. 3 BodenGB enthalten. Danach kann dieses Recht an die in Art. 20 Abs. 1 BodenGB genannten Rechtssubjekte zu Bauzwecken vergeben werden.

Diese Vergabepraxis von Vermögen an private Rechtssubjekte auf verwaltungsrechtlicher Grundlage verstößt grundsätzlich gegen den gegenseitigen und entgeltlichen Charakter privatrechtlicher Beziehungen.[657] Ausnahmen können nur in bestimmten Fällen zulässig sein. In vorliegendem Fall erfolgt die Grundstücksüberlassung an die oben genannten juristischen Personen des öffentlichen Rechts und damit an besondere Teilnehmer des zivilen Rechtsverkehrs, deren Beziehungen zum Staat überwiegend verwaltungsrechtlich ausgestaltet sind.
Aus diesem Verständnis folgt, dass die Vergabe von Grundstücken in das ständige (unbefristete) Nutzungsrecht der genannten Personen auf Grundlage von Verwaltungsakten nicht dem Privatrecht, sondern dem (öffentlichen) Bodenrecht zuzuordnen ist.[658]

2. Erwerb beim Eigentumserwerb eines Gebäudes auf fremdem Grundstück

Zu untersuchen ist, ob nicht eine Möglichkeit für Bürger und juristische Personen des Privatrechts besteht, auch nach Inkrafttreten des Bodengesetzbuchs, Inhaber des ständigen (unbefristeten) Nutzungsrechts zu werden.

---

655 *Getalova*, ZiĖ 2005, Nr. 4, S. 41 (42).

656 Siehe Kapitel 3 B. I.

657 *Kulešova/Tret'jakov* in: *Barchatov* (Hrsg.), Art. 20 BodenGB, Rn. 1.

658 *Kulešova/Tret'jakov* in: *Barchatov* (Hrsg.), Art. 20 BodenGB, Rn. 1; auch *Misnik*, GiP 2006, Nr. 4, S. 18 (21).

Nach dem Wortlaut des Art. 20 Abs. 2 BodenGB ist lediglich die „Überlassung" des Grundstücks an Bürger auf verwaltungsrechtlicher Grundlage ausgeschlossen. Damit ist ein Rechtserwerb auf zivilrechtlicher Grundlage auch nach Inkrafttreten des Bodengesetzbuchs in bestimmten Fällen möglich.[659]

Ein möglicher zivilrechtlicher Erwerb des ständigen (unbefristeten) Nutzungsrechts könnte sich als Rechtsfolge des Eigentumsübergangs an einem Gebäude, welches sich auf einem fremden Grundstück befindet, ergeben.[660] Der neue Gebäudeeigentümer muss auf irgendeine Weise auch ein Nutzungsrecht am entsprechenden Grundstück erwerben.

a. Systematik

Der Übergang des Nutzungsrechts am Grundstück beim Eigentümerwechsel am darauf belegenen Gebäude erfolgt nach Maßgabe der Art. 35 Abs. 1 BodenGB[661], Art. 271 Abs. 2, 552 Abs. 3 S. 2 ZGB. Nach diesen Vorschriften erwirbt der neue Gebäudeeigentümer das Nutzungsrecht am entsprechenden Grundstück[662] zu den gleichen Bedingungen und in dem Umfang wie der vorherige Gebäudeeigentümer.
Art. 552 Abs. 3 S. 2 ZGB stellt insoweit eine Spezialvorschrift für den Fall des Gebäudekaufs (oder Tausch, Art. 567 Abs. 2 ZGB, welcher die Regeln des Kaufvertrags für anwendbar erklärt) dar.
Für alle anderen Erwerbsvorgänge enthalten die Art. 35 Abs. 1 BodenGB, Art. 271 Abs. 2 ZGB eine generelle, inhaltsgleiche Regelung.[663]
Der Übergang des Nutzungsrechts erfolgt kraft Gesetzes und unabhängig vom Willen des Veräußerers.[664]

b. Möglichkeit des Übergangs des ständigen (unbefristeten) Nutzungsrechts

Hatte der alte Gebäudeeigentümer am Grundstück ein ständiges (unbefristetes) Nutzungsrecht, würde dieses im vorliegenden Falle möglicherweise auf eine Person übergehen, welche dieses Recht gem. Art. 20 Abs. 1 BodenGB grundsätzlich nicht mehr erwerben kann. Eine klare gesetzliche Regelung besteht für diesen Fall nicht. Unklar bleibt daher, welches Nutzungsrecht der neue Eigentümer erwirbt.

Nach überwiegender Ansicht muss das ständige (unbefristete) Nutzungsrecht in vollem Umfang übergehen. Dieses Verständnis geht von der wortgetreuen Auslegung der Vorschriften

---

659 *Rjabov* in: *Mozolin/Maleina* (Hrsg.), Art. 268, Rn. 3; *Kulešova/Tret'jakov* in: *Barchatov* (Hrsg.), Art. 20 BodenGB, Rn. 2.

660 Die Befugnis des Gebäudeeigentümers, welcher nicht auch Eigentümer des zugrunde liegenden Grundstücks ist, über sein Gebäude zu verfügen, besteht unabhängig von einem Einverständnis des Grundstückseigentümers, Art. 271 Abs. 3, 552 Abs. 3 S. 1 ZGB.

661 Die inhaltsgleichen Vorgängerregelungen finden sich in Art. 37 BodenGB 1991, Art. 87 BodenGB 1970.

662 In Art. 35 Abs. 1 BodenGB ist nach wie vor von einem „Grundstücksteil" die Rede, wie dies bis zum Änderungsgesetz v. 26.6.2007, Nr. 118-FZ auch z.B. in Art. 271 Abs. 2, 273, 552 Abs. 3 ZGB der Fall war. Dieser Umstand ist jedoch als Versäumnis des Gesetzgebers zu verstehen und Bedarf einer entsprechenden Anpassung, *Misnik*, Zakon 2008, Nr. 3, S. 53 (60); vgl. auch *Koževnikova*, Notarius 2009, Nr. 1, S. 14 (17).

663 *Čubarov*, Problemy pravovogo regulirovanija nedvižimosti, S. 260; *Ėjrijan*, ChiP 2003, Nr. 10, S. 106.

664 *Ikonickaja* in: *Abova/Kabalkin* (Hrsg.), Kommentari k GK I, II, Art. 552, Rn. 1.

aus, die auch in der letzten Gesetzesänderung[665] keine entsprechende Änderung erfuhren.[666] Mit dem Eigentumserwerb am Gebäude geht auch das ständige (unbefristete) Nutzungsrecht am zugrunde liegenden Grundstück über.[667] Ein anderes Ergebnis scheidet aus Gründen der Rechtsklarheit aus, da nicht ersichtlich ist, welches andere gesetzlich vorgesehene Recht in einem solchen Fall übergehen soll.[668]
Da der Übergang des Nutzungsrechts kraft Gesetzes erfolgt, kann nicht von einer Verfügung i.S.d. Art. 20 Abs. 4 BodenGB die Rede sein.[669]
Für diese Ansicht spricht auch das Verhältnis der Zivilgesetzgebung und der Bodengesetzgebung in diesem konkreten Fall. Gem. Art. 13 des Einführungsgesetzes zum 2. Teil des Zivilgesetzbuchs[670] werden die Normen des 2. Teils des Zivilgesetzbuchs, welche Rechtsgeschäfte mit Grundstücken betreffen, in Übereinstimmung mit der Bodengesetzgebung angewandt. Art. 552 Abs. 3 S. 2 ZGB hat jedoch nicht ein Grundstücksgeschäft zum Gegenstand, sondern betrifft die Frage des Übergangs des Nutzungsrechts am Grundstück beim Kauf eines Gebäudes.[671] Eine Kollision mit Art. 20 Abs. 1 BodenGB ist damit nicht gegeben.
In ähnlicher Weise wird auch die Anwendung des Art. 271 Abs. 2 ZGB begründet. Der bereits erwähnte Art. 129 Abs. 3 ZGB, der für die Übertragung von Grund und Boden auf die Bodengesetzgebung verweist, findet in vorliegendem Fall keine Anwendung, da es nicht um die Übertragung des Grund und Bodens geht, sondern um Vermögensrechte an ihm.[672] Darüber hinaus geht es nicht um die Bestellung des ständigen (unbefristeten) Nutzungsrechts an einem unbelasteten Grundstück, sondern um die Übertragung eines bereits bestehenden Rechts.[673]

Nach anderer Ansicht kann das ständige (unbefristete) Nutzungsrecht nicht auf eine Person übergehen, an welche die Einräumung gem. Art. 20 Abs. 1 BodenGB nicht möglich ist. Dies gelte unabhängig davon, auf welcher Grundlage der Rechtserwerb erfolgen würde.[674] Die Einschränkung des Art. 20 Abs. 1 BodenGB hinsichtlich der möglichen Rechtssubjekte erstrecke sich auch auf die Fälle des Eigentümerwechsels am Gebäude, so das ein Rechtsübergang ausscheiden müsse.[675]
Vielmehr müsse dem neuen Gebäudeeigentümer das Nutzungsrecht am Grundstück gem. Art. 36 BodenGB eingeräumt werden.[676] Danach hat der neue Gebäudeeigentümer die Wahl, das

---

665 Vgl. Art. 271 Abs. 2 ZGB in der Fassung des Föderalen Gesetzes v. 26.6.2007, Nr. 118-FZ (vgl. Fn. 129).

666 *Medvedev,* ChiP 2005, Nr. 5, S. 66 (67); *Utkin,* Gosudarstvennaja registracija, S. 60; in diesem Sinne auch *Žarkova,* AS 2007, Nr. 4, S. 141 (148); ohne nähere Begründung auch *Borisov,* Kommentari k GK, Art. 552, S. 512; im Ergebnis auch *Andreev,* ChiP-P 2009, Nr. 6, S. 3 (45).

667 Urteil des Föderalen Wirtschaftsgerichts des Volgo-Vjatskoer Bezirks v. 20.7.2006, Nr. A17-70/14; Urteil des Föderalen Wirtschaftsgerichts des Nord-Westlichen Bezirks v. 19.5.2006, Nr. A13-6879/2005-06.

668 *Galinovskaja* in: *Bogoljubov* (Hrsg.), Zemel'nyj učastok, S. 79.

669 *Gros',* ŽRP 2002, Nr. 9, S. 42 (45).

670 Föderales Gesetz v. 26.1.1996, Nr. 15-FZ, SZ RF 29.1.1996, Nr. 5, Pos. 411.

671 *Medvedev,* ChiP 2005, Nr. 5, S. 66 (67).

672 *Zakrojščikova,* ChiP 2003, Nr. 7, S. 118 (122).

673 *Gros',* ŽRP 2002, Nr. 9, S. 42 (46); in diesem Sinne auch *Kulešova/Tret'jakov* in: *Barchatov* (Hrsg.), Art. 20 BodenGB, Rn. 1; auch *Dikusar,* PVN 2005, Nr. 2, S. 27 (28).

674 *Ėjrijan,* ChiP 2003, Nr. 10, S. 106 (109); *Kindeeva,* B-A 2002, Nr. 20.

675 *Ėjrijan,* ChiP 2003, Nr. 10, S. 106 (107).

676 *Piskunova/Kindeeva,* Nedvižimost', S. 282; *Kozyr'/Makovskaja,* VVAS RF 2003, Nr. 2, S. 95 (108); *Minina* in: *Bogoljubov* (Hrsg.), Art. 20, S. 106.

Grundstück zu pachten oder zu Eigentum zu erwerben. Möglich bleibt auch eine vorherige Umwandlung des Rechts in ein Pachtverhältnis oder der Eigentumserwerb durch den alten Gebäudeeigentümer.[677] Erstere Möglichkeit dürfte für den Gebäudeerwerber günstiger sein, da ihm so ein Wahlrecht hinsichtlich seines zukünftigen Nutzungsrechts am Grundstück zukommt und auch seinen finanziellen Möglichkeiten mehr Spiel bleibt, indem er anstatt des Kaufpreises nur einen monatlichen Pachtzins zu zahlen hätte.

Nicht eindeutig hat sich das Höchste Arbitragegericht in dieser Frage positioniert. Nach dessen Ansicht kann der Erwerber des Gebäudes, auf den das ständige (unbefristete) Nutzungsrecht in Verbindung mit dem Gebäudeeigentum übergeht, sein Nutzungsrecht durch den Abschluss eines Mietvertrages begründen oder Eigentum an dem Grundstück erwerben, wie dies in Art. 3 Abs. 2 EGBodenGB vorgesehen ist.[678]
Aus dieser Formulierung wird jedoch im Sinne der zuerst dargestellten Ansicht gefolgert, dass das ständige (unbefristete) Nutzungsrecht trotz der Regelung des Art. 20 Abs. 1 BodenGB (jedenfalls zunächst) auf den neuen Gebäudeeigentümer übergeht.[679] Bis zu einer möglichen Umwandlung in ein Pachtverhältnis oder dem Eigentumserwerb, wird der neue Gebäudeeigentümer Inhaber des ständigen (unbefristeten) Nutzungsrechts.[680]

c. Entstehung

Überdies erscheint der rechtliche Vollzug des Rechtsübergangs unklar. Der Übergang des ständigen (unbefristeten) Nutzungsrechts setzt die Beendigung des Rechts in der Person des ursprünglichen Rechtsinhabers und die Entstehung in der Person des Rechtserwerbers voraus. Fraglich ist, auf welcher Grundlage das Nutzungsrecht erlischt. Der vorliegende Fall ist von den in Art. 45 BodenGB ausdrücklich genannten Beendigungsmöglichkeiten nicht erfasst. Vorgeschlagen wird daher, dass der Verkäufer des Gebäudes auf sein Nutzungsrecht gem. Art. 53 Abs. 3 i.V.m. Art. 45 Abs. 1 BodenGB verzichtet.[681] Nach anderer Ansicht ist eine gesonderte Beendigungsgrundlage nicht erforderlich, so dass das Nutzungsrecht in diesen Fällen kraft Gesetzes erlischt.[682] Diese Ansicht findet ihre Bestätigung nunmehr in der gesetzlichen Regelung, welche die Beendigung des ständigen (unbefristeten) Nutzungsrechts gem.

677 Erfolgt dies nicht, so soll der neue Gebäudeeigentümer bis zur Einräumung seines Nutzungsrecht ein Servitut erlangen, *Ėjrijan*, ChiP 2003, Nr. 10, S. 106 (109); nach anderer Ansicht ein „beschränktes Besitz- und Nutzungsrecht“, *Kozyr'/Makovskaja*, VVAS RF 2003, Nr. 2, S. 95 (108); ebenso Konzeption (russ.), S. 32.

678 Pkt. 13 des Plenarbeschlusses des Höchsten Wirtschaftsgerichts der RF v. 24.3.2005, Nr. 11, VVAS RF 2005, Nr. 5, S. 12 (17/18); so auch das Föderale Wirtschaftsgericht des Uraler Bezirks in seinem Urteil v. 28.8.2006, Nr. F-09-7638/06-S6.

679 *Dobračev*, Problemy oborota zemli, S. 79; *Semenov/Isaeva*, AP 2006, Nr. 9, S. 25 (27); *Achmadgazizov*, Notarius 2007, Nr. 1, S. 33 (34).

680 Punkt 1 der Empfehlungen des wissenschaftlichen Konsultativrats beim Föderalen Wirtschaftsgericht des Uraler Bezirks v. 11.11.2005, Nr. 4 (verfügbar über die Rechtsdatenbank Consultant Plus).

681 *Žarkova*, AS 2007, Nr. 4, S. 141 (146).

682 Urteil des Föderalen Wirtschaftsgerichts des Fernöstlichen Bezirks v. 14.11.2006, Nr. F03-A51/06-1/3965; Urteil des Föderalen Wirtschaftsgerichts des Volgo-Vjatskoer Bezirks v. 20.7.2006, Nr. A17-70/14; Urteil des Föderalen Wirtschaftsgerichts des Uraler Bezirks v. 14.4.2003, Nr. F09-812/03-GK.

Art. 45 Abs. 2 Pkt. 7 BodenGB[683] auch in den durch föderale Gesetze vorgesehenen Fällen normiert.

Uneinheitlich wird auch der Entstehungszeitpunkt beurteilt. Einerseits könnte das Nutzungsrecht in der Person des neuen Gebäudeeigentümers im Zeitpunkt des Eigentumserwerbs entstehen oder andererseits erst mit dessen selbständiger Registrierung.

Aus der Systematik der Registrierungspflichtigkeit dinglicher Rechte wird gefolgert, dass das Nutzungsrecht erst mit seiner Registrierung in Person des neuen Eigentümers entstehen kann. Grundstück und Gebäude werden trotz des teils einheitlichen Schicksals als selbständige Rechtsobjekte verstanden. Rechte an diesen Objekten können nur auf Grundlage ihrer Registrierung entstehen (Art. 8 Abs. 2, 131 Abs. 1, 164 Abs. 1 ZGB, Art. 25 Abs.1 BodenGB).[684] Weder im Zivilgesetzbuch, noch im Bodengesetzbuch findet sich eine Ausnahme für den Fall des Eigentümerwechsels am Gebäude.

Die Gegenansicht lehnt dieses streng formale Verständnis ab und vertritt eine praktikablere Lösung, nach der das Nutzungsrecht mit dem Eigentumserwerb am Gebäude automatisch übergeht.[685] Dies folge auch daraus, dass der Übergang und damit die Entstehung des Rechts kraft Gesetzes erfolgt.[686] Eine zusätzliche Vertragsvereinbarung hinsichtlich des Übergangs des Nutzungsrechts sei nicht erforderlich.[687]
Trotz der Praktikabilität dieses Lösungsansatzes sind jedoch Schwächen dieser Ansicht in der dogmatischen Begründung nicht zu übersehen.

Maßgeblich wird die Frage nach dem Entstehungszeitpunkt insbesondere bezüglich der Zahlungsverpflichtung für die Nutzungsgebühr.[688] Fallen die Registrierungen des Gebäudeeigentums und des Nutzungsrechts am Grundstück in zeitlicher Hinsicht auseinander, ist unklar, ob diese Zahlungspflicht dem alten oder neuen Gebäudeeigentümer obliegt.

Grundlage für die Erhebung der Grundsteuer stellen die Dokumente der Registrierung des Nutzungsrechts dar.[689] Die Zahlungspflicht bezüglich der Nutzungsgebühr für das Grundstück entsteht damit erst im Zeitpunkt der Registrierung des Rechts.[690] Aus dieser Tatsache könnte zu folgern sein, dass bis zum Zeitpunkt der Registrierung des Nutzungsrechts der alte Gebäudeeigentümer die Grundsteuer zu entrichten hat.
Anders entschieden hat sich aber das Höchste Wirtschaftsgericht. Das Fehlen der entsprechenden Dokumente über das Entstehen des Nutzungsrechts befreit den Grundstücksnutzer

683 Eingeführt durch Art. 25 Abs. 10 lit. a) des Änderungsgesetzes v. 18.12.2006, Nr. 232-FZ, SZ RF 25.12.2006, Nr. 52 (Teil 1), Pos. 5498.

684 *Ėjrijan*, ChiP 2003, Nr. 10, S. 106 (112).

685 Urteil des Föderalen Wirtschaftsgerichts des Moskauer Bezirks v. 23.6.2002, Nr. KG-A40/3475-02; *Babaev* in: *Belov (Hrsg.)*, S. 507; wohl auch *Semenov/Isaeva*, AP 2006, Nr. 9, S. 25 (27).

686 *Achmadgazizov*, Notarius 2007, Nr. 1, S. 33 (34); Urteil des Föderalen Wirtschaftsgerichts des Moskauer Bezirks v. 17.1.2006, Nr. KG-A41/13275-05.

687 *Rjabov* in: *Mozolin/Maleina* (Hrsg.), Art. 271, Rn. 2; *Kulešova/Tret'jakov* in: *Barchatov* (Hrsg.), Art. 271 ZGB, Rn. 2.

688 Vgl. Hierzu unten Kapitel 3 B. VIII

689 *Feoktistov/Filina*, Art. 387, S. 1254.

690 *Jalbulganov* in: *ders.* (Hrsg.), Kap. 31, S. 356; *Orlovskaja*, AP 2006, Nr. 2, S. 75.

nicht von seiner Grundsteuerzahlungspflicht.[691] Diese Entscheidung erscheint interessengerechter, hat der neue Gebäudeeigentümer doch bereits ein faktisches Nutzungsrecht, das ihm nur formell noch nicht zusteht.

d. Registrierung

Eine weitere Unklarheit ist mit der Registrierung des übergegangenen ständigen (unbefristeten) Nutzungsrechts verbunden. Fraglich ist, ob der Rechtsinhaber die Registrierung erwirken kann oder eine solche aufgrund des Art. 20 Abs. 1 BodenGB nicht erfolgen kann und das Bestehen seines Rechts daher vermutet wird.
Letzterer Fall würde jedoch einen Verstoß gegen Art. 131 Abs. 1 ZGB, Art. 25 BodenGB darstellen, nach dem das ständige (unbefristete) Nutzungsrecht der staatlichen Registrierung unterliegt.[692] Die Entstehungsgrundlage kann keinen Einfluss auf die Registrierungspflichtigkeit des Nutzungsrechts haben. Es ist auch in diesem Fall im Immobilienregister einzutragen.

Überdies ist bereits fraglich, auf welcher Grundlage die Registrierung erfolgen soll. Nach Art. 35 Abs. 1 BodenGB erfolgt der Übergang des Nutzungsrechts automatisch mit dem Übergang des Eigentumsrechts am Gebäude und damit kraft Gesetzes. Allerdings ist der Registrierungsvorgang eines kraft Gesetzes übergegangenen Rechts vom Immobilienregistergesetz nicht erfasst.[693] Zur Lösung dieses Missstandes soll daher, im Falle eines Gebäudekaufs, der Kaufvertrag als Grundlage der Registrierung sowohl des Eigentumsrechts am Gebäude, als auch des Nutzungsrechts am Grundstück dienen.[694] Ein anderer Weg erscheint auch insoweit problematisch, als dass der ursprüngliche Gebäudeeigentümer als Grundstücksnutzer nicht befugt ist, dem Gebäudeerwerber ein entsprechendes Dokument über dieses Nutzungsrecht auszustellen, auf Grundlage dessen dann die Registrierung erfolgen kann.[695]

3. Erwerb im Rahmen der Rechtsnachfolge

a. Reorganisation einer juristischen Person

Eine weitere Möglichkeit des zivilrechtlichen Erwerbs und ein besonderer Fall des Rechtsübergangs besteht im Rahmen der Reorganisation einer juristischen Person. Gem. Art. 129 Abs. 1, 268 Abs. 3 ZGB wird ein ständiges (unbefristetes) Nutzungsrecht, welches die juristische Person an einem Grundstück hat, auf den Rechtsnachfolger übertragen. Dies gilt unabhängig von der Rechtsform der juristischen Person.[696]
Diese Regelung entspricht der allgemeinen Vorschrift des Art. 58 ZGB, welche den Übergang von Rechten und Pflichten bei der Reorganisation einer juristischen Person anordnet, und führt dazu, dass das ständige (unbefristete) Nutzungsrecht trotz des Art. 20 Abs. 1 BodenGB übergeht.[697]

---

691 Präsidiumsurteile des Höchsten Arbitragegerichts der RF v. 9.1.2002, Nr. 7486/01, VVAS RF 2002, Nr. 5, S. 17 (18); v. 14.10.2003, Nr. 7644/03, VVAS 2004, Nr. 2, S. 24 (25).

692 *Semenov/Isaeva*, AP 2006, Nr. 9, S. 25 (28).

693 *Achmadgazizov*, Notarius 2007, Nr. 1, S. 33 (35); *Kulešova/Tret'jakov* in: *Barchatov* (Hrsg.), Art. 35 BodenGB, Rn. 1.

694 *Ėjrijan*, ChiP 2003, Nr. 10, S. 106 (112).

695 *Ėjrijan*, ChiP 2003, Nr. 10, S. 106 (112).

696 *Utkin*, Gosudarstvennaja registracija, S. 60.

697 *Galinovskaja*, PiĖ 2003, Nr. 1, S. 94.

In dieser Vorschrift liegt kein Widerspruch zu Art. 20 Abs.1 BodenGB, da Art. 268 Abs. 3 ZGB den zivilrechtlichen Rechtserwerb dieses Nutzungsrechts regelt. Nach dem Wortlaut der Vorschrift geht es um den Übergang des Rechts und nicht dessen Einräumung durch ein staatliches oder kommunales Organ.[698] Eine weitergehende Einschränkung der Übertragungsmöglichkeit durch Art. 20 Abs. 1 BodenGB würde zudem einen Verstoß gegen den Grundsatz der Verkehrsfähigkeit bürgerlicher Rechte i.S.d. Art. 1 Abs. 2 S. 3 ZGB bedeuten.[699]

b. Erbfall

Ein Übergang im Rahmen der Erbfolge ist für das ständige (unbegrenzte) Nutzungsrecht nicht ausdrücklich vorgesehen.[700] Daher würde ein Übergang auf den Erben gegen die Vorschrift des Art. 1181 ZGB verstoßen, welcher lediglich das Recht auf lebenslangen Erbgrundbesitz erfasst.[701]

Wie gezeigt kann dieses Nutzungsrecht jedoch beim Eigentümerwechsel an einem Gebäude auf den neuen Gebäudeeigentümer übergehen. Dies gilt auch dann, wenn der Eigentümerwechsel im Wege einer Erbfolge erfolgt, so dass darin ein typischer Fall von Art. 271 Abs. 2 ZGB, Art. 35 Abs. 1 BodenGB vorliegt.[702] Das ständige (unbefristete) Nutzungsrecht geht damit auf den Erben eines Gebäudes über.

4. Exkurs: Erwerb durch Mehrheitsbeteiligung an einer Kapitalgesellschaft

Ein möglicher mittelbarer Erwerb dieses Rechts könnte insofern in Betracht kommen, als eine Mehrheitsbeteiligung an einer russischen Gesellschaft mit beschränkter Haftung oder Aktiengesellschaft erworben wird, die noch Inhaberin eines ständigen (unbefristeten) Nutzungsrechts ist. Wie dargestellt, genießt dieses Nutzungsrecht Bestandsschutz. Zwar hat im Falle der Inhaberschaft durch eine juristische Person die Umwandlung des Rechts in ein Pachtverhältnis oder das Eigentumsrecht am Grundstück zu erfolgen. Unklar ist jedoch, in welchem Verhältnis die Umwandlungspflicht zum Bestandsschutz des Rechts steht, und bis wann die Umwandlung zu erfolgen hat.[703] Insofern kommt ein mittelbarer Erwerb des ständigen (unbefristeten) Nutzungsrechts grundsätzlich in Betracht.[704]

---

698 *Rjabov* in: *Mozolin/Maleina* (Hrsg.), Art. 268, Rn. 3; *Kulešova/Tret'jakov* in: *Barchatov* (Hrsg.), Art. 268 ZGB, Rn. 3; Art. 20 BodenGB, Rn. 1; nach Ansicht von *Suchova*, Sbornik normativnych aktov po zemel'nomu pravu, Art. 268 ZGB, S. 128 geht das ständige (unbefristete) Nutzungsrecht zwar auf die neue juristische Person über, unterliegt im Falle einer privatrechtlichen Rechtspersönlichkeit aber der Umwandlungspflicht des Art. 3 Abs. 2 EGBodenGB. Ebenso *Ikonickaja* in: *Abova/Kabalkin* (Hrsg.), Kommentari k GK I, Art. 268, Rn. 3.

699 *Kulešova/Tret'jakov* in: *Barchatov* (Hrsg.), Art. 268 ZGB, Rn. 3.

700 *Erofeev*, Zemel'noe pravo, S. 166.

701 *Guev*, Kommentari GK III, Art. 1181, Rn. 1.

702 *Efimov* in: *Maryševa/Jarošenko* (Hrsg.), Art. 1181, Rn. 5; *Ustjukova/Charitonova* in: *Abova u.a.* (Hrsg.), Art. 1181, Rn. 3; *Teljukina*, ZiĖ 2002, Nr. 11, S. 4 (11).

703 Hierzu sogleich Kapitel 3 B. IV. 3.

704 Soweit ersichtlich, wird diese mittelbare Erwerbsmöglichkeit in der russischen Literatur nicht in Betracht gezogen. Eine vertiefende Auseinandersetzung dieser Frage kann daher hier nicht erfolgen.

IV. Umwandlungspflicht

1. Umwandlungsfrist

Wie dargestellt, kann das ständige (unbefristete) Nutzungsrecht nur noch einem ausgewählten Kreis von Rechtssubjekten erstmalig eingeräumt werden. Aus diesem Umstand erklärt sich die gesetzliche Vorgabe des Art. 3 Abs. 2 EGBodenGB, nach dem juristische Personen, denen ein ständiges (unbefristetes) Nutzungsrecht zusteht, und die nicht in den Anwendungsbereich des Art. 20 Abs. 1 BodenGB fallen, ihr Recht in Übereinstimmung mit Art. 36 BodenGB in einen Pachtvertrag umwandeln oder das Grundstück zu Eigentum erwerben müssen.[705] Diese Rechtsänderung hat bis zum 1. Januar 2012[706] zu erfolgen. Die Einhaltung dieser Frist bereitet offensichtlich erhebliche Schwierigkeiten. Die Mehrzahl der Unternehmen scheint nicht in der Lage zu sein, das Grundstück zu kaufen oder einen im Vergleich zur Nutzungsgebühr höheren Pachtzins zu bezahlen.[707] So wurde die Umwandlungsfrist bereits mehrfach verlängert.[708]

Bürgern obliegt diese Rechtsänderungspflicht auch. Allerdings ist gem. Art. 3 Abs. 3 EGBodenGB hierfür keine Frist vorgesehen.[709] Sie bleiben Inhaber des ständigen (unbefristeten) Nutzungsrechts.

2. Wahlrecht

Nach dem Wortlaut der Vorschrift steht der umwandelnden Person diesbezüglich ein Wahlrecht zu. Sie kann das Grundstück entweder pachten oder das Eigentumsrecht daran erwerben. In der Praxis jedoch sind die Behörden der örtlichen Selbstverwaltung oft nicht bereit, dem Antragssteller das Eigentumsrecht an dem Grundstück durch Abschluss eines Kaufvertrages (gem. Art. 445 ZGB) einzuräumen, vielmehr drängen sie auf den Abschluss eines Pachtvertrages.[710] Ein solches Verhalten ist jedoch gesetzeswidrig, und dem Antragssteller steht die Inanspruchnahme des Rechtsweges offen. Er kann entweder auf die Verpflichtung der zuständigen Behörde auf Abschluss des Kaufvertrages klagen, oder klageweise die Nichtigerklärung der ablehnenden Entscheidung der zuständigen Behörde gem. Art. 197 ff. der Arbitragegerichtsprozessordnung[711] erreichen.[712] In letzterem Fall hat das Gerichtsurteil gem. Art. 201

---

705 Die Verfassungsmäßigkeit des Art. 3 Abs. 2 Einführungsgesetz zum BodenGB hat das Verfassungsgericht der RF in seinem Beschluss v. 2.10.2003, Nr. 346-O festgestellt (verfügbar über die Rechtsdatenbank Consultant Plus).

706 Eine Frist bis zum 1.1.2015 gilt für Grundstücke, auf denen Elektrizitätsleitungen, Verbindungleitungen, Rohrleitungen, Straßen, Schienen oder ähnliche Anlagen belegen sind.

707 *El'nikova*, BNP 2005, Nr. 4, S. 28 (29).

708 Letztmalig durch Art. 1 Abs. 2 des Änderungsgesetzes v. 27.12.2009, Nr. 342-FZ, SZ RF 28.12.2009, Nr. 52 (Teil 1), Pos. 6418. Nach der ersten Gesetzesfassung (25.10.2001) war eine Rechtsänderungsfrist bis zum 1.1.2004 vorgesehen.

709 Der Grund hierfür ist in der großen Anzahl von Bürgern zu sehen, denen Grundstücke entweder auf Grund des ständigen (unbefristeten) Nutzungsrechts oder dem Erbgrundbesitz auf Lebenszeit überlassen wurden, vgl. *Minina* in: *Bogoljubov* (Hrsg.), Zemel'nyj učastok, S. 25.

710 *Romanova*, Jurist 2006, Nr. 7, S. 26 (28); *Utkin*, Gosudarstvennaja registracija, S. 57.

711 Arbitragegrichtsprozessordnung der RF v. 24.7.2002, Nr. 95-FZ, SZ RF 29.7.2002, Nr. 30, Pos. 3012; im Folgenden „AGPO".

712 Präsidiumsurteil des Höchsten Wirtschaftsgerichts der RF v. 21.3.2006, Nr. 14711/05 (verfügbar über die Rechtsdatenbank Consultant Plus); Plenarbeschluss des Höchsten Wirtschaftsgerichts der RF v.

Abs. 5 Pkt. 3 AGPO die Verpflichtung der zuständigen Behörde zu enthalten, einen entsprechenden Kaufvertrag mit dem Grundstücksnutzer zu schließen. Damit führt auch diese Klagemöglichkeit zur Durchsetzung des eigentlichen rechtlichen Interesses des Grundstücksnutzers, der Eigentümer des Grundstücks werden möchte.

Ergänzend ist in diesem Zusammenhang darauf hinzuweisen, dass viele Unternehmen die Umwandlung ihres ständigen (unbefristeten) Nutzungsrechts gar nicht wollen. Der Grund dafür ist in den finanziellen Vorteilen zu sehen. Die Nutzungsgebühr für das Grundstück, welche in Höhe der Grundsteuer erhoben wird, liegt in diesem Fall deutlich unter einem möglichen Pachtzins oder dem Ankaufspreis.[713] Zudem wird ein Pachtverhältnis eine Befristung und weitere Einschränkungen enthalten, die zum Nachteil des Pächters gereichen.[714] Zu Recht wird daher daran gezweifelt, ob eine wiederholte Verlängerung der Umwandlungsfrist das eigentliche Problem zu lösen vermag.[715]

Neben den erwähnten praktischen Umständen bleibt die Regelungswirkung des Art. 3 EGBodenGB auch aus einigen weiteren Gründen unverständlich.[716]

3. Verhältnis zum Bestandsschutz

Unklar ist das Verhältnis der Regelung zu dem in Art. 20 Abs. 3 BodenGB normierten Bestandsschutz des Rechts.
Nach einer Ansicht gilt der Bestandsschutz des Art. 20 Abs. 3 BodenGB für juristische Personen nur bis zum Ablauf der oben genannten Umwandlungsfrist.[717]
Nach anderer Ansicht widerspricht die Regelung dem normierten Bestandsschutz und sollte nicht angewendet werden.[718]
Nach wiederum anderer Ansicht ist in den genannten Regelungen nur scheinbar ein Widerspruch zu sehen. In der Regelung des Art. 20 Abs. 3 BodenGB solle ebenso wie in Art. 3 Abs. 12 EGBodenGB zum Ausdruck gebracht werden, dass Nutzungsrechte, welche vor Einführung des Bodengesetzbuchs vergeben wurden, auch nach Inkrafttreten des Bodengesetzbuchs Bestandsschutz genießen. Nach Intention des Gesetzgebers sei in der Umwandlungspflicht damit kein Widerspruch, sondern eine einschränkende Ergänzung zu diesen Vorschriften zu sehen.[719]

4. Faktischer Kontrahierungszwang

Zweifel an der Umwandlungspflicht ergeben sich zudem dadurch, dass faktisch ein Kontrahierungszwang normiert wird, der die betroffenen Rechtsinhaber zum Abschluss eines Kauf-

---

24.3.2005, Nr. 11, Pkt. 4, VVAS RF 2005, Nr. 5, S. 12 (13/14); Urteil des Föderalen Wirtschaftsgerichts v. 20.4.2005, Nr. F04-2310/2005 (10590-A27-40); vgl. auch *Efremova*, ŽP 2008, Nr. 8, S. 69 (72).

713 *Lotnikova*, VVAS RF 2007, Nr. 2, S. 40 (41); *Medvedev*, ChiP 2005, Nr. 5, S. 66 (70).

714 *Bobin*, Zakon 2007, Nr. 1, S. 95 (97).

715 *El'nikova*, BNP 2005, Nr. 4, S. 28 (29).

716 Ungewohnt deutlich kritisiert *Bobin*, Zakon 2007, Nr. 1, S. 95 (96 f.) die politischen Hintergründe dieser unzureichenden Regelungssystematik und die damit einhergehenden Einschränkungen des Rechts.

717 *Adamovič (u.a.)*, ĖP 2005, Nr. 2, S. 18 (19).

718 *Kulešova/Tret'jakov* in: *Barchatov* (Hrsg.), Art. 20 BodenGB, Rn. 3; in diesem Sinne auch *Kornienko*, AP 2007, Nr. 4, S. 23 (26).

719 *Pevnicki*, Notarius 2004, Nr. 1, S. 23 (25).

oder Pachtvertrages zwingt. Nach Art. 421 Abs. 1 ZGB sind jedoch auch juristische Personen frei im Abschließen von Verträgen. Eine Pflicht zum Vertragsschluss kann nur durch Gesetz oder eine freiwillig eingegangene Verbindlichkeit auferlegt sein. Im Falle der Umwandlungspflicht ist ein solcher Kontrahierungszwang aber nicht ausdrücklich angeordnet.[720]

5. Konsequenzen der Nichtbefolgung

Fraglich ist, welche Konsequenzen die Nichtbefolgung dieser Umwandlungspflicht nach sich zieht. Sanktionsmöglichkeiten sind gesetzlich nicht vorgesehen.[721] Die Regelungen zur Umwandlung enthalten keine Rechtsgrundlage, das Grundstück nach Ablauf der Frist der Nutzung des Rechtsinhabers zu entziehen.[722] Eine zwangsweise Beendigung des Rechts findet in dieser Regelung ebenso wenig Halt.[723] Somit kommt der gesetzlichen Festlegung einer bestimmten Umwandlungsfrist rein deklaratorischer Charakter zu.[724] In jedem Fall ist daher ein Gerichtsverfahren die einzige Möglichkeit, den Rechtsinhaber zur Umwandlung zu zwingen. Der Erwerber des ständigen (unbefristeten) Nutzungsrechts wird daher Inhaber dieses Rechts und bleibt es jedenfalls bis zu einer gerichtlichen Entscheidung über die Umwandlung in ein Pachtverhältnis oder den Eigentumserwerb.[725]

Diese Situation wird sich allerdings ändern. Nach Art. 6 des Änderungsgesetzes vom 24.7.2007[726] wird eine entsprechende Sanktionsvorschrift in Art. 7.34 des *Gesetzbuchs über Verwaltungsrechtsverstöße*[727] eingefügt. Diese Rechtsänderung tritt ab dem 1.1.2011 in Kraft (Art. 7 des Änderungsgesetzes). Juristischen Personen kann dann für die Nichteinhaltung des Umwandlungsverfahrens oder der Frist eine Verwaltungsstrafe in Höhe von 20.000 bis 100.000 Rubel auferlegt werden.

Diese Regelung würde jedoch einen ausdrücklichen Widerspruch zu dem in Art. 20 Abs. 3 BodenGB geregelten Bestandsschutz darstellen.

6. Umwandlungsverfahren

Eine weitere Unklarheit betrifft das Verfahren der Umwandlung. Art. 3 Abs. 2 EGBodenGB verweist insoweit auf die Vorschrift des Art. 36 BodenGB. Nach Abs. 5 dieser Vorschrift hat der Rechtsinhaber einen Antrag auf Eigentumserwerb des Grundstücks bei der gem. Art. 29

---

720 *Kornienko*, AP 2007, Nr. 4, S. 23 (24).

721 Aus diesem Grunde wird die Effektivität dieser Vorschrift daher zu Recht angezweifelt, vgl. *El'nikova*, ZR 2007, Nr. 10, S. 10 (12); auch *Getalova*, ZiĖ 2005, Nr. 4, S. 41 (43); *Kulešova/Tret'jakov* in: *Barchatov* (Hrsg.), Art. 20 BodenGB, Rn. 3.

722 Beschluss des Verfassungsgerichts der RF v. 25.12.2003, Nr. 512-O (verfügbar über die Rehtsdatenbank Consultant Plus).

723 Urteil des Föderalen Wirtschaftsgerichts des Povolžskoer Bezirks v. 27.5.2005, Nr. A55-16036/04-44.

724 *Lotnikova*, VVAS RF 2007, Nr. 2, S. 40 (41).

725 *Medvedev*, ChiP 2005, Nr. 5, S. 66 (69). Die praktische Wirklichkeit hingegen zeigt ein anderes Bild. So werden Rechtsinhaber auf indirektem Wege, bspw. der Verweigerung einer Baugenehmigung, zur Umwandlung gezwungen, vgl. *Adamovič (u.a.)*, ĖP 2005, Nr. 2, S. 18 (19).

726 Föderales Gesetz v. 24.7.2007, Nr. 212-FZ, SZ RF 30.7.2007, Nr. 31, Pos. 4009.

727 Gesetzbuch der RF über Verwaltungsrechtsverstöße v. 30.12.2001, Nr. 195-FZ, SZ RF 7.1.2002, Nr. 1 (Teil 1), Pos. 1.

BodenGB zuständigen Behörde zu stellen. Innerhalb einer Monatsfrist hat die zuständige Behörde dem Rechtsinhaber einen Kaufvertrag zur Unterzeichnung vorzulegen, Abs. 6.

Weder Art. 3 Abs. 2 EGBodenGB, noch Art. 36 BodenGB enthalten aber eine Aussage darüber, wie das ständige (unbefristete) Nutzungsrechts beendet wird. Die Entstehung eines neuen Rechts setzt zwangsweise aber die Beendigung des alten Rechts voraus.[728] Vor Registrierung des neuen Rechts (Pacht oder Eigentum) soll der Inhaber auf das bestehende ständige (unbefristete) Nutzungsrecht verzichten (Art. 45 Abs. 1 BodenGB), worauf das Erlöschen des Rechts entsprechend Art. 131 Abs. 1 ZGB zu registrieren ist.[729]
Möglicherweise ist auch dieser Fall von Art. 45 Abs. 2 Pkt. 7 BodenGB erfasst, nachdem eine Beendigung auch in anderen durch föderale Gesetze vorgesehenen Fällen erfolgt.

7. Bewertung

Auch im Zusammenhang mit der Umwandlung des ständigen (unbefristeten) Nutzungsrechts bestehen eine Reihe offener Fragen, die bisher nicht beantwortet sind.
Dies hängt nicht zuletzt damit zusammen, dass das Zivilrecht den Begriff der „Umwandlung“ bis zur Einführung des Bodengesetzbuchs nicht kannte.[730] Ein Recht kann entstehen, erlöschen oder übertragen werden, eine „Umwandlung“ hingegen erscheint systemfremd. Die Bedeutung der Umwandlung ist auf Grund dieser juristischen Ungenauigkeit daher eine mehr bürokratische als juristische.[731]

V. Umwandlungsrecht

Die Möglichkeit der Umwandlung des ständigen (unbefristeten) Nutzungsrechts in das Eigentumsrecht am Grundstück ergibt sich aus Art. 3 Abs. 9.1 EGBodenGB, Art. 25.2 Abs. 1 ImmoRegG.[732] Aus diesen Vorschriften, welche nur für natürliche Personen gelten, ergibt sich aber ebenfalls nur ein Recht zur Umwandlung, nicht hingegen eine Pflicht.[733] Einer bestimmten Frist ist die Umwandlung in das Eigentumsrecht auch in diesem Fall nicht unterworfen.

VI. Registrierung

Die wirksame Entstehung des ständigen (unbefristeten) Nutzungsrechts hängt letztlich aber ebenfalls noch von der Registrierung im Staatlichen Immobilienregister ab. Die Registrierung als dingliches Recht erfolgt in Unterabschnitt II-1 des Registers.

Dabei ist anzumerken, dass Rechte, die vor Inkrafttreten des Registrierungsgesetzes erworben wurden, auch ohne nachträgliche Registrierung wirksam bleiben. Der staatlichen Registrierung stehen in diesen Fällen der Verwaltungsakt oder sonstige Dokumente, welche die Ein-

728 *Kulešova/Tret'jakov* in: *Barchatov* (Hrsg.), Art. 20 BodenGB, Rn. 3.

729 *Kornienko*, AP 2007, Nr. 4, S. 23 (24); *Bobin*, Zakon 2007, Nr. 1, S. 95.

730 *Kulešova/Tret'jakov* in: *Barchatov* (Hrsg.), Art. 20 BodenGB, Rn. 3.

731 *Bobin*, Zakon 2007, Nr. 1, S. 95; *Kornienko*, AP 2007, Nr. 4, S. 23.

732 Art. 3 Abs. 9.1 EGBodenGB, Art. 25.2 ImmoRegG entsprechen der früheren Vorschrift des Art. 21 Abs. 3, die gem. Art. 10 Abs. 1 des Änderungsgesetz v. 30.6.2006, Nr. 93-FZ, SZ RF 3.7.2006, Nr. 27, Pos. 2881, am 1.9.2006 außer Kraft getreten ist.

733 *Amelina*, GP 2008, Nr. 2, S. 27 (28).

räumung des Rechts bestätigen, gleich.[734] Die Registrierung solcher Rechte ist dennoch möglich und kann auf Wunsch ihrer Inhaber vorgenommen werden.

VII. Inhalt

1. Allgemeine Nutzungsbefugnisse

Der Rechtsinhaber ist gem. Art. 269 Abs. 1 ZGB berechtigt, das Grundstück nach Maßgabe von Gesetzen und anderen Rechtsakten, sowie des der Bestellung zugrunde liegenden Verwaltungsakts zu besitzen und entsprechend zu nutzen.[735] Diese Regel entspricht dem allgemeinen Grundsatz des Art. 264 Abs. 2 ZGB, der inhaltlich dasselbe bestimmt.[736] Eine nähere Bezeichnung der Besitz- und Nutzungsbefugnisse trifft das Gesetz nicht. Allerdings gilt gem. Art. 41 Abs. 1 BodenGB der Grundsatz, dass der Grundstücksnutzer die Rechte des Grundstückseigentümers gem. Art. 40 Abs. 1 BodenGB ausübt.[737] Die darin genannten Befugnisse umschreiben detailliert die Nutzungsmöglichkeiten des Grundstücks, nicht hingegen die Verfügungsbefugnis.[738]

2. Errichtung von Gebäuden

Die allgemeine Aussage des Art. 269 Abs. 1 wird in Abs. 2 der Vorschrift konkretisiert, die selbständige Nutzungsmöglichkeit ausdrücklich betont. Unter die zulässige Nutzung des Grundstücks aufgrund dieses Rechts kann gem. Art. 269 Abs. 2 ZGB auch eine zweckentsprechende Bebauung fallen.[739]

Der Berechtigte erwirbt an diesen Gebäuden Eigentum, Art. 269 Abs. 2 S.2 ZGB. Dies gilt in Anlehnung an den Grundsatz des Art. 218 Abs. 1 S. 1 ZGB nach dem Gesetzeswortlaut aber nur für Gebäude, die er „für sich selbst“ (russ. *dlja sebja*) errichtet. Diese Einschränkung ist aber weit zu verstehen. Erforderlich ist nicht, dass das Gebäude im Eigentum des Grundstücksnutzers verbleibt. Ausreichend ist vielmehr eine beliebige Vorteilsziehung, die beispielsweise bei einer entgeltlichen Abtretung des Vermögensrechts an einen Investor gegeben ist, der seinerseits dann das Eigentumsrecht ausgestellt bekommt.[740]

---

734 Art. 3 Abs. 9 EinführungsG zum BodenGB, Art. 6 Abs. 1 RegG.

735 Vgl. auch *Achmet'janova*, Civilist 2006, Nr. 1, S. 28 (35).

736 *Rjabov* in: *Mozolin/Maleina* (Hrsg.), Art. 269, Rn. 2.

737 Im Einzelnen *Rjabov* in: *Mozolin/Maleina* (Hrsg.), Art. 266, Rn. 1. Zu den Bedenken an dieser Regelung vgl. oben Kapitel 1 C. II.

738 *Tichomirov*, ChiP-P 2008, Nr. 5, S. 49.

739 Aus dieser Vorschrift und aus Art. 266 Abs. 2 ZGB wurde teilweise ein selbstständiges Recht gefolgert, das „Bebauungsrecht“, *Suchanov* in: *ders.* (Hrsg.), Graždanskoe Pravo I, 2. Auflage, S. 594. Allerdings findet dieses Verständnis keine Grundlage in Wortlaut und Systematik. Die Möglichkeit der Bebauung ist vielmehr eine Teilbefugnis des Inhabers eines ständigen (unbefristeten) Nutzungsrechts oder des Erbgrundbesitzes auf Lebenszeit, vgl. auch *Breig*, WiRO 2002, S. 33 (40); *Kuzmishin (u.a.)*, Immobilienrecht Russland, Rn. 104. So weit ersichtlich, wird diese Ansicht nicht mehr vertreten und wurde auch von *Suchanov* in: *ders.* (Hrsg.), Graždanskoe Pravo II, S. 154 in der 3. Auflage seines umfangreichen Lehrbuchs aufgegeben. Auf die Notwendigkeit der Einführung eines solchen Rechts wird jedoch schon seit längerem hingewiesen, *Kopylov*, Veščnye prava na zemlju, S. 160 ff.

740 *Gubaeva* in: *Egorov/Sergeev* (Hrsg.), Art. 263, Rn. 3; *Artemenkov* in: *Mozolin/Maleina* (Hrsg.), Art. 218, Rn. 2; *Masevič* in: *Sadikov* (Hrsg.), Kommentari k GK I, Art. 218, Rn. 2; a.A. *Guev*, Kommentari GK I, Art. 218, Rn. 1 b), Art. 269, Rn. 2.

Personen, die in Art. 20 Abs. 1 BodenGB aufgezählt sind, also juristische Personen des öffentlichen Rechts, fallen nicht unter den Regelungsbereich des Art. 269 Abs. 2 ZGB. Auf sie findet die Vorschrift keine Anwendung, da sie nicht Eigentümer von unbeweglichem Vermögen werden können.[741] Dies wiederum trifft nicht auf Einrichtungen zu, die gem. Art. 298 Abs. 1 ZGB Eigentümer des mit eigenen Mitteln erworbenen Vermögens werden.[742]

Auch die Vorschrift des Art. 269 Abs. 2 ZGB geht offensichtlich noch von der Trennung des Grundstücks- und Gebäudeeigentums aus. Das Gebäude wird nicht wesentlicher Bestandteil des Grundstücks und bleibt dadurch selbst sonderrechtsfähig.

3. Verfügungsverbot

a. Verfügung über das Grundstück

Gem. Art. 20 Abs. 4 BodenGB besteht ein Verbot, über das Grundstück zu verfügen.[743] Dies entspricht auch der höchstrichterlichen Rechtsprechung: Eine Verpachtung eines Grundstücks, an dem der Verpächter nur ein ständiges (unbefristetes) Nutzungsrecht hat, ist unwirksam.[744] Auch ein etwaiges Einverständnis des Grundstückseigentümers vermag daran nichts zu ändern.[745]

b. Verfügung über das ständige (unbefristete) Nutzungsrecht

Aus dem Wortlaut der Vorschrift geht allerdings nicht eindeutig hervor, ob auch eine Verfügung über das ständige (unbefristete) Nutzungsrecht an sich ausgeschlossen sein soll. Es ist nur die Verfügung über das Grundstück ausgeschlossen.
Teilweise wird daraus der Schluss gezogen, dass die Möglichkeit der Verfügung über das ständige (unbefristete) Nutzungsrecht an sich von der Vorschrift unberührt bleibt.[746] Neben dem Wortlautargument spricht für diese Ansicht einerseits auch die grundsätzliche Anerkennung von Vermögensrechten als eigenständige Rechtsobjekte (Art. 128 ZGB), über die der Inhaber grundsätzlich frei verfügen kann.
Andererseits setzt das Zivilgesetzbuch auch in seinen Normen zum Pachtrecht die Möglichkeit der Verfügung über das ständige (unbefristete) Nutzungsrecht voraus. Gem. Art. 652

---

741 *Suchova*, Sbornik normativnych aktov po zemel'nomu pravu, Art. 269 ZGB, S. 129; *Rjabov* in: *Mozolin/Maleina* (Hrsg.), Art. 269, Rn. 2; *Ikonickaja* in: *Abova/Kabalkin* (Hrsg.), Kommentari k GK I, II, Art. 269, Rn. 2; *Krassov*, Zemel'noe Pravo, S. 192.

742 *Kulešova/Tret'jakov* in: *Barchatov* (Hrsg.), Art. 269 ZGB, Rn. 2.

743 In diesem Punkt bestand ebenfalls lange ein grundlegender Widerspruch zum ZGB. Nach Art. 270 ZGB war eine Verpachtung oder Überlassung zur unentgeltlichen Nutzung durch den Berechtigten mit Zustimmung des Grundstückseigentümers möglich. Diese Vorschrift ist jedoch durch Art. 16 Pkt. 6 des Einführungsgesetzes zum Waldgesetzbuch v. 4.12.2006, Nr. 201-FZ, SZ RF 11.12.2006, Nr. 50, Pos. 5279 außer Kraft getreten.

744 Urteil des Höchsten Wirtschaftsgerichts v. 25.3.2008, Nr. 16810/07, VVAS RF 2008, Nr. 6, S. 50 (52); Urteil des Föderalen Wirtschaftsgerichts des Volgo-Vjatskoer Bezirks v. 23.8.2005, Nr. A43-32152/2004-22-986; Urteil des Föderalen Wirtschaftsgerichts des Nord-Kaukasischen Bezirks v. 18.5.2005, Nr. F08-2044/2005.

745 Plenarbeschluss des Höchsten Wirtschaftsgerichts der RF v. 24.3.2005, Nr. 11, Pkt. 24, VVAS RF 2005, Nr. 5, S. 12 (21); Urteil des Föderalen Wirtschaftsgerichts des Nord-Kaukasischen Bezirks v. 28.9.2006, Nr. F08-4355/2006.

746 *Kulešova/Tret'jakov* in: *Barchatov* (Hrsg.), Art. 20 BodenGB, Rn. 4.

Abs. 1 ZGB sind dem Pächter eines Gebäudes die Rechte am Grundstück, welches das Gebäude belegt, zu übertragen. Ist der Gebäudeeigentümer nicht Grundstückseigentümer und Inhaber eines ständigen (unbefristeten) Nutzungsrechts am betreffenden Grundstück, so ist er verpflichtet, dieses an den Pächter zu übertragen. Auch im Falle der Eigentumsübertragung am Gebäude muss gem. Art. 271 Abs. 2 ZGB dasselbe gelten.
Ein weiteres Argument ergibt sich im Hinblick auf Art. 3 Abs. 6 EGBodenGB. Danach ist die Möglichkeit, das ständige (unbefristete) Nutzungsrecht in das Satzungskapital einer Wirtschaftsgesellschaft einzubringen, ausgeschlossen.[747] Es ließe sich daraus der Schluss ziehen, dass eine Verfügung in allen anderen, nicht ausdrücklich ausgeschlossenen Fällen möglich ist.

Gegen diese Ansicht sprechen jedoch Erwägungen, die sich aus der Systematik der Vorschriften, deren Sinn und Zweck und auch ihrer Entstehungsgeschichte ergeben.[748]
Das ständige (unbefristete) Nutzungsrecht wurde im geltenden Zivilgesetzbuch auch deshalb eingefügt, weil der Gesetzgeber den Gefahren einer freien Verkehrsfähigkeit von Grundstücken vorbeugen wollte. Dies setzt einen Verfügungsausschluss hinsichtlich des Rechts voraus. Ein anderes Verständnis der Vorschriften verbietet sich auch deshalb, da ansonsten einziger Regelungsinhalt der Vorschriften darin bestünde, dass der Rechtsinhaber ohne Zustimmung des Eigentümers das Eigentum am Grundstück nicht übertragen darf, was jedoch ohnehin eine Selbstverständlichkeit ist.[749]

VIII. Nutzungsentgelt

Die Nutzung von Grund und Boden in der Russischen Föderation ist gem. Art. 1 Abs. 1 Pkt. 7, Art. 65 Abs. 1 BodenGB grundsätzlich entgeltlich. Das Nutzungsentgelt wird entweder in Form der Grundsteuer (russ. *zemel'nyj nalog*) oder des Pachtzinses erhoben. Einzelheiten der Berechnung und Entrichtung des Nutzungsentgelts werden gem. Art. 65 Abs. 2 BodenGB durch Kap. 31 (Art. 387 ff.) SteuerGB bestimmt.
Der Inhaber eines ständigen (unbefristeten) Nutzungsrechts wird von Art. 388 Abs. 1 SteuerGB als Steuerpflichtiger der Grundsteuer erfasst.

1. Bemessungsgrundlage

Die Grundsteuer stellt gem. Art. 15 SteuerGB eine örtliche Steuer dar. Bemessungsgrundlage der Grundsteuer ist der Katasterwert des jeweiligen Grundstücks, welcher gem. Art. 390 Abs. 2 SteuerGB nach Art. 66 Abs. 2 BodenGB festgelegt wird. Die Grundsteuer wird auf kommunaler Ebene festgesetzt und darf 1,5 % der Bemessungsgrundlage nicht überschreiten, Art. 394 Abs. 1 Pkt. 2 SteuerGB.[750]

2. Künftig einheitliche Immobiliensteuer

Neben der Grundsteuer erfolgt die Besteuerung von Immobilienvermögen auch durch die Vermögenssteuer (russ. *nalog na imuščestvo*), welche in Art. 372 ff. SteuerGB näher geregelt

747 Gem. Art. 66 Abs. 6 ZGB können geldwerte Vermögensrechte grundsätzlich als Einlage in das Satzungskapital einer Wirtschaftsgesellschaft eingebracht werden.

748 Vgl. *Breig*, Eigentum und andere dingliche Rechte, S. 183 f. m.w.N.

749 *Breig*, Eigentum und andere dingliche Rechte, S. 184.

750 Die effektive Steuerbelastung kann unter bestimmten Voraussetzungen allerdings deutlich höher liegen, z.B. kann bei der Errichtung von Gebäuden, die sich über mehr als drei Jahre hinzieht, ein Faktor von bis zu vier auf die in üblicher Weise berechnete Grundsteuer angewandt werden, Art. 396 Abs. 15 SteuerGB.

ist. Gegenwärtig wird aber die Einführung einer einheitlichen Immobiliensteuer diskutiert, welche die beiden oben genannten Steuern ablösen soll. Dabei soll die Bemessungsgrundlage nicht mehr durch den Katasterwert der Immobilie, sondern durch deren Marktwert bestimmt werden.[751] Es bleibt abzuwarten, wann es zur Einführung dieser neuen Immobiliensteuer kommen wird.

IX. Beendigung

Das Nutzungsrecht des Rechtsinhabers kann auf freiwillige Initiative oder zwangsweise aufgehoben werden.

1. Freiwillige Beendigung - Verzicht

Auf eigene Initiative kann der Rechtsinhaber durch Verzicht auf das Nutzungsrecht dessen Aufhebung erreichen, Art. 45 Abs. 1 i.V.m. 53 Abs. 3 BodenGB.
Die gem. Art. 53 Abs. 3 BodenGB erforderliche Verzichtserklärung, welche an das zuständige staatliche Organ oder Organ der örtlichen Selbstverwaltung (Art. 29 BodenGB) zu richten ist, allein führt jedoch noch nicht zur Beendigung des Nutzungsrechts.[752] Die Rechtsfolge der Beendigung erfolgt vielmehr erst im Zeitpunkt der staatlichen Registrierung, Art. 16 Abs. 7 ImmoRegG.

Gesetzlich nicht geregelt sind die Form und der Inhalt der erforderlichen Verzichtserklärung. Teilweise wird unter Hinweis auf das fehlende Formerfordernis die mündliche Äußerung des Verzichtswillens als ausreichend angesehen.[753]
Nach überwiegender Ansicht hingegen bedarf die Verzichtserklärung der Schriftform.[754]
Eine Begründung dieser Entscheidung muss dabei nicht geliefert werden.[755] Allerdings muss der Verzichtswille ausdrücklich aus der Erklärung hervorgehen.[756]

Nach erklärtem Verzicht muss das zuständige staatliche Organ oder das Organ der örtlichen Selbstverwaltung gem. Art. 53 Abs. 4 BodenGB innerhalb eines Monats nach Erklärung des Verzichts über die Aufhebung des Rechts entscheiden. Dem zuständigen Organ kommt bei dieser Entscheidung kein Ermessen zu, es muss über die Aufhebung entscheiden.[757]

---

751 Vgl. gtai-Rechtsnews 2009, Nr. 8, S. 25 f.; ausführlich zur geplanten Immobiliensteuer *Rik*, PiĖ 2008, Nr. 12, S. 81 ff.

752 *Orlovskaja*, AP 2006, Nr. 2, S. 75 (79); *Erš*, ChiP 2006, Nr. 10, S. 28; Urteil des Föderalen Wirtschaftsgerichts des Ost-Sibirischen Bezirks v. 9.11.2004, Nr. A10-1034/04-4-F02-4633/04-S1.

753 Urteil des Föderalen Wirtschaftsgerichts des Povolžskoer Bezirks v. 8.7.2003, Nr. A65-17338/02-SA2-8.

754 *Romadin/Koševev*, ChiP 2004, Nr. 2, S. 116; *Bobin*, Zakon 2007, Nr. 1, S. 95; *Erofeev*, Zemel'noe pravo, S. 176; *Erš*, ChiP 2006, Nr. 10, S. 28 (29).

755 *Galinovskaja* in: *Saj/Bogolojubov* (Hrsg.), Art. 45, Rn. 1.

756 Präsidiumsurteil des Höchsten Wirtschaftsgerichts der RF v. 2.11.2004, Nr. 8837/04, VVAS RF 2005, Nr. 3, S. 64 (65).

757 *Tichomirov, M. Ju.* in: *ders.* (Hrsg.), Art. 53, Rn. 4.

Bis zur Beendigung des Rechts obliegen dem Rechtsinhaber auch beim Verzicht auf das ständige (unbefristete) Nutzungsrecht verschiedene Schutz- und Erhaltungspflichten, Art. 42, 43 Abs. 2 BodenGB.[758]

Hinsichtlich der Beendigung des Rechts ist gem. Art. 53 Abs. 5 BodenGB danach zu differenzieren, ob das Recht im Immobilienregister eingetragen war oder nicht. War dies nicht der Fall, so gilt das Erlöschen im Moment der Entscheidung über die Aufhebung des Rechts durch das staatliche Organ oder das Organ der örtlichen Selbstverwaltung.
War das Recht hingegen im Immobilienregister eingetragen, so muss das zuständige Organ innerhalb einer Woche nach der Entscheidung über die Aufhebung des Rechts einen entsprechenden Antrag über die Registrierung der Aufhebung bei der Registrierungsbehörde stellen. Diese Regelung sorgte für eine Klarstellung darüber, wer zur Registrierung der Aufhebung verpflichtet ist. Nunmehr kann dies nicht mehr den Rechtsinhabern, die ihren Verzicht erklären, aufgezwungen werden.[759]

2. Zwangsweise Beendigung

In den gesetzlich vorgesehenen Fällen kann die Aufhebung des Nutzungsrechts auch zwangsweise, also gegen den Willen des Rechtsinhabers erfolgen. Gem. Art. 45 Abs. 2 BodenGB[760] ist dies der Fall, wenn die Nutzung nicht mit der Zweckbestimmung des Grundstücks und dessen Zugehörigkeit zu einer bestimmten Bodenkategorie i.S.d. Art. 7, 8 BodenGB vereinbar ist (Pkt. 1), die Nutzungsweise zu einer erheblichen Beeinträchtigung der Bodenfruchtbarkeit oder Verschlechterung der ökologischen Verhältnisse führt (Pkt. 2), wenn Rechtsverletzungen bezüglich des Grundstücks nicht beseitigt werden (Pkt. 3), das Grundstück innerhalb von drei Jahren nicht zweckentsprechend genutzt wird (Pkt. 4), bei Enteignung des Grundstücks zu staatlichen oder kommunalen Zwecken gem. Art. 55 BodenGB (Pkt. 5), bei Beschlagnahme des Grundstücks gem. Art. 51 BodenGB (Pkt. 6).
Diese Aufzählung ist nicht als abschließend zu verstehen, da gem. Art. 45 Abs. 2 Pkt. 7 BodenGB eine zwangsweise Beendigung auch in den durch föderale Gesetze vorgesehenen Fällen möglich ist.[761]
Ein solcher Fall ist beispielsweise in Art. 3 Abs. 9.1 EGBodenGB geregelt, wonach natürliche Personen, denen das Grundstück vor Einführung des Bodengesetzbuchs zur persönlichen Nutzung überlassen wurde, dieses zu Eigentum erwerben können. Ausweislich des Gesetzeswortlauts erlischt das ständige (unbefristete) Nutzungsrecht (oder das Recht auf lebenslangen Erbgrundbesitz) im Moment der Registrierung des Eigentumsrechts.

Neben dem Verlust der Rechtsposition, können die in Art. 45 Abs. 2 BodenGB aufgezählten Rechtsverletzungen teilweise eine verwaltungs- oder strafrechtliche Haftung, Art. 74 BodenGB, oder die Verpflichtung zu Schadensersatz, Art. 76 BodenGB, zur Folge haben.[762]

---

758 *Dikusar*, PVN 2005, Nr. 2, S. 27 (29); *Tichomirov*, ChiP-P 2008, Nr. 5, S. 57; vgl. oben Kapitel 3 A. II. 9. b. cc.

759 *Galinovskaja* in: *Saj/Bogolojubov* (Hrsg.), Art. 53, Rn. 5.

760 Die Anwendung dieser bodenrechtlichen Vorschrift auf die dinglichen Rechte des Kap. 17 ZGB begründet sich über die Verweisung des Art. 287 ZGB, welcher im Falle der nicht ordnungsgemäßen Grundstücksnutzung auf Art. 54 BodenGB verweist, der wiederum in Abs. 1 auf Art. 45 Abs. 2 BodenGB verweist.

761 *Tichomirov*, ChiP-P 2008, Nr. 5, S. 58.

762 Vgl. *Tichomirov*, PiĖ 2008, Nr. 7, S. 83 (92).

Die Entscheidung über die zwangsweise Beendigung hat gem. Art. 45 Abs. 3 BodenGB ein Gericht in Übereinstimmung mit Art. 54 BodenGB zu treffen.

Die Beendigung des ständigen (unbefristeten) Nutzungsrechts im verwaltungsrechtlichen Verfahren ist, abgesehen von der Aufhebung auf Grund des Verzichts durch den Rechtsinhaber, nicht möglich.[763] Einschränkungen können sich nur auf Grundlage eines föderalen Gesetzes ergeben.[764]

X. Bedeutung und Ausblick

Das ständige (unbefristete) Nutzungsrecht gewährt seinem Inhaber eine umfassende Nutzungs- und Besitzbefugnis. Im Gegensatz zum privaten Servitut, welches nur ein beschränktes Nutzungsrecht ermöglicht, ist dem Grundstücksnutzer eine deutlich weitergehende Rechtstellung eingeräumt.

Im Versuch der Einordnung in ein allgemeines Sachenrechtsverständnis lassen sich Parallelen zu dem im deutschen Recht geregelten Nießbrauch (§§ 1030ff. BGB) ziehen.[765] Dem entspricht der Vergleich mit dem aus dem römischen Recht bekannten *usufruktus*.[766]

Für natürliche Personen kommt dem ständigen (unbefristeten) Nutzungsrecht allerdings kaum eigene Bedeutung neben dem Erbbesitz auf Lebenszeit zu. Es stellt vielmehr das Pendant zum Erbgrundbesitz für juristische Personen dar.[767] Da der wesentliche Unterschied zwischen diesen beiden Rechten in den möglichen Rechtssubjekten zu sehen ist, wird die ursprüngliche Vergabemöglichkeit an natürliche Personen durch Art. 268 Abs. 1 ZGB a. F. in Frage gestellt.[768]

Ein weiterer Aspekt betrifft das Verhältnis zum Recht der operativen Verwaltung. Da ein erstmaliges Entstehen des Nutzungsrechts nur an staatlichem und kommunalem Grundeigentum möglich ist, erscheint daher eine Zusammenfassung dieses Rechts mit dem Recht der operativen Verwaltung als möglich.[769]

Wie gezeigt, wird das ständige (unbefristete) Nutzungsrecht nach derzeitiger Gesetzeslage nur noch an einen sehr begrenzten Personenkreis, an juristische Personen des öffentlichen Rechts, vergeben. Allerdings dient dieses Recht wie oben erwähnt noch vielen natürlichen und juristischen Personen als Grundlage ihrer Grundstücksnutzung. Darüber hinaus bestehen die Übertragungsmöglichkeiten im Rahmen des Gebäudeerwerbs und der Rechtsnachfolge, so dass ein Fortbestand des Rechts durchaus gegeben ist.

763 *Orlovskaja*, AP 2006, Nr. 2, S. 75 (79).

764 Urteile des Föderalen Wirtschaftsgerichts des Nord-Kaukasischen Bezirks v. 23.11.2004, Nr. F08-5458/2004; v. 1.8.2006, Nr. F08-3449/2006; v. 17.5.2006, Nr. F08-1997/2006.

765 *Gerasin*, WiRO 2005, S. 297.

766 *Suchanov/Kofanov*, DP 1999, Nr. 1, S. 7 (12); a. A. *Mirošnikova* in: *Sergeev* (Hrsg.), Graždanskoe Pravo 1, S. 776.

767 *Solotych*, JOR 1996, S. 273 (294).

768 *Svit*, Zakon 2004, Nr. 2, S. 20 (22 f.).

769 *Čubarov*, Problemy pravovogo regulirovanija nedvižimosti, S. 213; so auch *Baranova*, Oborot nedvižimosti, S. 15 f.

Es ist zudem nicht absehbar, in welche Richtung sich dieses Recht entwickelt und ob und wann eine völlige Aufhebung dieses dinglichen Nutzungsrechts tatsächlich gelingt.

C. Erbgrundbesitz auf Lebenszeit

Das Recht auf lebenslangen Erbgrundbesitz wird ebenfalls durch das Zivilgesetzbuch (Art. 216, 265-267) und das Bodengesetzbuch (Art. 21 BodenGB) geregelt.[770]

I Wesen

Dieses Recht der Grundstücksnutzung wird ebenfalls seit Inkrafttreten des Bodengesetzbuchs, also ab dem 29.10.2001, nicht mehr vergeben, Art. 21 Abs. 1 S. 2 BodenGB. Zwar sieht der Wortlaut des Art. 265 ZGB nach wie vor die Vergabe staatlicher oder kommunaler Grundstücke zur Nutzung in Form des Erbgrundbesitzes auf Lebenszeit durch Bürger vor. Allerdings wird für die Entstehung des Rechts auf das Bodenrecht verwiesen. Die bodenrechtliche Vorschrift genießt insoweit Priorität, so dass der Erwerb des Erbgrundbesitzes durch Bürger auf verwaltungsrechtlicher Grundlage nicht mehr möglich ist.[771]

Jedoch genießen Inhaber dieses Rechts, welches vor Inkrafttreten erworben wurde, gem. Art. 21 Abs. 1 S. 1 BodenGB Bestandsschutz[772]. Ein Entzug dieses Rechts scheidet bereits angesichts des verfassungsrechtlich garantierten Vermögensschutzes (Art. 35 Abs. 3 VerfRF) aus.[773] Aus diesem Grund werden grundstücksrechtliche Beziehungen auf Grundlage des Erbgrundbesitzes auf Lebenszeit wohl noch ziemlich lange existieren.[774]

Wie auch das ständige (unbefristete) Nutzungsrecht bleibt auch das Recht auf lebenslangen Erbgrundbesitz bei Übertragung des Grundstückseigentums bestehen, Art. 216 Abs. 3 ZGB. Im Falle einer Grundstücksteilung oder Grundstücksverbindung entsteht das Recht entsprechend auf den neu gebildeten Grundstücken, Art. 11.8 Abs. 2 BodenGB.

II. Erwerbsmöglichkeiten des Erbgrundbesitzes auf Lebenszeit

Ein zivilrechtlicher Erwerb des Erbgrundbesitzes auf Lebenszeit ist dennoch möglich.

1. Erwerb im Rahmen der Erbfolge

Einerseits ist der Übergang dieses Nutzungsrechts im Rahmen der Erbfolge (Art. 1180 f. ZGB) möglich.[775] Diese Form des Rechtserwerbs ergibt sich ausdrücklich aus Art. 21 Abs. 2

770 Anzumerken ist dabei, dass das Zivilgesetzbuch (Art. 266 Abs. 1) den Inhaber des Erbgrundbesitzes auf Lebenszeit als „Grundstücksbesitzer“, das Bodengesetzbuch (Art. 5 Abs. 3) hingegen als „Bodenbesitzer“ bezeichnet. Gemeint ist wohl ein und dasselbe, rechtliche Konsequenzen sind somit nicht ersichtlich.

771 *Kulešova/Tret'jakov* in: *Barchatov* (Hrsg.), Art. 21 BodenGB, Rn. 1; in diesem Sinne auch *El'nikova*, ZR 2007, Nr. 10, S. 10 (13).

772 So bereits Pkt. 1 des Präsidentenukazes der RF v. 7.3.1996, Nr. 337, vgl. oben Fn. 105.

773 So das Verfassungsgericht der RF in seinem Beschluss v. 13.12.2001, Nr. 16-P, SZ RF 24.12.2001, Nr. 52, Pos. 5014.

774 So die Einschätzung von *Minina* in: *Bogoljubov/Minina* (Hrsg.), Art. 21, S. 146; vgl. auch *Krassov*, Zemel'noe Pravo, S. 193.

775 *Galinovskaja* in: *Bogoljubov* (Hrsg.), Zemel'nyj učastok, S. 83; *Ikonickaja* in: *Abova/Kabalkin* (Hrsg.), Kommentari k GK I, II, Art. 265.

S. 1 BodenGB, Art. 267 ZGB. Zudem hat dass Verfassungsgericht der RF in seinem Beschluss vom 13. Dezember 2001 ausdrücklich festgestellt, dass dieses dingliche Recht in Anbetracht des Art. 21 Abs. 1 S. 2 BodenGB bei der Erbfolge nicht ausgeschlossen werden kann und damit ein Erwerb im Rahmen der Erbfolge möglich bleibt.[776]

Missverständlich ist dabei der Inhalt der Vorschriften, der nicht deutlich zwischen der Grundstücksübertragung und der Übertragung von Rechten an diesem Grundstück unterscheidet. Nach wörtlicher Auslegung ist dabei die Übertragung des Erbgrundbesitzes auf Lebenszeit im Wege der Erbfolge ein besonderer Fall der Grundstücksübertragung.[777]
Gegenstand dieser Übertragung ist hierbei das Besitz- und Nutzungsrecht, nicht etwa das Grundstück selbst.[778] Dieses Verständnis lässt sich zusätzlich systematisch auf die Art. 18, 128 ZGB stützen, nach denen Bürger Vermögensrechte erben können.[779] Über das Grundstück selbst kann nur der Eigentümer verfügen.[780]
Der Erbe erhält somit lediglich die Besitz- und Nutzungsbefugnis an dem entsprechenden Grundstück.[781]

Der Erbe des Erbgrundbesitzes auf Lebenszeit bekommt gem. Art 1181 ZGB auch das Besitz- und Nutzungsrecht an den auf dem Grundstück befindlichen abgeschlossenen Gewässern und an den Bepflanzungen übertragen.

Erben könncn sowohl Bürger, als auch juristische Personen sein (Art. 1116 Abs. 1 S. 2 ZGB). Der Übergang erfolgt entweder nach gesetzlicher, oder nach testamentarischer Erbfolge.[782]
Juristische Personen werden nur dann Erbe und somit Inhaber des Erbgrundbesitzes auf Lebenszeit, wenn dies testamentarisch festgelegt ist.[783]
Hierbei können jedoch Schwierigkeiten auftreten. Besteht eine Erbengemeinschaft und lässt sich das Grundstück nicht aufteilen, so stellt sich die Frage, wer Inhaber des Erbgrundbesitzes auf Lebenszeit wird.

Nach überwiegender Meinung ist die Möglichkeit von gemeinschaftlichem Besitz ausgeschlossen. Gesetzlich vorgesehen ist lediglich gemeinschaftliches Eigentum (Art. 244 ff. ZGB).[784] Das Verständnis eines „anteiligen Erbgrundbesitzes auf Lebenszeit" würde die An-

---

776 Beschluss des Verfassungsgerichts der RF v. 13.12.2001, Nr. 16-P, SZ RF 24.12.2001, Nr. 52, Pos. 5014.

777 *Kulešova/Tret'jakov* in: *Barchatov* (Hrsg.), Art. 21 BodenGB, Rn. 2.

778 *Svit*, Zakon 2004, Nr. 2, S. 20 (21); *Kulešova/Tret'jakov* in: *Barchatov* (Hrsg.), Art. 21 BodenGB, Rn. 2; ungenau insoweit *Minina* in: *Bogoljubov* (Hrsg.), Art. 21, S. 109.

779 *Kulešova/Tret'jakov* in: *Barchatov* (Hrsg.), Art. 21 BodenGB, Rn. 2.

780 *Misnik*, Zakon 2008, Nr. 3, S. 53 (61).

781 *Litovkin* in: *Sadikov* (Hrsg.), Kommentari k GK I, Art. 266, Rn. 1.

782 *Gubaeva* in: *Egorov/Sergeev* (Hrsg.), Art. 266, Rn. 1; *Rjabov* in: *Mozolin/Maleina* (Hrsg.), Art. 266, Rn. 1; *Tichomirov*, ChiP-P 2008, Nr. 5, S. 25.

783 *Suchova*, Sbornik normativnych aktov po zemel'nomu pravu, Art. 266 ZGB, S. 123; *Gros'*, ŽRP 2002, Nr. 9, S. 42 (48); a. A. *Erofeev*, Zemel'noe pravo, S. 165; *Efimov* in: *Maryševa/Jarošenko* (Hrsg.), Art. 1181, Rn. 4., welche den Übergang des Rechts auf eine juristische Person aufgrund deren fehlenden Subjektsqualität ablehnen.

784 *Bakunina/Zemljakova/Židomorov*, GiP 2002, Nr. 10, S. 80 (82); *Minina* in: *Bogoljubov* (Hrsg.), Art. 21, S. 110.

erkennung eines neuen dinglichen Rechts bedeuten, was gegen den numerus clausus dinglicher Rechte verstoßen würde.[785]
In jedem konkreten Fall muss daher die Frage geklärt werden, welcher Erbe Inhaber des Erbgrundbesitzes werden soll, und wie die anderen Erben entsprechend ausbezahlt werden.[786]

Nach der Gegenansicht ist ein gemeinschaftlicher Besitz anzuerkennen. Eine gegenteilige Einschränkung sei aus Art. 1181 ZGB nicht zu schließen. Zudem sei die Frage der Teilbarkeit eines Erbgegenstandes ohne Einfluss auf den Übergang desselben im Wege der Erbfolge an sich, und daher erst nach dem Übergang zu beurteilen.[787]
Eine derartige künstliche Trennung dieser beiden Aspekte übergeht jedoch wesentliche praktische Fragen. Ohne eine geklärte Rechtsfolge, wer Erbe sein soll und damit Zugriff auf das Grundstück bekommen soll, ergibt der Erbvorgang nur wenig Sinn.

2. Erwerb beim Eigentumserwerb eines Gebäudes auf fremdem Grundstück

Zu untersuchen ist, ob auch das Recht auf lebenslangen Erbgrundbesitz als Folge eines Gebäudeübergangs, bei welchem der Gebäudeeigentümer nicht Grundstückseigentümer ist, erworben werden kann. Möglicherweise würde dies dem Grundsatz widersprechen, dass dieses Recht nicht mehr vergeben wird (Art. 21 Abs. 1 S. 2 BodenGB). Es stellt sich damit die gleiche Problematik, welche bereits bezüglich des ständigen (unbefristeten) Nutzungsrechts erörtert wurde.[788]

Einerseits wird vertreten, dass das Recht auf Erbgrundbesitz auf Lebenszeit auch beim Eigentumserwerb an einem Gebäude erworben werden kann. Gem. Art. 271 Abs. 2 ZGB, Art. 35 Abs.1 BodenGB geht in diesem Falle das Nutzungsrecht am zugrunde liegenden Grundstück auf den neuen Gebäudeeigentümer über. Für den Fall des Grundstückskaufs ergibt sich dies zudem aus Art. 552 Abs. 3 S. 2 ZGB.[789] Diese Ansicht hält sich konsequent an den Wortlaut der zitierten Vorschriften, deren Zielsetzung ein anderes Verständnis unterlaufen würde.

Nach der Gegenansicht ist ein Übergang des Erbgrundbesitzes ausgeschlossen, da dieses Recht gem. Art. 21 Abs. 1 S. 2 BodenGB nicht mehr vergeben wird.[790] Auch für den Fall des Eigentümerwechsels am Gebäude gilt die Einschränkung des Art. 21 Abs. 1 S. 2 BodenGB hinsichtlich der möglichen Rechtssubjekte, so dass das Recht nicht übergehen kann.[791] Darüber hinaus verweist Art. 265 ZGB im Unterschied zu Art. 268 ZGB für die Entstehung des Erbgrundbesitzes auf das Bodengesetzbuch, so dass ein Erwerb über Art. 271 Abs. 2 ZGB nicht möglich ist.[792] Dieses Argument vermag jedoch insoweit nicht zu überzeugen, als das Bodengesetzbuch in Art. 35 Abs. 1 eine zu Art. 271 Abs. 2 ZGB inhaltsgleiche Norm enthält.

---

785 *Manannikov*, Notarius 2005, Nr. 6, S. 23 (25).

786 *Minina* in: *Bogoljubov* (Hrsg.), Art. 21, S. 114.

787 *Efimov* in: *Maryševa/Jarošenko* (Hrsg.), Art. 1181, Rn. 4.

788 Vgl. oben Kapitel 3 B. III. 2.

789 *Galinovskaja* in: *Bogoljubov* (Hrsg.), Zemel'nyj učastok, S. 83; *Ikonickaja* in: *Abova/Kabalkin* (Hrsg.), Kommentari k GK II, Art. 552, Rn. 2; *Pisarev*, NP 2008, Nr. 3, S. 31 (33); ohne nähere Begründung auch *Borisov*, Kommentari k GK, Art. 552, S. 512.

790 *Volkov* in: *ders./Goličenkov/Kozyr'* (Hrsg.), Art. 35, Rn. 5.

791 *Ėjrijan*, ChiP 2003, Nr. 10, S. 106 (107, 109).

792 *El'nikova*, ZR 2007, Nr. 10, S. 10 (13).

Der Erbgrundbesitz unterliegt im Fall des Eigentumsübergang am Gebäude, welches auf einem fremden Grundstück belegen ist, nach dieser Auffassung der Umwandlung gem. Art. 3 Abs. 1 EGBodenGB.

3. Exkurs: Erwerb durch Erbschaftskauf

In Betracht kann grundsätzlich auch der Erwerb des Erbgrundbesitzes auf Lebenszeit durch einen Erbschaftskauf gezogen werden. Im deutschen Recht kann ein Alleinerbe die gesamte Erbschaft, der Miterbe seinen Erbanteil verkaufen, § 2371 ff. BGB.[793]
Dem russischen Recht ist dieses Rechtsinstitut jedoch nicht bekannt. Auch wird diese Erwerbsmöglichkeit in der russischen juristischen Literatur, soweit ersichtlich, nicht in Erwägung gezogen. Sie würde indes gegen die Verfügungsbeschränkung[794] verstoßen und einen Widerspruch gegen den Reglungszweck des Art. 21 BodenGB darstellen.

III. Entstehung

Ebenso wie alle dinglichen Rechte hängt die wirksame Entstehung des Erbgrundbesitzes auf Lebenszeit von der staatlichen Registrierung ab. Dies gilt auch nach Übergang der Rechtsposition im Wege der Erbfolge.[795] Dieses Erfordernis ergibt sich explizit aus Art. 21 Abs. 2 S. 2 BodenGB. Die Aufnahme dieser Vorschrift in das Gesetz ist damit zu begründen, dass das Registrierungsgesetz keine ausdrückliche Erwähnung diesbezüglich beinhaltet.[796] Allerdings folgt eine Registrierungspflicht bereits aus Art. 131 ZGB, Art. 25 Abs. 1 BodenGB, Art. 4 Abs. 1 S. 2 Regt.[797]
Grundlage der Registrierung ist in diesem Fall gem. Art. 17 Abs. 1 ImmoRegG, Art. 21 Abs. 2 S. 2 BodenGB der Erbschein (Art. 1162 ZGB).
Gegenstand der Registrierung ist dabei das Recht an sich, nicht der „Übergang des Erbgrundbesitzes auf Lebenszeit".[798]

Nach einer Mindermeinung ist eine Registrierung als Entstehungsvoraussetzung nur in den Fällen eines Übergangs aufgrund eines Vermächtnisses erforderlich. In den Fällen der gesetzlichen Erbfolge sieht das Immobilienregistergesetz keine Registrierungspflicht vor, das dingliche Recht geht am Tag des Erbfalls automatisch auf den Erben über. Registriert werden kann daher nur der Rechtsübergang am Todestag des Erblassers.[799]

Dabei ist anzumerken, dass Rechte, die vor Inkrafttreten des Registrierungsgesetzes erworben wurden, auch ohne nachträgliche Registrierung wirksam bleiben. Der staatlichen Registrierung stehen in diesen Fällen der Verwaltungsakt oder sonstige Dokumente, welche die Einräumung des Rechts bestätigen, gleich.[800]

---

793 Vgl. zum Überblick *Edenhofer* in: *Palandt* (Hrsg.), Überbl v § 2371.

794 Siehe dazu Kapitel 3 C. V. 1.

795 *Rjabov* in: *Mozolin/Maleina* (Hrsg.), Art. 265; *Kulikov* in: *Čubukov/Tichomirov* (Hrsg.), Art. 21, Rn. 2; *Tichomirov*, PiĖ 2008, Nr. 7, S. 83 (87).

796 *Kulešova/Tret'jakov* in: *Barchatov* (Hrsg.), Art. 21 BodenGB, Rn. 2.

797 *Svit*, Zakon 2004, Nr. 2, S. 20 (21).

798 Die gesetzliche Formulierung des Art. 21 Abs. 2 S. 2 BodenGB ist insoweit nicht korrekt, vgl. *Svit*, Zakon 2004, Nr. 2, S. 20 (21).

799 *Gros'*, ŽRP 2002, Nr. 9, S. 42 (48).

800 Art. 3 Abs. 9 EinführungsG zum BodenGB.

IV. Inhalt

Trotz der Bezeichnung als Erbgrundbesitz auf Lebenszeit handelt es sich dabei insbesondere auch um ein Nutzungsrecht. [801]

Gem. Art. 266 Abs. 1 ZGB kann der Inhaber dieses Rechts das Grundstück ausdrücklich besitzen und nutzen. Die Besitz- und Nutzungsbefugnis geht dabei weiter als beim ständigen (unbefristeten) Nutzungsrecht, da sie nicht durch die durch Gesetze und andere Rechtsakte festgelegten Grenzen beschränkt ist.[802]

Diese allgemeine Aussage wird in Abs. 2 dahingehend konkretisiert, dass der Erbgrundbesitzer auf dem Grundstück Gebäude und andere unbewegliche Gegenstände errichten darf. An diesen Gebäuden erwirbt er das Eigentum, ungeachtet dessen, dass er an dem zugrunde liegenden Grundstück nur ein beschränkt dingliches Nutzungsrecht hat. Voraussetzung des Eigentumserwerbs ist allerdings, dass es sich um ein zulässiges und rechtmäßiges Bauwerk handelt.[803]

Diese Nutzungsbefugnis kann durch die gesetzlich bestimmten Nutzungsbedingungen des Grundstücks eingeschränkt sein. Dabei kann die Bebauung insgesamt oder nur die Errichtung bestimmter Gebäude ausgeschlossen werden.[804]

In diesem Punkt geht die Nutzungsbefugnis im Verhältnis zum ständigen (unbefristeten) Nutzungsrecht etwas weiter, da sich die Einschränkung des Art. 269 Abs. 2 ZGB, dass das Gebäude für sich selbst errichtet werden muss[805], in Art. 266 Abs. 2 ZGB nicht wiederfindet. Der Erbgrundbesitzer erwirbt an allen von ihm errichteten Gebäuden Eigentum.[806]

Ebenso wie Art. 269 Abs. 2 ZGB ermöglicht auch Art. 266 Abs. 2 ZGB das Auseinanderfallen von Gebäude- und Grundstückseigentum. Eine Verwirklichung des Grundsatzes des einheitlichen Schicksals (Art. 1 Abs. 1 Pkt. 5 BodenGB) wird auch auf Grund dieser Regelungen nicht gelingen.[807]

Die Nutzungsbefugnisse sind durch die Art. 40, 41 BodenGB entscheidend erweitert. Danach kann der Grundstücksbesitzer und –nutzer die Befugnisse ausüben, die auch dem Grundstückseigentümer zustehen.[808] So kann der Erbgrundbesitzer die für den Eigenbedarf zur Verfügung stehenden Bodenschätze, Gewässer etc. nutzen, landschaftsgestalterische Arbeiten vornehmen, sowie zweckentsprechende Anlagen errichten.[809]

---

801 Vgl. allgemein *Markovich*, J.E.Eur.L. 2001, S. 129 (143).

802 *Kulešova/Tret'jakov* in: *Barchatov* (Hrsg.), Art. 269 ZGB, Rn. 1.

803 *Guev*, Kommentari GK I, Art. 266, Rn. 2.

804 *Kulešova/Tret'jakov* in: *Barchatov* (Hrsg.), Art. 266 ZGB, Rn. 2.

805 Vgl. oben Kapitel 3 B. VII. 2.

806 Vgl. auch *Erofeev*, Zemel'noe pravo, S. 165; *Guev*, Kommentari GK I, Art. 266, Rn. 2.

807 Bereits *Kopylov*, Veščnye prava na zemlju, S. 127.

808 *Litovkin* in: *Sadikov* (Hrsg.), Kommentari k GK I, Art. 266, Rn. 2; *Rjabov* in: *Mozolin/Maleina* (Hrsg.), Art. 266, Rn. 1.

809 *Rjabov* in: *Mozolin/Maleina* (Hrsg.), Art. 266, Rn. 1.

V. Stellung des Berechtigten

1. Verfügungsbeschränkung

a. Verfügung über das Grundstück

Nach dem Gesetzeswortlaut darf der Erbgrundbesitzer auf Lebenszeit nicht über das ihm überlassene Grundstück verfügen. Eine Ausnahme hiervon besteht für die Übertragung im Wege der Erbfolge, Art. 21 Abs. 2 S. 1 BodenGB, Art. 267 ZGB.[810] Diese Ausnahme ist der einzige Fall, der von Art. 264 Abs. 3 ZGB erfasst wird.[811] Danach ist der Grundstücksbesitzer grundsätzlich nicht zur Verfügung über das Grundstück berechtigt, wenn gesetzlich nichts anderes geregelt ist.

Allerdings bestehen auch in diesem Punkt Unklarheiten, und die Vorschriften sind nicht aus sich heraus verständlich. Von einer Verfügung kann nur bei einem Vermächtnis die Rede sein. Im Wege der gesetzlichen Erbfolge kommt ein Verfügungsgeschäft des Rechtsinhabers nicht in Betracht.[812]
Die Verfügungsbefugnis im Rahmen der Erbfolge begründet sich verfassungsrechtlich in der Garantie des Erbrechts gem. Art. 35 Abs. 4 VerfRF.[813] Gegenstand der Verfügung ist dabei das dingliche Recht an sich und nicht das Grundstück.[814]

b. Verfügung über das Recht auf lebenslangen Erbgrundbesitz

Es stellt sich die Frage, ob nicht eine Verfügung über das Recht des lebenslangen Erbgrundbesitzes möglich ist. Aus den beiden Vorschriften (Art. 267 ZGB, Art. 21 BodenGB) lässt sich hierzu kein eindeutiger Schluss ziehen. Aus diesem Umstand wird teilweise gefolgert, dass eine Verfügung über das Recht selbst möglich bleibt. Nicht jede dieser Verfügungen hat die Verfügung über das Grundstück zur Folge, welche von den Vorschriften ausgeschlossen sein soll.[815]
Gegen diese Ansicht sprechen jedoch Erwägungen, die sich aus der Systematik der Vorschriften, deren Sinn und Zweck und auch ihrer Entstehungsgeschichte ergeben.[816]
Dieses Verständnis ergibt sich auch aus einem Gegenschluss zu Art. 21 Abs. 2 S. 2 BodenGB. Gegenstand des Erbgangs kann nach einhelliger Meinung nicht etwa das Grundstück, sondern nur das Recht daran sein. Es ist damit ein einziger Fall der Verfügung ausdrücklich gesetzlich normiert, woraus der Ausschluss aller anderen Verfügungen über das Recht zu entnehmen ist.[817]

---

810 Bis zur Änderung durch Art. 13 Abs. 4 des Änderungsgesetzes v. 26.6.2007, Nr. 118-FZ konnte das Grundstück durch den Rechtsinhaber gem. Art. 267 Abs. 1 ZGB a.F. verpachtet oder zur unentgeltlichen befristeten Nutzung überlassen werden. Insofern bestand ein Widerspruch zu Art. 21 BodenGB, welcher durch die Gesetzesänderung aufgehoben wurde. Zur alten Rechtslage etwa *Breig*, Eigentum und andere dingliche Rechte, S. 180 ff.

811 *Misnik*, Zakon 2008, Nr. 3, S. 53 (61).

812 *Misnik*, Zakon 2008, Nr. 3, S. 53 (61). Die Vererbung durch Vermächtnis wird im russischen Recht als Verfügung angesehen, *Kulagina* in: *Suchanov* (Hrsg.), Graždanskoe Pravo II, S. 210.

813 *Suchova*, Sbornik normativnych aktov po zemel'nomu pravu, Art. 266 ZGB, S. 123.

814 Vgl. oben Kapitel 3 C. II. 1.

815 *Kulešova/Tret'jakov* in: *Barchatov* (Hrsg.), Art. 21 BodenGB, Rn. 2; grundsätzlich bereits *Solotych*, JOR 1996, S. 273 (294).

816 Vgl. oben Kapitel 3 B. VII. 3. b.

817 *Breig*, Eigentum und andere dingliche Rechte, S. 183.

Eine Verfügung über das Recht auf lebenslangen Erbgrundbesitz ist nach dieser Ansicht nicht möglich, was jedoch im Wortlaut der geltenden Vorschriften keine eindeutige Stütze findet.

Von der Verfügungsbeschränkung jedenfalls nicht erfasst ist die Möglichkeit, über durch den Erbgrundbesitzer auf dem Grundstück errichtete Gebäude (Art. 266 Abs. 2 ZGB) zu verfügen.[818]

2. Umwandlungspflicht

Gem. Art. 3 Abs. 1 EGBodenGB besteht auch hinsichtlich des Erbgrundbesitzes auf Lebenszeit eine Umwandlungspflicht des Rechts in Eigentum oder ein Pachtverhältnis. Für deren Erfüllung gilt für natürliche Personen keine Frist, Art. 3 Abs. 3 EGBodenGB. Diese Entscheidung des Gesetzgebers ist damit zu begründen, dass eine sehr große Anzahl von natürlichen Personen von der Umwandlungspflicht betroffen ist und in vielen Fällen Schwierigkeiten mit der Vorlage der entsprechenden Dokumente bestehen, da diese nicht ordnungsgemäß ausgestellt wurden oder nicht mehr auffindbar sind.[819]
Die Umwandlung des Rechts auf lebenslangen Erbgrundbesitz ist damit für die Rechtsinhaber freiwillig.[820] Dennoch werden in einigen Subjekten der RF Umwandlungsfristen festgelegt und den Rechtsinhabern damit eine faktische Umwandlungspflicht auferlegt, was einen Verstoß gegen die Vorschrift des Art. 3 Abs. 3 EGBodenGB bedeutet.[821]

Der Erwerb des Grundstücks zu Eigentum ist dabei kostenlos.[822] Gebühren fallen nur für die Registrierung des neuen Rechts an.[823]

Die Möglichkeit der Umwandlung des Erbgrundbesitzes auf Lebenszeit in das Eigentumsrecht am Grundstück ergibt sich ebenfalls aus Art. 3 Abs. 9.1 EGBodenGB, Art. 25.2 Abs. 1 ImmoRegG.[824] Dieses Recht besteht ohne zeitliche Begrenzung, Art. 3 Abs. 3 EGBodenGB.

Aus dem Fehlen einer Umwandlungsfrist ist zu schließen, dass die Inhaber des Erbgrundbesitzes auf Lebenszeit, auch wenn sie das Nutzungsrecht im Wege der Erbfolge erworben haben, das Grundstück i.S.d. Art. 266 ZGB nutzen und besitzen dürfen.[825]

VI. Nutzungsentgelt

Bezüglich des Erbgrundbesitzes auf Lebenszeit gilt der Grundsatz des Art. 1 Abs. 1 Pkt. 7, Art. 65 BodenGB, nach dem die Bodennutzung in Russland grundsätzlich entgeltlich ist. Das Nutzungsentgelt ist in Form der Grundsteuer zu entrichten.[826]

---

818 *Tichomirov/Tichomirova*, Zemel'nye prava v Rossiskoj Federacii, S. 54.

819 *Minina* in: *Bogoljubov* (Hrsg.), Zemel'nyj učastok, S. 25.

820 *Suchova*, Sbornik normativnych aktov po zemel'nomu pravu, Art. 265 ZGB, S. 122.

821 *Suchova*, Sbornik normativnych aktov po zemel'nomu pravu, Art. 265 ZGB, S. 122.

822 *Kulikov* in: *Čubukov/Tichomirov* (Hrsg.), Art. 21, Rn. 3.

823 *Kozyr'* in: *Volkov/Goličenkov/ders.* (Hrsg.), Art. 21, Rn. 3.

824 Vgl. oben Kapitel 3 B. V.

825 *Andreev*, ChiP-P 2009, Nr. 6, S. 3 (6).

826 Vgl hierzu oben Kapitel 3 B. VIII.

VII. Beendigung

Für die möglichen Erlöschensgründe gelten für das Recht auf lebenslangen Erbgrundbesitz dieselben Vorschriften wie für das ständige (unbefristete) Nutzungsrecht.[827]

So kann der Grundstücksbesitzer auf seine Rechtsposition verzichten, Art. 45 Abs. 1 i.V.m. 53 Abs. 3 BodenGB, und sie so zur Aufhebung bringen.
In den in Art. 45 Abs. 2 BodenGB genannten Fällen erfolgt die zwangsweise Aufhebung des Rechts auf lebenslangen Erbgrundbesitz.

Darüber hinaus muss das Recht auf lebenslangen Erbgrundbesitz dann aufgehoben werden, wenn kein Erbe dem Grundstücksbesitzer folgt oder dieser das Erbe ausschlägt.[828]

VIII. Bedeutung und Ausblick

Das Recht auf lebenslangen Erbgrundbesitz gewährt natürlichen Personen, die Inhaber dieses Rechts sind, eine umfangreiche Besitz- und Nutzungsbefugnis. Es ist damit unter den dinglichen Grundstücksrechten dem Eigentumsrecht am nächsten.[829] Nach deutschem Verständnis ist in diesem Recht ein erbbaurechtsähnliches Nutzungsrecht zu sehen.[830] Dies entspricht dem aus dem römischen Recht bekannten *Emphyteusis.*[831]

Wie dargestellt, wurde diese Rechtsposition in seiner inhaltlichen Ausgestaltung erheblich eingeschränkt. Das Recht auf lebenslangen Erbgrundbesitz wird seit Einführung des Bodengesetzbuchs 2001 nicht mehr vergeben und die ursprüngliche Verfügungsbefugnis des Grundstücksbesitzers, das Grundstück zu verpachten oder zur unentgeltlichen befristeten Nutzung zu überlassen, wurde aufgehoben.
Die Hintergründe der durch das Bodengesetzbuch und die folgenden Änderungsgesetze erfolgten Einschränkung des Erbgrundbesitzes auf Lebenszeit in seiner ursprünglich durch die Art. 265-267 ZGB vorgesehenen Form sind offensichtlich rechtspolitisch zu erklären.
So erachtet der Gesetzgeber das dingliche Eigentumsrecht, sowie die schuldrechtlichen Nutzungsmöglichkeiten der Pacht und der befristeten unentgeltlichen Nutzung als ausreichend und zweckmäßig. Mit diesen Rechtsinstituten können alle grundstücksrechtlichen Beziehungen ausgestaltet werden.[832] Die Regelung des Erbgrundbesitzes auf Lebenszeit ist ein Überbleibsel der sowjetischen Wirtschaftsordnung, welches im heutigen marktwirtschaftlichen System keinen Platz mehr findet. Die Einführung dieses dauerhaften eigentumsähnlichen Nutzungsrechts stellt, wie bereits oben erwähnt, einen Kompromiss im Verlaufe der Bodenreform dar und ist für eine Marktwirtschaft systemfremd.[833] Es hat seine eigentliche Bedeutung verloren und sollte daher aufgehoben werden.[834]

---

827 Vgl. Kapitel 3 B. IX.

828 *Svit*, Zakon 2004, Nr. 2, S. 20 (23).

829 *Solotych*, JOR 1996, S. 273 (293).

830 *Arzinger/Galander*, Russisches Wirtschaftsrecht, S. 291; *Fleck*, Privates Grundeigentum, S. 41; *Kuzmishin (u.a.)*, Immobilienrecht Russland, Rn. 104.

831 *Suchanov/Kofanov*, DP 1999, Nr. 1, S. 7 (12); *Mirošnikova* in: *Sergeev* (Hrsg.), Graždanskoe Pravo 1, S. 776.

832 *Pevnicki*, Notarius 2004, Nr. 1, S. 23 (25).

833 *Mirošnikova* in: *Sergeev* (Hrsg.), Graždanskoe Pravo 1, S. 776; *Amelina*, GP 2008, Nr. 2, S. 27 (28).

834 *Pevnicki*, Notarius 2004, Nr. 1, S. 23 (25).

Auf Grund der dargestellten Mängel im Bezug auf die Verfügungsbeschränkung und die möglichen Probleme im Erbfall, dürfte für Inhaber dieses Rechts aus praktischer Sicht ein Eigentumserwerb im Wege der Umwandlung vorteilhaft sein.[835]

Die angeführten Zweifel an der Regelungsberechtigung dieses Rechtsinstituts sind auf den ersten Blick nicht unbegründet. Ein Festhalten an der durch das Zivilgesetzbuch vorgegebenen Ausgestaltung des Erbgrundbesitzes auf Lebenszeit ist für die Entwicklung des russischen Immobilienmarktes nicht förderlich. Die Tendenz einer gänzlichen Abschaffung der beschränkt dinglichen Nutzungsrechte ist jedoch höchst bedenklich und aus rechtsvergleichender Sicht nicht nachvollziehbar. Der vom russischen Gesetzgeber eingeschlagene Weg bleibt unverständlich, wäre doch im Zuge der Entwicklung eines marktwirtschaftlichen Systems unter Anerkennung des privaten Grundeigentums eine Anknüpfung an die römischrechtlichen Institute und europäischen Erfahrungen hinsichtlich der beschränkt dinglichen Nutzungsrechte für die Entwicklung und Ausgestaltung eines flexiblen Grundstückmarktes wünschenswert.

D. Allgemeines Nutzungsrecht des Gebäudeeigentümers

Die russische Zivil- und Bodengesetzgebung enthält in einigen Regelungsbereichen ein nicht speziell bezeichnetes Nutzungsrecht, welches dem Gebäudeeigentümer, der nicht auch Eigentümer des zugrunde liegenden Grundstücks ist, unter gewissen Umständen eingeräumt werden kann oder muss.
Aufgrund einer fehlenden einheitlichen Bezeichnung durch den Gesetzgeber hat der Verfasser dieses Recht, auch in Abgrenzung zu den dargestellten speziellen Nutzungsrechten, als "Allgemeines Nutzungsrecht des Gebäudeeigentümers" benannt.

I. Erscheinungsformen

Aus der Tatsache, dass Gebäude- und Grundstückseigentum verschiedenen Personen zugeordnet werden kann, folgt notwendigerweise das Bedürfnis nach einem entsprechenden Nutzungsrecht des Gebäudeeigentümers am zugrunde liegenden Grundstück.
Daher wird dem Eigentümer eines Gebäudes, einer Anlage oder sonstigen Immobilie, das sich auf dem Grundstück einer anderen Person befindet, das Recht auf Nutzung des ihm von dieser Person überlassenen Grundstücksteils unter dieser Immobilie zugewiesen, Art. 271 Abs. 1 ZGB. Dabei macht es keinen Unterschied, ob sich das Grundstück im Eigentum dieser anderen Person befindet oder ob sie nur ein dingliches oder obligatorisches Nutzungsrecht daran hat.[836]

Beim Erwerb eines Gebäudes geht dieses Nutzungsrecht am zugrunde liegenden Grundstück (Grundstücksteil) nach den bereits genannten Art. 35 Abs. 1 BodenGB, Art. 271 Abs. 2 und Art. 552 Abs. 3 S. 2 ZGB auf den neuen Gebäudeeigentümer über, und zwar zu den Bedingungen und in dem Umfang wie es der frühere Eigentümer innehatte. Diese Vorschriften ha-

835 *Minina* in: *Bogoljubov/Minina* (Hrsg.), Art. 21, S. 147.

836 *Gubaeva* in: *Egorov/Sergeev* (Hrsg.), Art. 271, Rn. 1.

ben zwingenden Charakter[837] und gehen davon aus, dass Grundstücks- und Gebäudeeigentum nicht in einer Person zusammenfallen.[838]

In diesen Fällen kann nun die Situation bestehen, dass das Nutzungsrecht des Gebäudeeigentümers nicht in Form eines bestimmten Nutzungsrechts, z.B. Eigentum, ständiges (unbefristetes) Nutzungsrecht, Pacht, bestimmt ist.[839] Dies kann insbesondere dann der Fall sein, wenn die entsprechenden Dokumente nicht ausgestellt wurden oder nicht mehr existent sind, oder die Erforderlichkeit der rechtlichen Ausgestaltung eines Nutzungsrechts von den Beteiligten verkannt wurde.[840] Dadurch kommt es in der Praxis häufig vor, dass ein rechtmäßig gebautes Gebäude auf einem Grundstück steht, an dem für den Gebäudeeigentümer formell keine Rechte bestehen.
Fraglich erscheint dann, wie das genannte Nutzungsrecht rechtlich zu qualifizieren ist, welches Recht der Gebäudeeigentümer am zugrunde liegenden Grundstück hat und welches damit nach den genannten Vorschriften auf einen neuen Gebäudeeigentümer übergehen kann.
Eine weitere Erscheinung eines wenig bestimmten Nutzungsrechts findet sich in Art. 36 Abs. 3, 4 BodenGB. Danach erwerben staatliche Unternehmen, die Miteigentümer an Gebäuden sind, die sich auf staatlichen oder kommunalen Grundstücken befinden, ein „beschränktes Nutzungsrecht“ an diesen Grundstücken. Welchen Inhalt dieses Recht hat, und inwiefern es sich vom ständigen (unbefristeten) Nutzungsrecht unterscheidet, lässt sich nur vermuten.[841]

II. Charakteristik

Auch wenn die zitierten Normen kaum Aufschluss über die inhaltliche Ausgestaltung dieses Rechts geben, so lassen sich systematisch doch einige Merkmale feststellen. So ist dieses Nutzungsrecht vom Eigentum am Gebäude abgeleitet und kann nur in Verbindung mit diesem, und nicht selbständig bestehen.[842] Rechtsinhaber kann damit nur der Gebäudeeigentümer sein. Verfügungen über das Grundstück lassen das Nutzungsrecht unberührt, es bleibt bei Veräußerung des Grundstücks bestehen (Art. 271 Abs. 2 S. 2 ZGB), und kann neben Rechten Dritter am selben Grundstück existieren.[843] Es entsteht nur kraft Gesetzes und nur in den Fällen, in denen das Nutzungsrecht nicht gesondert bestimmt ist.[844] Die beiden Eigentümer können den Inhalt und die Bedingungen des Nutzungsrechts vertraglich ausgestalten, wobei die zweckmäßige Nutzung stets gewährleistet sein muss.[845] Neben den Nutzungsmodalitäten kann auch eine Nutzungsgebühr festgelegt werden.

837 *Gubaeva* in: *Egorov/Sergeev* (Hrsg.), Art. 271, Rn. 3.

838 Nach dem Wortlaut und dem systematischen Verständnis ist mithin der Übergang des Eigentumsrechts am Grundstück ausgeschlossen, vgl. *Kulešova/Tret'jakov* in: *Barchatov* (Hrsg.), Art. 35 BodenGB, Rn. 1; *Litovkin* in: *Sadikov* (Hrsg.), Kommentari k GK I, Art. 271, Rn. 1.

839 *Emel'janov*, GriP 2007, Nr. 6, S. 46 (47); *Suchanov* in: *Litovkin/ders./Čubarov* (Hrsg.), S. 41.

840 *Pjatkov/Frolov*, ŽRP 2004, Nr. 7, S. 66 (67); *Gerasin*, WiRO 2005, S. 297.

841 *Suchanov*, ĖP 2003, Nr. 1, S. 50 (52); ausgehend vom Wortlaut, der die klassische Definition des Servituts als „Recht auf beschränkte Grundstücksnutzung“ verwendet, jedoch ohne nähere Begründung wird dieses Recht teilweise als privates Servitut verstanden, *Pevnicki*, Notarius 2004, Nr. 1, S. 23 (25); auch *Litovkin* in: *Sadikov* (Hrsg.), Kommentari k GK I, Art. 274-276, Rn. 1; a.A. *Dmitriev*, ChiP 2005, Nr. 9, S. 49 (50).

842 *Medvedev*, ChiP 2005, Nr. 5, S. 66 (71); Konzeption (russ.), S. 37.

843 *Kozyr'/Makovskaja*, VVAS RF 2003, Nr. 2, S. 95 (112); Konzeption (russ.), S. 36.

844 Konzeption (russ.), S. 37.

845 Konzeption (russ.), S. 38.

III. Rechtscharakter

Der Charakter dieses Nutzungsrechts ist nicht klar und wird in der Literatur verschiedentlich bewertet.[846] So enthalten die gesetzlichen Vorschriften keine Aussage zu einer vertraglichen Ausgestaltung der Rechtsbeziehung zwischen Gebäude- und Grundstückseigentümer, noch ist eine Registrierungspflicht für dieses allgemeine Nutzungsrecht ausdrücklich vorgesehen. Daher wird bereits die Frage, ob in diesem Recht eine eigenständige Rechtsposition zu sehen ist, uneinheitlich bewertet. Sodann besteht vor allem Streit darüber, wie dieses Recht zu qualifizieren ist, und ob es den dinglichen oder obligatorischen Nutzungsrechten zuzuordnen ist. Größtenteils wird dieses Problem aber gänzlich übersehen oder in seiner Bedeutung verkannt.

1. Eigenständige Bedeutung

Unabhängig von der Frage des Rechtscharakters wird teilweise die Anerkennung eines eigenständigen Nutzungsrechts abgelehnt. Das Nutzungsrecht und die damit verbundenen Probleme müssten anhand bestehender Rechtsinstitute und deren weiteren Entwicklung gelöst werden.[847] Mit diesem Nutzungsrecht kann jedes dingliche oder obligatorische Nutzungsrecht gemeint sein.[848] Insbesondere sei die Anerkennung eines neuen dinglichen Rechts abzulehnen.[849]

Überwiegend wird jedoch die Eigenständigkeit dieses Rechts bejaht, dessen rechtliche Einordnung jedoch kontrovers diskutiert wird. Die Notwendigkeit eines genau bestimmten Nutzungsrechts des Gebäudeeigentümers am zugrunde liegenden Grundstück steht dabei außer Frage.[850]
Für die eigenständige Bedeutung des allgemeinen Nutzungsrechts spricht zudem die historische Betrachtung des Art. 271 ZGB. Vor der Gesetzesänderung vom 26. Juni 2007 stand dem Gebäudeeigentümer gem. Abs. 1 S. 2 ein ständiges (unbefristetes) Nutzungsrecht zu, sofern in dem Vergabeakt oder dem Vertrag nicht ein anderes Nutzungsrecht festgelegt war. Durch die Aufhebung dieser Vorschrift mit der genannten Gesetzesänderung hat der Gesetzgeber die Eigenständigkeit dieses allgemeinen Nutzungsrechts gestärkt, wodurch die Problematik um den Inhalt und die genaue Ausgestaltung dieses Rechts noch mehr an Aktualität gewonnen hat.[851]

Eine eigenständige Bedeutung kommt diesem allgemeinen Nutzungsrecht jedoch nur in den oben genannten Fällen zu, in denen das Nutzungsrecht des Gebäudeeigentümers nicht in Form eines bestimmten Nutzungsrechts ausgestaltet ist. Sofern der Gebäudeeigentümer die Möglichkeit hat, wie dies beim Bau des Gebäudes der Fall sein wird, sein Nutzungsrecht am

---

846 Ohne nähere Begründung wird in Art. 271 ZGB ein Fall der gesetzlichen Entstehung eines Servituts gesehen, durch das der Gebäudeeigentümer ein Wegerecht am zugrunde liegenden fremden Grundstück hat, *Mirošnikova* in: *Sergeev* (Hrsg.), Graždanskoe Pravo 1, S. 771; vgl. hierzu auch Kapitel 3 A. II. 5. a.

847 *Pjatkov/Frolov*, ŽRP 2004, Nr. 7, S. 66 (67); bedauerlicherweise bleibt es bei dieser Feststellung, ein konkreter Lösungsvorschlag unterbleibt. Der Vorschlag, diese Gebäudeeigentümer als rechtsgrundlose Besitzer zu behandeln (S. 72f.), vermag unter Berücksichtigung der historischen Entwicklung der Grundstücksverhältnisse nicht zu überzeugen.

848 *Žarkova*, AS 2007, Nr. 4, S. 141 (142); *Koževnikova*, Notarius 2009, Nr. 1, S. 14 (15).

849 *Pjatkov/Frolov*, ŽRP 2004, Nr. 7, S. 66 (67).

850 *Kozyr'/Makovskaja*, VVAS RF 2003, Nr. 2, S. 95 (100).

851 *Torkin*, Notarius 2008, Nr. 5, S. 18 (19).

Grundstück mit dem Grundstückseigentümer zu vereinbaren, so ist ein gesetzlich bestimmtes Nutzungsrecht (z.B. Eigentum, Pacht) zu wählen. Das allgemeine Nutzungsrecht im Sinne des Art. 271 Abs. 1 ZGB kommt insoweit nicht in Betracht.[852]

2. Rechtliche Qualifikation

Von einem Teil der Literatur wird dieses Recht nicht als ein dingliches Nutzungsrecht angesehen.[853] Auch entspreche dem in Art. 271 Abs. 1 ZGB, Art. 35 Abs. 1 BodenGB erwähnten Nutzungsrecht kein anderes, gesetzlich definiertes Nutzungsrecht, insbesondere nicht das ständige (unbefristete) Nutzungsrecht.[854] In diesem Sinne sei es auch nicht erforderlich, ein gesetzlich bekanntes Nutzungsrecht zu definieren, da Art. 271 Abs. 1 ZGB ja ein Nutzungsrecht gewähre, womit die Regelung damit als ausreichend erachtet wird.[855]

Nach mehrheitlicher Ansicht wird der dingliche Charakter dieses Nutzungsrechts bejaht.[856] Das in Art. 271 Abs. 1 ZGB genannte Recht weise alle Merkmale eines eigenständigen dinglichen Rechts auf. Diese seien insbesondere in der Unbefristetheit, dem Folgerecht und dem absoluten Charakter des Rechtsschutzes zu sehen.[857] Durch die Beschränkung der bestehenden dinglichen Rechte sei zudem das Bedürfnis für die Schaffung neuer dinglicher Rechte entstanden, welchem das Bodengesetzbuch mit Art. 35 Abs. 1 nachkommt.[858]
In diesem Sinne wird von den Autoren der Konzeption zur Entwicklung der Gesetzgebung über unbewegliches Vermögen für alle Fälle, in denen das Nutzungsrecht des Gebäudeeigentümers an dem fremden Grundstück nicht in einer gesetzlich vorgesehenen Form ausgestaltet ist, ein „Recht auf beschränkten Besitz am Grundstück" anerkannt, welches zu den beschränkt dinglichen Nutzungsrechten zu zählen ist.[859]

Weitere Schwierigkeiten in der Einordnung dieses allgemeinen Nutzungsrechts bestehen darin, dass das Bodengesetzbuch eine andere Terminologie als das Zivilgesetzbuch beinhaltet. Das Zivilgesetzbuch verwendet in Art. 271 Abs. 1, 552 Abs. 3 S. 2 den Begriff des Gebrauchs- oder Nutzungsrechts (*pravo pol'zovanija*). Gem. Art. 35 Abs. 1 BodenGB hingegen wird das Recht mit einem bislang nicht bekannten juristischen Begriff als *pravo na izpol'zovanija* bezeichnet[860], was wohl als *Ausnutzungsrecht* zu übersetzen ist.[861] Aus dieser

---

852 Urteil des Föderalen Wirtschaftsgerichts des Uraler Bezirks v. 14.8.2002, Nr. F09-1898/02-GK.

853 *Kuzmishin (u.a.)*, Immobilienrecht Russland, Rn. 103; ebenso ohne Begründung *Fleck*, Privates Grundeigentum, S. 145.

854 *Kulešova/Tret'jakov* in: *Barchatov* (Hrsg.), Art. 271 ZGB, Rn. 1, Art. 35 BodenGB, Rn. 1; *Gerasin*, WiRO 2005, S. 297 (298), der zwar zutreffend auf die Unklarheiten hinweist, eine Lösung aber offen lässt.

855 *Minina* in: *Bogoljubov* (Hrsg.), Zemel'nyj učastok, S. 54.

856 *Čubarov*, Problemy pravovogo regulirovanija nedvižimosti, S. 207; *Achmadgazizov*, PVN 2008, Nr. 1, S. 12 (13).

857 *Gubaeva* in: *Egorov/Sergeev* (Hrsg.), Art. 271, Rn. 1.

858 *Suchanov*, ĖP 2003, Nr. 1, S. 50 (52); für den dinglichen Charakter auch *Kozyr'/Makovskaja*, VVAS RF 2003, Nr. 2, S. 95 (112).

859 Konzeption (russ.), S. 33; so auch *Kozyr'/Makovskaja*, VVAS RF 2003, Nr. 2, S. 95 (109 f.); zustimmend auch *Vitrjanski*, ChiP 2003, Nr. 6, S. 3 (16). Teilweise wird vertreten, dass dieses „faktische Besitzrecht" in den Fällen der Art. 271 Abs. 1, 2, 552 Abs. 3 ZGB, Art. 35 Abs. 1 BodenGB zwar als dingliches Recht anzuerkennen ist, aufgrund der Unklarheiten jedoch keinen rechtlichen Schutz genießt, *Čubarov*, Problemy pravovogo regulirovanija nedvižimosti, S. 207.

860 Konzeption (russ.), S. 18.

Formulierung folgt, dass der Gesetzgeber nicht ein bestimmtes, bereits definiertes Nutzungsrecht im Sinne hatte.[862]

IV. Entstehung

Wie sich aus den zitierten Vorschriften ergibt, entsteht das allgemeine Nutzungsrecht kraft Gesetzes, und zwar nur dann, wenn ein anderes Nutzungsrecht nicht existiert.[863]

Fraglich sind die Art und Weise, sowie der Zeitpunkt der Entstehung dieses Rechts.
Unklar ist insbesondere, ob dieses Nutzungsrecht der staatlichen Registrierung bedarf.
Eine ausdrückliche gesetzliche Regelung hierfür besteht nicht. Einerseits gilt für Geschäfte mit Immobilien, und damit auch für den Übergang von Nutzungsrechten die allgemeine Registrierungspflicht gem. Art. 131, 8 Abs. 2 ZGB, Art. 2, 4 ImmoRegG. Andererseits ist die Registrierung für diese Geschäfte gem. Art. 164 ZGB, Art. 25 Abs. 2 BodenGB nur in den durch föderale Gesetze vorgesehenen Fällen erforderlich. Jedenfalls regelt das Immobilienregistergesetz nicht den Registrierungsvorgang von Rechten, die kraft Gesetzes entstehen oder übergehen.

Auf Grund der besonderen Entstehungssituation dieses Rechts wird zum Teil gefolgert, dass das Nutzungsrecht am Grundstück mit der Registrierung des Eigentumsrechts am Gebäude automatisch entsteht, und nicht selbständig registriert werden muss.[864]

Nach Ansicht des Höchsten Arbitragegerichts hingegen erwirbt der neue Gebäudeeigentümer im Moment des Eigentumsübergangs, d.h. der staatlichen Registrierung, das Recht, die Einräumung des entsprechenden Nutzungsrechts zu verlangen.[865] Eine entsprechende Registrierung des Nutzungsrechts muss dann nachfolgend vorgenommen werden.

Teilweise wird das Erfordernis der Registrierung bejaht, nicht hingegen als Entstehungsvoraussetzung des Nutzungsrechts angesehen.[866]

Geht man davon aus, dass auch dieses Recht der Registrierung bedarf, so stellt sich die Frage, auf welcher Grundlage die Registrierung erfolgen soll. Die Registrierung eines Rechts erfolgt wie gezeigt gem. Art. 17 ImmoRegG auf Grundlage der Dokumente, welche die Inhaberschaft des Rechts nachweisen. Diesen Nachweis wird der Inhaber eines allgemeinen Nutzungsrechts jedoch nicht führen können, wodurch er vor einem erheblichen praktischen Problem steht. Ohne die besagten Dokumente ist sein allgemeines Nutzungsrecht nicht zu registrieren.[867]

---

861 *Kuzmishin (u.a.)*, Immobilienrecht Russland, Rn. 103; es handelt sich bei diesem terminologischen Unterschied jedoch lediglich um ein „technische Ungenauigkeit“, vgl. *Lopuchin*, GP 2005, Nr. 4, S. 6 (8).

862 *Kulešova/Tret'jakov* in: *Barchatov* (Hrsg.), Art. 35 BodenGB, Rn. 1.

863 *Kozyr'/Makovskaja*, VVAS RF 2003, Nr. 2, S. 95 (113); so auch *Solotych*, JOR 1996, S. 273 (294).

864 *Volkov* in: *ders./Goličenkov/Kozyr'* (Hrsg.), Art. 35, Rn. 3.

865 Plenarbeschluss des Höchsten Wirtschaftsgerichts der RF v. 24.3.2005, Nr. 11, Pkt. 13, VVAS RF 2005, Nr. 5, S. 12 (17/18).

866 *Gros'*, ŽRP 2002, Nr. 9, S. 42 (47): Die Registrierung habe nur „bestätigenden Charakter“.

867 *Torkin*, Notarius 2008, Nr. 5, S. 18 (19).

Die Inhaberschaft eines allgemeinen Nutzungsrechts hindert nicht am Erwerb eines anderen dinglichen oder schuldrechtlichen Nutzungsrechts am Grundstück. Beim Erwerb eines solchen Rechts erlischt das allgemeine Nutzungsrecht. Es muss aber nach Beendigung des anderen Nutzungsrechts wieder aufleben.[868]

V. Inhalt

Das allgemeine Nutzungsrecht gewährt den Besitz und die Nutzung des entsprechenden Grundstücks (Grundstücksteils), soweit es für die Nutzung des Gebäudes erforderlich ist. Die Ausübung dieser Befugnisse darf aber nicht dazu führen, dass der Besitz und die Nutzung durch den Grundstückseigentümer in unverhältnismäßiger Weise beeinträchtigt oder unmöglich werden.[869]
Auch im Hinblick auf mögliche Änderungen oder Erweiterungen des Nutzungsrechts, die sich aus einem Umbau des Gebäudes ergeben können, erscheint es zweckmäßig, die Besitz- und Nutzungsbefugnisse des Gebäudeeigentümers in einer Vereinbarung festzulegen.[870]

Die vom Nutzungsrecht erfasste Grundstücksfläche wird durch das zur Nutzung erforderliche Maß begrenzt. Dies gebietet die Belastung des Grundstücks, welche das Nutzungsrecht für den Grundstückseigentümer darstellt.[871]
Die Grundstücksfläche, die für die Nutzung des Gebäudes erforderlich ist, bestimmt sich gem. Art. 35 Abs. 2 i.V.m. Art. 33 Abs. 3 BodenGB.

VI. Beendigung

Das Nutzungsrecht besteht unbefristet und endet mit Erlöschen des Eigentumsrechts am Gebäude.[872] Dies folgt aus der Bindung des Nutzungsrechts an das aufstehende Gebäude. Erst recht gilt dies beim Untergang des Gebäudes als verkehrsfähiges Rechtsobjekt.[873]
Darüber hinaus endet das allgemeine Nutzungsrecht bei Enteignung auf Grund staatlicher oder kommunaler Bedürfnisse oder wenn dass Grundstück im Widerspruch zu seiner Zweckbestimmung oder den Gesetzen genutzt wird.[874]

VII. Bedeutung

Auch in heutiger Zeit gibt es noch eine nicht unbedeutende Anzahl von Immobilien, die auf Grundstücken liegen, an denen der Gebäudeeigentümer weder ein Eigentumsrecht, ständiges (unbefristetes) Nutzungsrecht, noch ein Pachtrecht hat.[875] In diesen Fällen hat der Gebäudeeigentümer eine allgemeines Nutzungsrecht am zugrunde liegenden Grundstück i.S.d. Art. 271 Abs. 1 ZGB.

Insbesondere vor dem Hintergrund, dass wie gezeigt auch heute noch das Gebäude- und Grundstückseigentum bei verschiedenen Personen liegen kann, ist ein genau bestimmtes Nut-

---

868 Hierzu *Vitrjanski*, ChiP 2003, Nr. 6, S. 3 (17); *Kozyr'/Makovskaja*, VVAS RF 2003, Nr. 2, S. 95 (112).
869 *Kozyr'/Makovskaja*, VVAS RF 2003, Nr. 2, S. 95 (110, 113).
870 *Kozyr'/Makovskaja*, VVAS RF 2003, Nr. 2, S. 95 (110).
871 *Kozyr'/Makovskaja*, VVAS RF 2003, Nr. 2, S. 95 (110).
872 *Medvedev*, ChiP 2005, Nr. 5, S. 66 (71).
873 *Kozyr'/Makovskaja*, VVAS RF 2003, Nr. 2, S. 95 (113).
874 *Kozyr'/Makovskaja*, VVAS RF 2003, Nr. 2, S. 95 (113).
875 *Medvedev*, ChiP 2005, Nr. 5, S. 66 (71).

zungsrecht erforderlich. Die gesetzlichen dinglichen Nutzungsrechte sind aus den jeweils dargestellten Gründen nicht geeignet, dieses Nutzungsverhältnis rechtlich in entsprechender Weise auszugestalten.[876]

Allerdings sind die rechtlichen Grundlagen dieses allgemeinen Nutzungsrechts und damit seine rechtliche Ausgestaltung in hohem Maße unzureichend. Sämtliche in der Literatur gefundenen Merkmale bedürfen ihrer gesetzgeberischen Umsetzung.[877]

VIII. Verhältnis zu anderen Nutzungsrechten

Das Allgemeine Nutzungsrecht gehört nicht zu den Grunddienstbarkeiten.[878] Im Unterschied zum Servitut, das eine abschließend definierte Anzahl von Nutzungsbefugnissen einräumt, kann der Inhaber des allgemeinen Nutzungsrechts alle für die Nutzung des Gebäudes erforderlichen Handlungen ausüben. Hierzu zählt insbesondere der Besitz des Grundstücks, welchen ein Servitut gerade nicht gewährt.[879] Damit gewährt das allgemeine Nutzungsrecht gegenüber dem Servitut weiter reichende Befugnisse.[880]

Unklar ist teilweise das Verhältnis zum ständigen (unbefristeten) Nutzungsrecht.[881] Für eine Übereinstimmung mit diesem Recht geben die gesetzlichen Vorschriften jedoch keinen eindeutigen Anhaltspunkt. Auch aus einer historischen Auslegung lässt sich ein solcher Schluss nicht ziehen. Nach Art. 271 Abs. 1 S. 2 ZGB in der Fassung vor dem Änderungsgesetz vom 26.6.2007 entstand in Ermangelung einer anderen gesetzlichen oder vertraglichen Regelung für den Gebäudeeigentümer kraft Gesetzes ein ständiges (unbefristetes) Nutzungsrecht. Hieraus ist zu schließen, dass unter dem in Art. 271 Abs. 1 S. 1 ZGB genannten Nutzungsrecht nicht zwingend ein ständiges (unbefristetes) Nutzungsrecht zu verstehen ist.[882]

---

876 *Vitrjanski*, ChiP 2003, Nr. 6, S. 3 (17).

877 *Kozyr'/Makovskaja*, VVAS RF 2003, Nr. 2, S. 95 (113).

878 Konzeption (russ.), S. 35.

879 *Kozyr'/Makovskaja*, VVAS RF 2003, Nr. 2, S. 95 (110 f.).

880 Konzeption (russ.), S. 35.

881 *Kuzmishin (u.a.)*, Immobilienrecht Russland, Rn. 103.

882 *Torkin*, Notarius 2008, Nr. 5, S. 18 (19); vgl. in diesem Sinne zur alten Rechtslage *Kulešova/Tret'jakov* in: *Barchatov* (Hrsg.), Art. 271 ZGB, Rn. 1; für eine Übereinstimmung mit dem ständigen (unbefristeten) Nutzungsrecht immer noch *Borisov*, Kommentari k GK, Art. 271, S. 292.

Kapitel 4. Rechtsschutz und Verjährung

A. Allgemeine Bedeutung

Bestehende beschränkt dingliche Rechte werden über die Verweisung des Art. 216 Abs. 4 ZGB in Übereinstimmung mit Art. 305 ZGB geschützt. Letztgenannte Vorschrift erklärt die Schutzmöglichkeiten des Eigentumsrechts (Art. 301-304 ZGB) auch für die beschränkt dinglichen Rechte als anwendbar. In diesen Vorschriften ist einerseits ein Vindikationsanspruch (Art. 301, 302 ZGB) und andererseits ein Beseitigungs- und Unterlassungsanspruch (Art. 304 ZGB) gegen eine mögliche Rechtsbeeinträchtigung geregelt.

In ihrer Besonderheit als dingliche Ansprüche bestehen diese Rechtsschutzmöglichen absolut, d.h. gegenüber jedermann. Ausweislich des Wortlauts des Art. 305 ZGB bestehen sie im Falle der beschränkt dinglichen Rechte auch gegenüber dem Eigentümer.

Eine Besonderheit des russischen Rechts besteht insofern, als dass die Rechtsschutzmöglichkeiten der Art. 301-304 ZGB gem. Art. 305 ZGB auch auf den Besitzer eines Gegenstandes Anwendung finden, dem sein Besitz aus Vertrag (z.B. Pachtverhältnis) zusteht.[883]

I. Dinglicher Beseitigungsanspruch

Im Falle der beschränkt dinglichen Rechte kommt insbesondere der dingliche Beseitigungsanspruch in Betracht. Er besteht aber nur dann, wenn zwischen dem Rechtsinhaber und dem Störer keine schuldrechtliche Verbindung besteht.[884] Insoweit besteht zwischen vertraglichen und dinglichen Ansprüchen ein Ausschließlichkeitsverhältnis.

1. Voraussetzungen

Eine negatorische Klage ist dann erfolgreich, wenn in Folge einer Handlung oder eines Unterlassens durch eine dritte Person der Rechtsinhaber in der Nutzung gehindert wird und diese Handlung oder das Unterlassen rechtswidrig und von gewisser Dauer ist.[885] Die Rechtsbeeinträchtigung muss zum Zeitpunkt der Klageerhebung entweder noch andauern[886], oder bevorstehen.[887] In letzterem Fall muss die künftige Rechtsbeeinträchtigung mit hinreichender Wahrscheinlichkeit zu befürchten sein.[888] Ein Verschulden ist dabei nicht erforderlich.[889]

883 Diese Regelung wird in rechtsdogmatischer Hinsicht kritisch gesehen, vgl. etwa *Krasnova*, ŽRP 2004, Nr. 9, S. 81 (84). Eine nähere Untersuchung dieser Frage unterbleibt vorliegend.

884 Präsidiumsurteil des Höchsten Wirtschaftsgerichts der RF v. 1.7.1997, Nr. 1205/97, VVAS RF 1997, Nr. 10, S. 32 (33); *Sergeev* in: *ders.* (Hrsg.), Graždanskoe Pravo 1, S. 803.

885 *Larin*, ZR 2007, Nr. 10, S. 23 (25).

886 *Suchanov* in: *ders.* (Hrsg.), Graždanskoe Pravo II, S. 191; *Guev*, Kommentari GK I, Art. 304, Rn. 4; Urteil des Föderalen Wirtschaftsgerichts des Nord-Kaukasischen Bezirks v. 21.9.2005, Nr. F08-4120/2005.

887 *Pevnicki*, AGP 2006, Nr. 10, S. 40 (42); *Sergeev* in: *ders.* (Hrsg.), Graždanskoe Pravo 1, S. 804, der als Beispiel die geplante Bebauung des Grundstücks nennt.

888 *Ljušnja*, Zakon 2007, Nr. 2, S. 141 (143).

889 *Larin*, ZR 2007, Nr. 10, S. 23 (25); *Sergeev* in: *ders.* (Hrsg.), Graždanskoe Pravo 1, S. 806; *Rjabov* in: *Mozolin/Maleina* (Hrsg.), Art. 304, Rn. 2.

2. Rechtsfolge

Der Anspruch ist sowohl auf die Unterlassung der weiteren Beeinträchtigung, als auch auf die Beseitigung der Störung gerichtet.[890]

II. Deliktischer Schadensersatzanspruch

Bei Schädigungen durch Dritte, die nicht Vertragspartner sind[891], besteht darüber hinaus auch ein deliktischer Anspruch gem. Art. 1064 Abs. 1 S. 1 ZGB. Das russische Deliktsrecht gewährt insoweit einen gleichwertigen Schutz, da unabhängig von der Art des verletzten Schutzgutes ein Anspruch auf Schadensersatz gewährt wird.[892] Damit sind auch reine Vermögensschäden ersatzfähig.

B. Besonderheiten hinsichtlich des Servituts

I. Vertraglicher Schadensersatzanspruch

Sofern das Servitut auf Grundlage eines Vertrages bestellt ist, kommt ein vertraglicher Schadensersatzanspruch aus Art. 393 Abs. 1 ZGB in Betracht. Danach hat der Schuldner dem Gläubiger den Schaden zu ersetzen, der durch die Nichterfüllung oder nicht gehörige Erfüllung der Vertragspflicht entsteht. Aufgrund des relativen Charakters der Parteivereinbarung kann dieser Anspruch nur gegenüber dem Vertragspartner entstehen.[893] Neben dem Ersatz des entstandenen Schadens kann dieser Anspruch auch auf Zahlung einer vereinbarten Vertragsstrafe (vgl. Art. 12 ZGB) gerichtet sein.[894]

II. Dinglicher Beseitigungsanspruch

Eine spezielle dingliche Rechtsschutzmöglichkeit gegen die Beeinträchtigung eines Servituts durch den Eigentümer des dienenden Grundstücks oder eine dritte Person ist gesetzlich nicht vorgesehen. Auch scheint die Verweisung des Art. 216 Abs. 4 ZGB auf Art. 305 ZGB für das Servitut nicht gelten zu können. Der Inhaber eines Servituts wird nicht zu dem Personenkreis gezählt, für den die Art. 301-304 ZGB entsprechend anzuwenden sind. Dies erscheint konsequent, setzen die Rechtsschutzmöglichkeiten der Art. 301-304 ZGB doch stets den Besitz am Rechtsobjekt voraus. Der Besitz kann wie dargestellt aber nicht Inhalt eines Servituts sein. Fraglich ist somit, wie dem Inhaber eines Servituts zu einer Rechtsschutzmöglichkeit gegenüber der Beeinträchtigung seines Rechts verholfen werden kann.[895]

---

890 *Sergeev* in: *ders.* (Hrsg.), Graždanskoe Pravo 1, S. 804; *Ljušnja*, Zakon 2007, Nr. 2, S. 141 (144).

891 Im russischen Recht besteht zwischen vertraglichen und deliktischen Ansprüchen ein Ausschließlichkeitsverhältnis. Sie können nicht nebeneinander geltend gemacht werden. Vgl. eingehend und m.w.N. *Wölk*, Deliktsrecht Russlands, S. 88.

892 *Solotych*, Das neue russische ZGB, S. 41.

893 *Kopylov*, Veščnye prava na zemlju, S. 72; *Larin*, ZR 2007, Nr. 10, S. 23 (27); *Anan'ev*, Servitutnoe pravo i pravootnošenie, S. 155; vgl. auch *Suchanov* in: *ders.* (Hrsg.), Graždanskoe Pravo II, S. 182.

894 *Andreev*, ChiP 2004, Nr. 5, S. 85 (93).

895 Kaum vertretbar wird teilweise die Möglichkeit insbesondere einer negatorischen Klage gänzlich verneint, *Mirošnikova* in: *Sergeev* (Hrsg.), Graždanskoe Pravo 1, S. 769; *Mineev*, Sposoby zaščity graždanskich prav, S. 146 f. Ebenso unklar bleibt der Ansatz von *Kosarev*, Pravovedenie 1996, Nr. 3, S. 99 (109), welcher eine Anwendung der aus dem römischen Recht bekannten und für den Schutz eines Servituts normierten *actio confessoria* vorschlägt. Diese dem russischen Recht unbekannte Klageart sei aufgrund einer Gesetzesanalogie (Art. 6 Abs. 1 ZGB) möglich. Eine greifbare Begründung dieser Analo-

Teilweise wird daher vertreten, den Inhaber eines Servituts doch als Besitzer des Grundstücks anzuerkennen und in dadurch in den Genuss der Art. 301-304 ZGB zu bringen.[896]

Nach einem anderen Ansatz soll die *actio negatoria* auch dem Inhaber eines Servituts zur Verfügung stehen, und zwar ohne Einschränkungen gegenüber Dritten und dem Eigentümer des dienenden Grundstücks selbst. Die Erhebung dieser Klage stehe ihm aber nicht aufgrund seiner Berechtigung aus dem Servitut zu, sondern bereits kraft seiner Stellung als Eigentümer des herrschenden Grundstücks.[897] Letztlich wird damit im Schutz des Servituts der Schutz des Eigentumsrechts gesehen.

Ausgehend vom Wortlaut des Art. 216 Abs. 4, der alle dinglichen Rechte des Nichteigentümers erfasst, ist nach überwiegender Ansicht zu schließen, dass der Gesetzgeber für den Fall des Servituts die analoge Anwendung der Art. 301-304 ZGB im Sinne hatte.[898] Der Inhaber eines Servituts ist daher nicht schutzlos gestellt, sondern kann insbesondere durch die negatorische Klage gem. Art. 304 ZGB (*actio negatoria*) die Beseitigung jeglicher Beeinträchtigungen seines Rechts erreichen.[899] Diese Analogie erscheint auch insoweit sachgerecht, als die Rechtsfolge erzielt wird, die auch durch Art. 12 Alt. 2 ZGB[900] vorgesehen ist. Letztlich ist in Art. 304 ZGB nur eine spezielle Ausprägung der allgemeinen Regel des Art. 12 Alt. 2 ZGB zu sehen, der auch für den Inhaber eines Servituts gilt.[901] Zwar sind die Vorzüge einer eigenen dinglichen Klage wie der *actio confessoria* sehr verlockend, eine Anwendung ist jedoch aus systematischen Gründen abzulehnen.[902]

C. Verjährung

Die vertraglichen und deliktischen Ansprüche verjähren gem. Art. 196 ZGB nach der allgemeinen Verjährungsfrist, und damit nach drei Jahren.
Für den Beginn der Verjährung ist gem. Art. 200 Abs. 1 ZGB der Zeitpunkt maßgeblich, zu welchem der Betroffene von der Verletzung seines Rechts Kenntnis erlangt oder Kenntnis hätte erlangen müssen. Nur auf diesen Zeitpunkt ist abzustellen.[903] Die regelmäßige Verjäh-

---

gie unterbleibt allerdings, welche jedoch auch nur schwer zu erbringen sein dürfte. Zudem erscheint die praktische Umsetzung kaum vorstellbar. Im Ergebnis wie *Kosarev* auch *Monachov*, PiP 2007, Nr. 5, S. 70 (75).

896 *Kopylov*, Veščnye prava na zemlju, S. 72.

897 *Anan'ev*, Servitutnoe pravo i pravootnošenie, S. 154; in diesem Sinne auch das Föderale Wirtschaftsgericht des Moskauer Bezirks in seinem Urteil v. 1.6.2006, Nr. KG-A40/4626-06 und das Föderale Wirtschaftsgericht des Volgo-Vjatskoer Bezirks v. 1.2.2006, Nr. A43-11089/2005-15-309.

898 *Andreev*, ChiP 2004, Nr. 5, S. 85 (93); auch *Ljušnja*, Zakonodatel'stvo 2006, Nr. 1, S. 17 (20).

899 *Andreev*, ChiP 2004, Nr. 5, S. 85 (93), der den Abbau eines Zaunes, welcher den Durchgang zum Nachbargrundstück versperrt, als Beispiel anführt; auch *Babaev*, Sistema veščnych prav, S. 255 f.

900 Wiederherstellung des Zustandes, der vor der Rechtsverletzung bestanden hat und Unterbindung von Handlungen, die das Recht verletzen oder gefährden.

901 *Larin*, ZR 2007, Nr. 10, S. 23 (25); *Latyev*, Veščnye prava v graždanskom prave, S. 17 f.; *Latyev*, Jurist 2003, Nr. 4, S. 22 (25).

902 *Larin*, ZR 2007, Nr. 10, S. 23 (26). An die Einführung dieser Klageart appellierend *Sergeev* in: *ders.* (Hrsg.), Graždanskoe Pravo 1, S. 792.

903 Präsidiumsurteil des Höchsten Wirtschaftsgerichts der RF v. 20.11.2007, Nr. 9441/07, VVAS RF 2008, Nr. 1, S. 115 (117).

rungsfrist endet damit nicht wie im deutschen Recht (§ 199 Abs. 1 BGB) zwingend am Jahresende.[904]

Der Beseitigungs- und Unterlassungsanspruch gem. Art. 304 ZGB unterliegt nicht der Verjährung, Art. 208 Alt. 4 ZGB. Dies begründet sich einerseits darin, dass der Beseitigungsanspruch solange bestehen muss, wie die Rechtsbeeinträchtigung andauert.[905] Auf die Geltendmachung zu einem bestimmten Zeitpunkt darf es dabei nicht ankommen. Andererseits besteht für eine Verjährung des Beseitigungsanspruchs aus rechtssystematischen Gesichtpunkten kein Bedürfnis. Dies zeigt der Vergleich zum Vindikationsanspruch, für den eine Verjährung erforderlich und deshalb auch normiert ist.[906] Erforderlich ist eine Verjährung in diesem Fall deshalb, da ansonsten ein sicherer und vollständiger Erwerb von Sachen, die dem Eigentümer abhanden gekommen sind, nicht möglich wäre.[907]

904 Vgl. allgemein zu den Besonderheiten des russischen Verjährungsrechts *Sotbarn*, WiRO 2007, Nr. 1, S. 7 ff.

905 *Suchanov* in: *ders.* (Hrsg.), Graždanskoe Pravo II, S. 191; *Sergeev* in: *ders.* (Hrsg.), Graždanskoe Pravo 1, S. 805.

906 Es gilt gem. Art. 196 ZGB die allgemeine Verjährungsfrist von drei Jahren.

907 *Ljušnja*, Zakon 2007, Nr. 2, S. 141 (144).

Kapitel 5. Rechtssituation ausländischer Investoren

Im Rahmen eines Investitionsprojekts eines deutschen oder sonstigen ausländischen Investors in der Russischen Föderation stellen sich neben den gesellschafts- und steuerrechtlichen Fragen auch Probleme hinsichtlich des Immobilienrechts. Dies ist insbesondere dann der Fall, wenn der Investor sein Engagement nicht nur auf eine reine Kapitalbeteiligung an einem Unternehmen richtet, sondern selbst auf dem russischen Markt tätig werden möchte, indem er zum Beispiel einen Produktionsstandort aufzubauen beginnt.

Der Rechtsstatus ausländischer Personen in der Russischen Föderation entspricht grundsätzlich den Rechten und Pflichten russischer Staatsbürger und Rechtspersönlichkeiten. Einschränkungen von diesem Grundsatz können sich aus föderalen Gesetzen ergeben.
Dieser Grundsatz ist verfassungsrechtlich in Art. 62 Abs. 3 VerfRF normiert und für die Zivilgesetzgebung in Art. 2 Abs. 1 ZGB wiederholt. Danach findet die Zivilgesetzgebung auch auf Beziehungen Anwendung, an denen ausländische Staatsbürger und ausländische juristische Personen beteiligt sind, sofern durch föderale Gesetze nicht etwas anderes bestimmt ist.[908]

Art. 15 des Auslandsinvestitionsgesetzes[909] bestimmt, dass sich der Erwerb von Rechten an Grundstücken durch ausländische Investoren nach der Gesetzgebung der Russischen Föderation und ihren Subjekten richtet. Die wichtigsten Regelungen hierzu enthält das Bodengesetzbuch.

Grundsätzlich lässt sich vorwegnehmen, dass ausländische Staatsbürger und ausländische juristische Personen berechtigt sind, Grundstücksrechte in der Russischen Föderation zu erwerben.

A. Pachtrecht

Gem. Art. 22 Abs. 1 BodenGB können Grundstücke auch von ausländischen Personen gepachtet werden. Nach dem Wortlaut der Vorschrift erstreckt sich diese Möglichkeit jedoch nur auf natürliche, nicht hingegen auf juristische Personen. Demgegenüber enthält die Vorschrift des Art. 35 Abs. 5 BodenGB eine weitergehende Regelung. Danach haben auch ausländische juristische Personen, die Eigentümer eines Gebäudes sind, ein Recht auf Pacht am zugrunde liegenden fremden Grundstück. Aus systematischen Erwägungen ist daher der Anwendungsbereich des Art. 22 BodenGB auch auf ausländische juristische Personen zu erstrecken.[910]

---

908 Auch nach Art. 4 des Föderalen Gesetzes „Über den Rechtsstatus ausländischer Personen in der Russischen Föderation" v. 25.7.2002, Nr. 115-FZ, SZ RF 29.7.2002, Nr. 30, Pos. 3032 haben ausländische Bürger die gleichen Rechte und Pflichten wie Bürger der Russischen Föderation, mit Ausnahme der in föderalen Gesetzen vorgesehenen Fällen.

909 Föderales Gesetz „Über ausländische Investitionen in der Russischen Föderation" v. 9.7.1999, Nr. 160-FZ, SZ RF 12.7.1999, Nr. 28, Pos. 3493. Deutsche Übersetzung von *Brockstedt/Kleinbub*, in *Breidenbach* (Hrsg.), Handbuch WiRO, Bd. 3, RUS Nr. 380. Im Folgenden AuslInvG.

910 *Ikonickaja*, FS Boguslavskij, S. 131.

B. Eigentumsrecht

Das Recht von Ausländern und ausländischen juristischen Personen zum Erwerb von Eigentum an Grundstücken richtet sich gem. Art. 5 Abs. 2 BodenGB nach dem Bodengesetzbuch und anderen föderalen Gesetzen.

Ausländische Personen, und zwar sowohl natürliche, als auch juristische, können in der Russischen Föderation Grundstücke zu Eigentum erwerben. Dies ist nicht ausdrücklich gesetzlich normiert, ergibt sich aber aus einigen Vorschriften (Art. 15, 35 Abs. 5 BodenGB u.a.) und entspricht dem oben genannten allgemeinen Grundsatz.[911]
Eine Einschränkung besteht gem. Art. 15 Abs. 3 BodenGB dahingehend, dass ausländische Personen keine Grundstücke zu Eigentum besitzen können, welche sich in Grenzregionen, deren Verzeichnis vom Präsidenten der Russischen Föderation festgelegt wird, sowie in anderen in föderalen Gesetzen bestimmten Gebieten der Russischen Föderation befinden.[912]
Von der allgemeinen Erwerbsmöglichkeit ausgenommen sind auch Grundstücke landwirtschaftlicher Nutzungsart. Gem. Art. 8 BodenGB, Art. 3 des Gesetzes über Grundstücke landwirtschaftlicher Zweckbestimmung kann ausländischen natürlichen und juristischen Personen sowie russischen juristischen Personen mit einer ausländischen Beteiligung am Stammkapital von mehr als 50 % an diesen Grundstücken ein Pachtrecht eingeräumt werden.

Ein Eigentumserwerb von Grundstücken, welche sich in staatlichem Eigentum befinden, kommt insbesondere zu Bauzwecken in Betracht, wofür die Art. 28-32 BodenGB spezielle Regelungen enthalten. In diesen Fällen darf ein Eigentumserwerb nur gegen Entgelt erfolgen, Art. 28 Abs. 5 ZGB.

C. Beschränkt dingliche Rechte

I. Ständiges (unbefristetes) Nutzungsrecht, Erbgrundbesitz auf Lebenszeit

Die Vergabe des ständigen (unbefristeten) Nutzungsrechts oder des Erbgrundbesitzes auf Lebenszeit an natürliche Personen und juristische Personen des Privatrechts ist wie dargestellt nicht möglich, unabhängig davon, ob es sich um russische oder ausländische Rechtspersönlichkeiten handelt.

Was das Recht der ständigen (unbefristeten) Nutzung angeht, so kann ein ausländischer Investor möglichweise im Rahmen der Reorganisation einer russischen juristischen Person durch eine entsprechende Beteiligung an dieser Inhaber des Rechts werden.[913] Gem. Art. 268

911 Nach Art. 7 BodenGB 1991 war ein Eigentumserwerb an Grundstücken, sowie ein Recht auf lebenslangen Erbgrundbesitz an einem Grundstück für ausländische Personen ausgeschlossen.

912 Ein derartiges Verzeichnis hat der russische Präsident bisher nicht erstellt. Nach Art. 3 Abs. 5 EGBodenGB ist aber eine Übereignung von Grundstücken in Grenzgebieten an ausländische Personen nicht zulässig, solange ein solches Verzeichnis noch nicht besteht. Ein Grenzgebiet bestimmt sich in Übereinstimmung mit Art. 3 des Föderalen Gesetzes „Über die Staatsgrenze der Russischen Föderation“ v. 1.4.1993, Unklar ist dabei allerdings, welche rechtlichen Konsequenzen aus einem Verstoß gegen diese Vorschrift erwachsen. Möglicherweise ist ein solches Geschäft wegen Verstoßes gegen ein gesetzliches Verbot gem. Art. 168 ZGB nichtig.

913 Hierzu oben Kapitel 3 B. III. 4.

Abs. 3 ZGB wird das Recht bei der Reorganisation einer juristischen Person auf den Rechtsnachfolger übertragen.
Ein Rechtserwerb kommt auch im Rahmen des Eigentumserwerbs an einem Gebäude in Betracht, dessen zugrunde liegendes Grundstück der Veräußerer auf Grundlage eines der beiden Rechte nutzt.[914]

II. Servitut

Jede ausländische natürliche und juristische Person des Privatrechts kann in Russland das Recht der beschränkten Nutzung, ein Servitut an einem Grundstück erwerben. Dies folgt aus der geltenden Bodengesetzgebung, die keine ausdrücklichen Einschränkungen im Bezug auf den Rechtserwerb durch eine ausländische Person enthält.[915]
Dieser Schluss lässt sich auch aus Art. 5 ImmoRegG ziehen, wonach unter anderem auch Ausländer und ausländische juristische Personen als Eigentümer von Immobilien und Inhaber sonstiger der Registrierung unterliegender Rechte zu den Beteiligten am Registrierungsverfahren gezählt werden.
Letztlich folgt dieses Verständnis auch aus einem „Erst-Recht-Schluss“, da bereits der Eigentumserwerb durch die ausländische Rechtspersönlichkeit möglich ist.

Voraussetzung für die Bestellung eines Servituts ist jedoch, dass die ausländische Person bereits Eigentümerin des Nachbrgrundstückes ist. Sofern die ausländische Person nur Pächterin des Grundstücks ist, scheidet die Bestellung eines Servituts an einem benachbarten Grundstück grundsätzlich aus.[916]

914 Hierzu oben Kapitel 3 B. III. 2, Kapitel 3 C. II. 2.

915 *Ikonickaja*, FS Boguslavskij, S. 129.

916 Vgl. aber oben Kapitel 3 A. II. 7. a. cc.

Kapitel 6. Zukünftige Entwicklung des Sachenrechts – Konzeption 2009

Das junge russische Zivilrecht befindet sich in einem stetigen Wandel. Die gesellschaftliche und wirtschaftliche Entwicklung des Landes erfordert eine kontinuierliche Entwicklung der Gesetzgebung, welche an die Bedürfnisse der Rechtsanwender angepasst werden muss.
Vor diesem Hindergrund hat der russische Präsident Medvedev mit dem Ukaz vom 18. Juli 2008[917] einen Expertenrat namhafter Professoren und Praktiker mit der Erarbeitung einer Konzeption zur Reform des Zivilgesetzbuchs beauftragt.
Dieser Expertenrat hat sich entsprechend der Teilgebiete des Zivilgesetzbuchs in Arbeitsgruppen aufgeteilt und mit der Erarbeitung der Konzeption begonnen.[918]

Die Arbeitsgruppe zur Erarbeitung eines Änderungsvorschlages zum Sachenrecht[919] ist nunmehr zu einem Ende gekommen und hat ihre *Konzeption zur Fortentwicklung des Sachenrechts* vorgestellt und veröffentlicht.[920] Auf Grundlage dieser Konzeption, welche keinen verbindlichen Charakter hat, soll nun eine wissenschaftliche Diskussion begonnen werden.

A. Allgemeines

Mit der vorgelegten Konzeption schlagen die Verfasser eine „vollständig neue Systematik der Gesetzgebung über das Sachenrecht" vor.[921] Von besonderer Bedeutung ist dabei die rechtliche Regelung und Ausgestaltung der beschränkt dinglichen Rechte. Die derzeitige Gesetzeslage zu den beschränkt dinglichen Rechten und deren zunehmende Einschränkung entspreche nicht den wirtschaftlichen Bedürfnissen der Teilnehmer des Rechtsverkehrs. Die Erweiterung und Ergänzung möglicher beschränkt dinglicher Rechte muss vielmehr den vom Gesetzgeber eingeschlagenen Weg zu einer Ausgestaltung grundstücksrechtlicher Beziehungen nur durch Eigentum oder Pacht ersetzen.

B. Änderungsvorschläge bezüglich der beschränkt dinglichen Rechte

Die Regelung der beschränkt dinglichen Rechte soll ausschließlich durch das Zivilgesetzbuch erfolgen.[922]

Der Kreis beschränkt dinglicher Rechte an einem Grundstück soll wesentlich erweitert werden. Zukünftig soll die Nutzung eines fremden Grundstücks auf folgenden rechtlichen Grundlagen möglich sein[923]:

---

917 Präsidentenukaz „Über die Vervollständigung des Zivilgesetzbuchs der Russischen Föderation" v. 18.7.2008, Nr. 1108, SZ RF 21.7.2008, Nr. 29 (Teil 1), Pos. 3482.

918 Vgl. im Überblick gtai-Rechtsnews 2009, Nr. 9, S. 15 f.

919 Ihr angehörend u.a. *Ivanov, Vitrjanski, Ikonickaja, Kozyr', Suchanov, Čubarov.*

920 „Über das Projekt einer Konzeption zur Entwicklung der Gesetzgebung zum Sachenrecht", VVAS RF 2009, Nr. 4, S. 102 ff. Im Internet unter http://www.privlaw.ru/vs_info4.html (Stand: 3.9.2009) einsehbar.

921 *Ivanov* in der Einführung zur Konzeption zum Sachenrecht (russ.), VVAS RF 2009, Nr. 4, S. 102.

922 Konzeption zum Sachenrecht (russ.), VVAS RF 2009, Nr. 4, S. 102 (114 f.).

923 Konzeption zum Sachenrecht (russ.), VVAS RF 2009, Nr. 4, S. 102 (114 f.). Im Fokus der vorliegenden Betrachtung liegen lediglich die dinglichen Nutzungsrechte an einem fremden Grundstück. Weitere dingliche Rechte, welche in der Konzeption vorgeschlagen werden, bleiben außer Betracht.

- Recht der ständigen (unbefristeten) Nutzung eines staatlichen oder kommunalen Grundstücks;
- Recht auf lebenslänglichen Erbbesitz an einem staatlichen oder kommunalen Grundstück;
- Servitut;
- Recht des ständigen Besitzes und der ständigen Nutzung (lat. *emphyteusis*);
- Baurecht;
- persönliches Nutzungs- und Besitzrecht (lat. *usus fructus*).

Die dinglichen Rechtsschutzmöglichkeiten sollen ausschließlich auf die beschränkt dinglichen Rechte anzuwenden sein, nicht hingegen auf andere subjektive Rechte.[924]

I. Änderungsvorschläge im Bezug auf das Servitut

Die Konzeption schlägt eine Reihe von Änderungen im Bezug auf das Servitut vor, welche in einer detaillierteren gesetzlichen Normierung die Grundlage für eine rechtssichere Ausgestaltung entsprechender Grundstücksbeziehungen bieten soll. Im Folgenden sollen die wesentlichen Änderungsvorschläge wiedergegeben werden.

In erster Linie hat eine Klarstellung dahingehend zu erfolgen, dass es sich bei dem geregelten Servitut um eine Grunddienstbarkeit handelt und nicht etwa um eine persönliche Dienstbarkeit.[925] Über die beispielhafte Aufzählung des Art. 274 Abs. 1 ZGB sollte das Gesetz einen ausführlichen Katalog möglicher Servitute enthalten.[926]

Die Bestellung eines Servituts hat in jedem Fall für unbestimmte Zeit zu erfolgen. Dies ergebe sich aus der Voraussetzung der Notwendigkeit einer Bestellung. Ein Servitut soll nur dann bestellt werden können, wenn es für die Nutzung des Grundstücks des künftigen Rechtsinhabers erforderlich ist.[927] Solange die Bestellung eines Servituts für die Grundstücksnutzung des Rechtsinhabers erforderlich ist, muss das Servitut bestehen. Entsprechend soll die vertragliche Vereinbarung einer Befristung nichtig sein.[928]

Für die vertragliche Vereinbarung über die Bestellung des Servituts bedarf es der Normierung des Schriftformerfordernisses. Dies gilt auch für die Vereinbarung über die Aufhebung des Servituts.[929]

Zu klären sei die Frage, zwischen welchen Personen die Vereinbarung über die Bestellung des Servituts zu schließen ist, wenn das entsprechende Grundstück auf Grundlage eines anderen dinglichen Rechts genutzt wird. Vertragspartei könnte insofern der Grundstückseigentümer oder der Inhaber des dinglichen Nutzungsrechts sein. Diese Frage stellt sich insbesondere in Anbetracht des einzuführenden Baurechts.[930] Eine konkrete Beantwortung dieser Frage erfolgt in der Konzeption allerdings nicht.

924 Konzeption zum Sachenrecht (russ.), VVAS RF 2009, Nr. 4, S. 102 (117).
925 Konzeption zum Sachenrecht (russ.), VVAS RF 2009, Nr. 4, S. 102 (144).
926 Konzeption zum Sachenrecht (russ.), VVAS RF 2009, Nr. 4, S. 102 (145).
927 Konzeption zum Sachenrecht (russ.), VVAS RF 2009, Nr. 4, S. 102 (146).
928 Konzeption zum Sachenrecht (russ.), VVAS RF 2009, Nr. 4, S. 102 (147, 149).
929 Konzeption zum Sachenrecht (russ.), VVAS RF 2009, Nr. 4, S. 102 (149).
930 Konzeption zum Sachenrecht (russ.), VVAS RF 2009, Nr. 4, S. 102 (150).

Im Rahmen der Aufhebungsgründe soll der Fall einer Änderung der Nutzungskategorie des Grundstücks Berücksichtigung finden. Im Falle einer solchen Änderung kann die Situation eintreten, dass das Grundstück auf Grund der Belastung durch das Servitut nicht mehr seinem (neuen) Zweck entsprechend genutzt werden kann. Es muss dem Eigentümer des dienenden Grundstücks deshalb ein Anspruch auf Aufhebung zustehen.[931]
Ein zusätzlicher Aufhebungsgrund soll auch dann gegeben sein, wenn der Rechtsinhaber für einen gewissen Zeitraum von seinen Befugnissen keinen Gebrauch gemacht hat.[932] Aus diesem Umstand nämlich folge das Nichtbestehen einer Notwendigkeit dieser Rechtsposition.

Zum Schutz vor Beeinträchtigungen ist auf das Servitut die negatorische Klage anzuwenden.[933]

II. Baurecht

Ein reformiertes russisches Sachenrecht muss nach Auffassung der Verfasser der Konzeption zwingend ein (dingliches) Baurecht im Sinne des römisch-rechtlichen *superficie* beinhalten.[934] Ein solches soll sowohl an privaten, als auch an öffentlichen Grundstücken bestellt werden können.[935]

Ein solches Baurecht soll für einen Zeitraum von mindestens 50 Jahren, jedoch für höchstens 199 Jahre bestellt werden können. Es kann im Wege der Teilrechtsnachfolge oder Universalrechtsnachfolge auf den Rechtsnachfolger übergehen. Das Baurecht und das Recht am Gebäude bilden eine Einheit und können für die Dauer des Baurechts nicht unabhängig voneinander existieren. Die Bestellung des Baurechts soll auf Grundlage eines Vertrages und der staatlichen Registrierung des Rechts erfolgen.[936]

Der Rechtsinhaber soll befugt sein, dass Grundstück zur Errichtung und Nutzung eines Gebäudes zu besitzen und nutzen. Zudem ergibt sich aus dem Baurecht die Befugnis, das errichtete Gebäude zu besitzen und zu nutzen. An dem errichteten Gebäude erwirbt der Grundstückseigentümer das Eigentumsrecht. Nach Beendigung des Baurechts verbleiben Gebäude und Grundstück im Eigentum des Grundstückseigentümers. Eine Entschädigung für das Gebäude erhält der ehemalige Rechtsinhaber nicht.[937]
Das gleiche Schicksal soll auch ein Gebäude treffen, welches auf einem Grundstück errichtet wurde, das der Bauherr auf Grundlage eines Pachtrechts zu nutzen befugt ist. Dieses Ergebnis resultiert zwingend aus dem bereits derzeit verankerten Prinzip des „Einheitlichen Objekts".[938]

Das neu einzuführende Baurecht in diesem vorgeschlagenen Sinne soll sowohl als Grundlage für künftig zu errichtende Gebäude dienen, als auch das Nutzungsverhältnis von bereits be-

931 Konzeption zum Sachenrecht (russ.), VVAS RF 2009, Nr. 4, S. 102 (149).
932 Konzeption zum Sachenrecht (russ.), VVAS RF 2009, Nr. 4, S. 102 (148).
933 Konzeption zum Sachenrecht (russ.), VVAS RF 2009, Nr. 4, S. 102 (150).
934 Als Vorbild wird das im deutschen Recht geregelte Erbbaurecht genannt.
935 Konzeption zum Sachenrecht (russ.), VVAS RF 2009, Nr. 4, S. 102 (154).
936 Konzeption zum Sachenrecht (russ.), VVAS RF 2009, Nr. 4, S. 102 (154).
937 Konzeption zum Sachenrecht (russ.), VVAS RF 2009, Nr. 4, S. 102 (155).
938 Konzeption zum Sachenrecht (russ.), VVAS RF 2009, Nr. 4, S. 102 (156).

stehenden Gebäuden, welche ohne nähere Bestimmung eines Nutzungsrechts auf einem fremden Grundstück errichtet wurden, ausgestalten können.[939]

III. Recht des ständigen Besitzes und der ständigen Nutzung

Als ein weiteres dingliches Recht soll das ebenfalls aus dem Römischen Recht stammende *emphyteusis*, ein ständiges Besitz- und Nutzungsrecht an einem fremden Grundstück normiert werden. Inhalt dieses Rechts ist die Möglichkeit des Rechtsinhabers, das fremde Grundstück zu bewirtschaften und Früchte aus ihm zu ziehen. Es besteht grundsätzlich unbefristet, sofern die Parteien nicht eine Befristung vertraglich festlegen, die jedoch 50 Jahre nicht unterschreiten darf. Es kann ebenfalls im Wege der Teilrechtsnachfolge oder Universalrechtsnachfolge auf den Rechtsnachfolger übergehen.[940]

Es entsteht auf Grundlage eines Vertrages und unterliegt wie alle dinglichen Rechte der staatlichen Registrierung.

Abgesehen von vorübergehenden Bebauungen, welche zur Bewirtschaftung des Grundstücks erforderlich sind, ist der Rechtsinhaber nicht befugt, Gebäude auf dem Grundstück zu errichten.[941]

IV. Umwandlung bestehender dinglicher Rechte

Sofern privaten Personen Grundstücke auf Grund eines ständigen (unbefristeten) Nutzungsrechts oder eines Erbgrundbesitzes auf Lebenszeit überlassen sind, sollen diese Rechte entweder in das Baurecht oder das ständige Besitz- und Nutzungsrecht umgewandelt werden können. Hierzu ist ein entsprechender gesetzlicher Mechanismus zu normieren.[942]

V. Persönliches Nutzungs- und Besitzrecht

In einem neuen Sachenrecht soll ein weiteres Ertragsrecht seinen Platz finden. In Anlehnung an das römisch-rechtliche Institut des *usus fructus* oder den Nießbrauch im deutschen Recht soll die Möglichkeit bestehen, ein persönliches Nutzungs- und Besitzrecht zu erwerben. Gegenstand dieses Rechts, welches ausschließlich zu nichtkommerziellen Zwecken bestellt werden kann, können sowohl bewegliche und unbewegliche Sachen, als auch Rechte sein.[943]

Der Rechtsinhaber ist berechtigt, den fremden Gegenstand zu besitzen und zu nutzen und alle entsprechenden Vorteile aus ihm zu ziehen. Im Unterschied zum Baurecht gewährt das persönliche Nutzungs- und Besitzrecht keine Befugnis, den Rechtsgegenstand in seiner wirtschaftlichen Beschaffenheit zu verändern.[944]

In seiner Eigenschaft als persönliches subjektives Recht ist es nicht übertragbar und kann auch nicht mit Zustimmung des Eigentümers veräußert werden.

939 Konzeption zum Sachenrecht (russ.), VVAS RF 2009, Nr. 4, S. 102 (156).

940 Konzeption zum Sachenrecht (russ.), VVAS RF 2009, Nr. 4, S. 102 (156).

941 Konzeption zum Sachenrecht (russ.), VVAS RF 2009, Nr. 4, S. 102 (157).

942 Konzeption zum Sachenrecht (russ.), VVAS RF 2009, Nr. 4, S. 102 (158).

943 Konzeption zum Sachenrecht (russ.), VVAS RF 2009, Nr. 4, S. 102 (159).

944 Konzeption zum Sachenrecht (russ.), VVAS RF 2009, Nr. 4, S. 102 (160).

Im Bezug auf Grundstücke entsteht und endet das persönliche Besitz- und Nutzungsrecht mit der entsprechenden Registrierung im Immobilienregister.[945]

C. Bewertung

Insgesamt enthält die Konzeption in Bezug auf die bestehende Gesetzeslage zu den beschränkt dinglichen Rechten begrüßenswerte Änderungsvorschläge. Größtenteils werden in der Konzeption verschiedene Forderungen und Reformvorschläge zusammengefasst, welche in der Literatur immer wieder erhoben und kundgetan wurden. Nun sind diese Reformansätze in einem offiziellen Vorschlag niedergeschrieben und sollen die Grundlage einer wissenschaftlichen Diskussion bieten. Es bleibt abzuwarten, was diese Diskussion bringen wird, und ob und in welcher Form ein Reformvorschlag letztlich als Gesetzesentwurf auf den Weg gebracht wird.[946]

945 Konzeption zum Sachenrecht (russ.), VVAS RF 2009, Nr. 4, S. 102 (160).

946 Angesichts der jüngsten Entwicklungstendenz des russischen Gesetzgebers besteht nur eine gedämpfte Erwartungshaltung hinsichtlich einer grundlegenden Reformierung des russischen Sachenrechts, so die Einschätzung von *Prof. E. A. Suchanov* in einem Gespräch am 25. Juni 2009.

Gesamtbetrachtung

Das russische Immobilien- und besonders das Grundstücksrecht ist im Vergleich zu den meisten europäischen Rechtsordnungen durch einige Besonderheiten gekennzeichnet. Angesichts des Systemwandels Anfang der 90iger Jahre des letzten Jahrhunderts ist es in seiner Entwicklung noch in einem frühen Stadium. Mit Verabschiedung des Bodengesetzbuchs 2001 erfolgte die Regelung und Neuausrichtung verschiedener grundstücksrechtlicher Fragen. Bedauerlicher Weise konnte das Bodengesetzbuch die in es gesetzte Erwartungen nicht erfüllen und viele Regelungsbereiche nicht zufriedenstellend regeln. So erklärt sich die große Zahl von Gesetzesänderungen sowohl im Zivilgesetzbuch als auch im Bodengesetzbuch und anderen zivil- und bodenrechtlichen Gesetzen, welche das Grundstücksrecht zum Gegenstand haben. Dabei ist festzustellen, dass die durch das Bodengesetzbuch vorgegebene Rechtslage zunehmend auch im Zivilgesetzbuch verwirklicht wird. So wurden durch das Änderungsgesetz Nr. 118-FZ vom 26. Juni 2007 einige grundlegende Widersprüche zwischen den beiden Gesetzbüchern aufgehoben und das Zivilgesetzbuch an das Bodengesetzbuch angeglichen.

Diese Entwicklung der Vereinheitlichung der Rechtslage in beiden Gesetzbüchern ist grundsätzlich zu begrüßen. Dennoch bleibt es derzeit dabei, dass grundstücksrechtliche Fragen und Regelungsbereiche zivilrechtlicher Natur sowohl im Zivilgesetzbuch, als auch im Bodengesetzbuch normiert sind. Aus Gründen der Systematik ist es jedoch unabdingbar, zivilrechtliche Regelungsgegenstände abschließend durch die Zivilgesetzgebung zu regeln und damit dem russischen Grundstücksrecht zu mehr Transparenz und Stabilität zu verhelfen.

Im Zusammenhang mit der Entwicklung der Gesetzgebung ist die Rechtsprechung insbesondere der Wirtschaftsgerichte von Bedeutung und daher zu beachten. Dabei muss berücksichtigt werden, dass der Beschluss des Plenums des Höchsten Wirtschaftsgerichts der RF Nr. 11 vom 24. März 2005 die letzte umfassende höchstrichterliche Stellungnahme zu den grundstücksrechtlichen Fragestellungen und Problemen ist. Seit diesem Beschluss hat das Höchste Wirtschaftsgericht nur noch zu einzelnen Fragen entschieden, die wichtigen und in der Wissenschaft teils heftig diskutierten Probleme hingegen unkommentiert gelassen. Eine konsequente und starke Rechtsprechung und deren Einfluss auf die Gesetzgebung ist jedoch für die Entwicklung der Gesetzeslage von elementarer Bedeutung. In Russland ist aber weder eine solche Rechtsprechung, noch ein entsprechender Mechanismus zwischen der Rechtsprechung und der Gesetzgebung festzustellen, woraus sich die teils niedrige Qualität der russischen Gesetze erklären lässt.[947]

Eine der wesentlichen Besonderheiten des russischen Grundstücksrechts ist in der möglichen Trennung von Grundstücks- und Gebäudeeigentum zu sehen. Wie gezeigt können auch nach der geltenden Gesetzeslage Gebäude- und Grundstückseigentum auseinanderfallen. Mit Art. 1 Abs. 1 Pkt. 5 BodenGB wurde jedoch mit dem grundlegenden Prinzip der Vereinheitlichung beider Immobilienobjekte die Voraussetzung für die Einführung des römisch-rechtlichen Prinzips des *superficies solo cedit* geschaffen. Ein endgültiges Erreichen dieser Zielsetzung setzt jedoch neben einigen grundsätzlichen Gesetzesänderungen die Regelung eines dem deutschen Erbbaurecht vergleichbaren Baurechts voraus.[948]

947 Erfreulich deutlich und kritisch *Ivanov*, ŽRP 2005, Nr. 4, S. 3 (4).

948 *Suchanov*, ĖP 2003, Nr. 1, S. 50 (53); *ders.*, ŽRP 2006, Nr. 12, S. 42 (50).

Sofern ein Gebäudeeigentümer nicht auch Grundstückseigentümer ist, wird sein Nutzungsrecht am Grundstück in den letzten Jahren insbesondere im Bereich der gewerblichen Grundstücksnutzung in der Regel als ein langfristiges Pachtverhältnis ausgestaltet.[949]
Auch wenn sich die Praxis mit dieser Konstruktion zufrieden gibt, so erscheint sie aus rechtssystematischer Sicht doch bedenklich. Unklar ist, wie dem Gebäudeeigentümer die Realisierung seines Rechts garantiert wird. Wenn ihm das Nutzungsrecht am Grundstück in Form eines Pachtrechts ausgestaltet ist, so steht seinem dauerhaften Eigentumsrecht am Gebäude nur ein befristetes Nutzungsrecht an dem seinem Gebäude zugrunde liegenden Grundstück zu.[950] Welches Schicksal das Eigentumsrecht am Gebäude nach Ablauf des Pachtrechts am zugrunde liegenden Grundstück hat, ist nicht geklärt. Nach den Fundamentalprinzipien der Zivilgesetzgebung gem. Art. 1 Abs. 1 ZGB ist das Eigentum jedenfalls unantastbar.
Sofern sich das Grundstück in staatlichem oder kommunalem Eigentum befindet, hat der Gebäudeeigenümer gem. Art. 36 Abs. 1 S. 2 BodenGB ein Recht auf Privatisierung und damit auf Erwerb des Eigentums am zugrunde liegenden Grundstück. Hinsichtlich der Geltendmachung dieses Anspruchs in der Praxis können jedoch die angesprochenen Schwierigkeiten auftreten, wenn die zuständige Behörde das Grundstück nicht privatisieren möchte.
Wenn sich das Grundstück in Privateigentum befindet, so hat der Gebäudeeigentümer lediglich ein vorrangiges Recht zur Verlängerung des Pachtverhältnisses, Art. 621 Abs. 1 ZGB.

Letztlich kann aus diesen Gründen eine schuldrechtliche Nutzungsgrundlage nicht den Interessen eines Gebäudeeigentümers entsprechen. Ein rechtssicheres Nutzungsverhältnis kann aus seiner Sicht nur ein dingliches Nutzungsrecht darstellen.[951]

Im Rahmen des Grundstücksrechts sind die beschränkt dinglichen Rechte insgesamt nur in wenigen Gesetzesartikeln und damit äußerst knapp geregelt. Mit den dargestellten dinglichen Nutzungsrechten an einem fremden Grundstück, dem ständigen (unbefristeten) Nutzungsrecht, dem Erbgrundbesitz auf Lebenszeit und dem Servitut kennt die russische Rechtsordnung nur drei dingliche Rechtsinstitute in diesem Sinne. Mit dem Bodengesetzbuch und verschiedenen Änderungsgesetzen zum Zivilgesetzbuch wurden diese beschränkt dinglichen Nutzungsrechte zudem weiter beschränkt. Ein Erwerb insbesondere des ständigen (unbefristeten) Nutzungsrechts und des Erbgrundbesitzes auf Lebenszeit ist nur noch durch bestimmte Personen und nur noch in bestimmten Fällen möglich. Für den Privatrechtsverkehr scheidet ein Neuerwerb dieser Rechte sogar ganz aus. Darüber hinaus sind Rechtsinstitute wie der Nießbrauch, das Erbbaurecht oder die Reallast dem russischen Recht überhaupt nicht bekannt. Im Gegensatz zu einer Ausgestaltung und Differenzierung grundstücksrechtlicher Beziehungen und Nutzungsverhältnisse verfolgt der russische Gesetzgeber die klare Tendenz zur Regelung grundstücksrechtlicher Verhältnisse auf der Grundlage von Eigentum und Pacht.

Dies gelingt allerdings nicht mit letzter Konsequenz, wovon die Erwähnung eines unbstimmten Nutzungsrechts - des Allgemeinen Nutzungsrechts – an verschiedenen Stellen des Zivilgesetzbuchs und des Bodengesetzbuchs zeugt. In diesen Regelungsbereichen ist sich der Gesetzgeber offenbar eines Regelungsbedarfes bewusst, verzichtet aber auf eine systematisch klare Regelung.

---

949 Vgl. *Arzinger/Galander*, Russisches Wirtschaftsrecht, S. 293.

950 *Torkin*, Notarius 2008, Nr. 5, S. 18.

951 *El'nikova*, Civilist 2007, Nr. 2, S. 43 (49); ebenso *Suchanov* in: *Litovkin/Suchanov/Čubarov* (Hrsg.), S. 44.

Diese Vereinfachungsabsichten hinsichtlich des Instituts der dinglichen Nutzungsrechte erscheinen vor allem aus praktischer Sicht höchst zweifelhaft, und werden den Entwicklungsperspektiven des Immobilienverkehrs nicht gerecht. Die Entwicklung des russischen Grundstücksmarktes führt mehr und mehr zu unterschiedlichen und komplexen Regelungsinteressen. Deshalb ist nicht eine Einschränkung, sondern eine Erweiterung der grundstücksrechtlichen Gestaltungsmöglichkeiten erforderlich.[952] Deutlich zeigt sich dies in der nur schleppend vorangehenden Umwandlung des ständigen (unbefristeten) Nutzungsrechts und des Erbgrundbesitzes auf Lebenszeit und die bereits mehrfache Fristverlängerung diesbezüglich. Offensichtlich wollen die Rechtsinhaber ihre dingliche Rechtsposition nicht aufgeben.

Ein marktwirtschaftliches Zivilrecht sollte den Bürger in seinem Mittelpunkt sehen, der als selbstständiges eigenverantwortliches Rechtssubjekt einen Freiraum zur Entfaltung seiner rechtlichen Interessen benötigt. Wenn das Wirtschaftsleben durch das Zusammenwirken freier Individuen geprägt sein soll, so muss die Rechtsordnung die entsprechenden Rechtsinstitute zur Verfügung stellen und deren Anwendung und Ausübung gewährleisten.

Die Abschaffung der dinglichen Nutzungsrechte gibt Anlass zu Bedenken. Der nur langsam vorangehende Privatisierungsprozess und die gleichzeitige Beschränkung dinglicher Nutzungsrechte führt nicht zu einem einfachen, sicheren oder gar transparenten Grundstücksverkehr[953], sondern vielmehr zu einer Monopolisierung des Immobilienmarktes.[954] Zudem kann in Anbetracht der Tatsache, dass die Bedingungen eines Pachtverhältnisses von den staatlichen Behörden vorgegeben werden können, nicht von Rechtssicherheit oder –klarheit, sondern wohl treffender von Rechtlosigkeit gesprochen werden.[955]
Die Reduzierung der grundstücksrechtlichen Rechtspositionen auf Pacht oder Eigentum, welche seit Einführung des Bodengesetzbuchs 2001 angestrebt wird, muss daher als gescheitert betrachtet werden.[956]

Notwendig ist demgegenüber eine Fortentwicklung der dinglichen Nutzungsrechte und eine rechtliche Ausgestaltung nach den vergleichbaren Rechtsinstituten des römischen Rechts. In diesem Sinne sind die Institute des Nießbrauchs, des Baurechts und der Reallast in die Zivilgesetzgebung einzuführen.[957]
Im Bezug auf das Servitut ist zudem eine Reihe von Klarstellungen erforderlich, welche durch ein detaillierteres Regelungswerk erreicht werden können.[958]

---

952 *Suchanov*, ĖP 2003, Nr. 1, S. 50 (52); *ders.*, ChiP 2005, Nr. 1, S. 5 (12, Fn. 16); *Ivanov*, VGP 2007, Nr. 2, S. 18 (25); in diesem Sinne jüngst die *Konzeption zur Fortentwicklung des Sachenrechts*, vgl. dazu Kapitel 6.

953 So die Beurteilung von *Fleck*, Privates Grundeigentum, S. 164, 167.

954 *Dovlatova*, Zakonodatel'stvo 2007, Nr. 8, S. 38 (42).

955 *Dovlatova*, Zakonodatel'stvo 2007, Nr. 8, S. 38 (42).

956 *Ivanov*, VGP 2007, Nr. 2, S. 18 (25). Nach anderer Ansicht sind die möglichen Nutzungsrechte, die durch das Bodengesetzbuch vorgesehen sind (Eigentum, Pacht, befristete unentgeltliche Nutzung), zur rechtlichen Ausgestaltung grundstücksrechtlicher Beziehungen ausreichend, *Mirošnikova* in: *Sergeev* (Hrsg.), Graždanskoe Pravo 1, S. 776; *Pevnicki*, Notarius 2004, Nr. 1, S. 23 (25).

957 Statt aller *Suchanov*, Kodifikacija zakonodatel'stva o veščnom prave, S. 93.

958 So wäre die Regelung verschiedener Arten von Grunddienstbarkeiten, u.a. die gesetzliche Normierung der „negativen Servitute" wünschenswert, wodurch auch das Unterlassen von Handlungen Inhalt eines Servituts sein könnte, *Suchanov* in: *Litovkin/Suchanov/Čubarov* (Hrsg.), S. 77.

Eine Vielzahl von beschränkt dinglichen Rechten an einem Grundstück erfordert auch eine Regelung im Bezug auf das Rangverhältnis mehrerer dieser Rechte an einer Sache. Eine diesbezügliche Regelung enthält das russische Recht jedoch nicht.

Aus dogmatischer Sicht ist zu bemängeln, dass die geltende Gesetzgebung zu den subjektiven Rechten in einigen Regelungsbereichen nicht konsequent nach dem dinglichen oder schuldrechtlichen Charakter des entsprechenden Rechts unterscheidet. So wird beispielweise der dingliche absolute Besitzschutz nach Art. 305 ZGB auch auf schuldrechtliche Verhältnisse angewandt.

Hinsichtlich des Immobilienregisters bestehen einerseits einige Unterschiede zum deutschen Grundbuch und andererseits ein Reformbedarf in dessen rechtlicher Ausgestaltung. So schützt das russische Immobilienregister (noch) nicht den guten Glauben an die Richtigkeit seines Inhalts, weshalb ein gutgläubiger Erwerb insofern ausscheidet. Zudem ist der Inhalt des Registers im Übrigen nicht zu 100 % verlässlich und vollständig. Das Immobilienregister wurde erst Im Jahre 1997 eingerichtet. Die bis dahin existierenden Register wurden weder einheitlich, noch vollständig, noch ordnungsgemäß chronologisch geführt. Rechte, die vor Inkrafttreten des Immobilienregistergesetzes, also vor dem 31. Januar 1998, begründet wurden, unterliegen keiner nachträglichen Registrierung. Im Sinne einer Verbesserung der Verkehrssicherheit sind im Zusammenhang des Registerrechts Klarstellungen ebenso wünschenswert wie wichtig.

Literaturverzeichnis

Die kyrillischen Buchstaben der russischen Autoren und Titel der jeweiligen Publikation sind nach DIN 1460 transliteriert.[959] Dies gilt nicht für die Namen der russischen Autoren, welche im Ausland publiziert haben und deren Namen nicht entsprechend DIN 1460 transliteriert sind.

Aufsätze

Achmadgazizov, I. S.
Problemy regulirovanija ograničennych veščnych prav na zemlju (Regulierungsprobleme beschränkt dinglicher Rechte an Grund und Boden)
Pravovye Voprosy Nedvižimosti 2008, Heft Nr. 1, S. 12
zitiert: *Achmadgazizov*, PVN 2008, Nr. 1, S.

ders.
Problemy perexoda veščnych prav na ob''ekty nedvižimosti pri ispolnenii dogovora kupli-prodaži nedvižimosti (Probleme des Übergangs dinglicher Rechte an Immobilienobjekten bei der Erfüllung eines Immobilienkaufvertrags)
Notarius 2007, Heft Nr. 1, S. 33
zitiert: *Achmadgazizov*, Notarius 2007, Nr. 1, S.

Achmet'janova, Zamira Asrarovna
Vescnye prava v graždanskom prave Rossii (Dingliche Rechte im Zivilrecht Russlands)
Civilist 2006, Heft Nr. 1, S. 28
zitiert: *Achmet'janova*, Civilist 2006, Nr. 1, S.

Adamovič, G. L./Voinov, V. V./Možaev, I. S./Nuržinski, D. V./Chaustov, D. V./Šapovalov, S. Ju.
Problemy Pereoformlenie prava postojanogo (bessročnogo) pol'zovanija na zemlju (Probleme der Umwandlung des ständigen (unbefristeten) Nutzungsrechts an Grund und Boden)
Ėkologičeskoe Pravo 2005, Heft Nr. 2, S. 18
zitiert: *Adamovič (u.a.)*, ĖP 2005, Nr. 2, S.

Adichanov, F. Ch.
Sootnošenie norm graždanskogo prava i norm zemel'nogo prava v regulirovanii zemel'nych otnošeni v uslovijach rynka zemli (Das Verhältnis der Normen des Zivilrechts und der Normen des Bodenrechts in der Regulierung grundstücksrechtlicher Beziehungen unter den Bedingungen des Grundstücksmarkts)
Gosudarstvo i Prava 2001, Heft Nr. 1, S. 32
zitiert: *Adichanov*, GiP 2001, Nr. 1, S.

959 Vgl. Duden Band 1, Die deutsche Rechtsschreibung, 25. Auflage, Mannheim 2009, S. 139.

Amelina, N. E.
Priobretenie graždanami zemel'nych učastkov v sobstvennost': pereoformlenie prava požiznennogo nasleduemogo vladenija (Eigentumserwerb an Grundstücken durch Bürger: Umwandlung des Rechts auf lebenslangen Erbgrundbesitz)
Graždanskoe Pravo 2008, Heft Nr. 2, S. 27
zitiert: *Amelina*, GP 2008, Nr. 2, S.

Andreev, Ju.
Zemel'nye prava graždan i kommerčeskich organiszaci (Bodenrechte von Bürgern und kommerziellen Organisationen)
Chozjajstvo i Pravo 2009, Beilage zu Heft Nr. 6
zitiert: *Andreev*, ChiP-P 2009, Nr. 6, S.

ders.
O servitutach (Über die Servitute)
Chozjajstvo i Pravo 2004, Heft Nr. 5, S. 85
zitiert: *Andreev*, ChiP 2004, Nr. 5, S.

Anisimov, A. P.
Čast zemel'nogo učastka kak ob''ekt zemel'nych otnošeni: kritičeski analiz (Ein Grundstücksteil als Objekt bodenrechtlicher Beziehungen: eine kritische Analyse)
Rossiskaja Justicia 2007, Heft Nr. 12, S. 23.
Zitiert: *Anisimov*, RJu 2007, Nr. 12, S.

Anisimov, A./Melichov, A
Pravovoj Režim zemel'nych učastkov (Rechtliche Regelung von Grundstücken)
Pravo i Ėkonomika 2008, Heft Nr. 12, S. 4
zitiert: *Anisimov/Melichov*, PiĖ 2008, Nr. 12, S.

Anisimov, A./Vasil'čuk, Ju.
Ob učastii graždan i ich ob''edineni v rešenii voprosov zemlepol'zovanija i zastrojki (Über die Beteiligung von Bürgern und deren Vereinigungen an Entscheidungen über Fragen der Bodennutzung und Bebauung)
Chozjajstvo i Pravo 2008, Heft Nr. 7, S. 59
zitiert: *Anisimov/Vasil'čuk*, ChiP 2008, Nr. 7, S.

Arnold, Hans
Zivilgesetzbuch der Russischen Föderation im Entstehen
Recht der internationalen Wirtschaft 1995, Heft Nr. 11, S. 897
zitiert: *Arnold*, RIW 1995, S.

Babtaeva, S. Ju.
Individual'naja obredelennost' ob''ekta veščnych prav (Individuelle Bestimmtheit des Objekts dinglicher Rechte)
Zakonodatel'stvo 2008, Heft Nr. 2, S. 14
zitiert: *Babtaeva*, Zakonodatel'stvo 2008, Nr. 2, S.

Badulin, Oleg Gennad'evič
Nekotorye aspekty pravovogo regulirovanija zemel'nych servitutov (Einige Aspekte der rechtlichen Regulierung von grundstücksbezogenen Servituten)
Arbitražnaja Praktika 2007, Heft Nr. 6, S. 41
zitiert: *Badulin*, AP 2007, Nr. 6, S.

Badulin, O.
Čast' zemel'nogo učastka kak ob''ekt zemel'nych otnošeni (Ein Grundstücksteil als Objekt von Bodenbeziehungen)
Chozjajstvo i Pravo 2006, Heft Nr. 1, S. 86
zitiert: *Badulin*, ChiP 2006, Nr. 1, S.

Bakunina, T. S./Zemljakova, G. L./Židomorov, V. A.
Zemel'nyj kodeks RF: problemy teorii i praktiki (Das Bodengesetzbuch der RF: Probleme der Theorie und Praxis)
Gosudarstvo i Pravo 2002, Heft Nr. 10, S. 80
zitiert: *Bakunina/Zemljakova*, GiP 2002, Nr. 10, S.

Baller, Oesten
Russische Föderation: Präsidialukaze zum Steuerrecht und zur Rechtsangleichung an die neue Verfassung
Wirtschaft und Recht in Osteuropa 1994, Heft 7, S. 260
zitiert: Baller, WiRO 1994, S.

Baranova, Elena A.
Russische Föderation: Eigentumserwerb an unbeweglichem Vermögen durch Kaufvertrag
Recht der internationalen Wirtschaft 2005, Heft Nr. 1, S. 39
zitiert: *Baranova*, RIW 2005, S.

dies.
K voprosu o ponjatii edinogo ob''ekta nedvižimosti v graždanskom prave Germanii (Zur Frage des Verständnisses eines einheitlichen Immobilienobjekts im Zivilrecht Deutschlands)
Zakonodatel'stvo i Ėkonomika 2004, Heft Nr. 12, S. 72.
zitiert: *Baranova*, ZiĖ 2004, Nr. 12, S.

Bobin, P. N.
O pereoformleni prav postojannogo (bessročnogo) pol'zovanija zemel'nymi učastkami (Über die Umwandlung der ständigen (unbefristeten) Nutzungsrechte an Grundstücken)
Zakon 2007, Heft Nr. 1, S. 95
(Anm.: es handelt sich bei dieser Publikation offensichtlich um eine größtenteils wortgleiche Neuauflage des gleichlautenden Aufsatzes in *Pravovye Voprosy Nedvižimosti* 2005, Heft Nr. 2, S. 21, worauf der Verfasser freilich nicht hinweist)
zitiert: *Bobin*, Zakon 2007, Nr. 1, S.

Breig, Burkhard
Dingliche Rechte Privater an nichtlandwirtschaftlichen Grundstücken in Russland
Wirtschaft und Recht in Osteuropa 2002, Heft Nr. 2, S. 33
zitiert: *Breig*, WiRO 2002, S.

Brendel, Thomas J.
Die allgemeinen Grundsätze im neuen Zivilgesetzbuch der Russischen Föderation
Jahrbuch für Ostrecht 1995, 2. Halbband, S. 205
zitiert: *Brendel*, JOR 1995, S.

Char'kov, V.
Pravovoe regulirovanie zemel'nych servitutov v graždanskom i zemel'nom zakonodatel'stve (Rechtliche Regulierung grundstücksbezogener Servitute in der Zivil- und Bodengesetzgebung)
Chozjajstvo i Pravo 2000, Heft Nr. 9, S. 29
zitiert: *Char'kov*, ChiP 2000, Nr. 9, S.

Chochlov, S. A.
Pravo sobstvennosti i drugie veščnye prava (Eigentumsrecht und andere dingliche Rechte)
Vestnik Vysšego Arbitražnogo Suda RF 1995, Heft Nr. 8, S. 118
zitiert: *Chochlov*, VVAS RF 1995, Nr. 8, S.

Degtev, Aleksej Vladimirovič
Zemlja – ob''ekt zemel'nych i graždanskich pravootnošeni (Grund und Boden – Objekt bodenrechtlicher und zivilrechtlicher Beziehungen)
Pravo i Ėkonomika 2005, Heft Nr. 8, S. 54
zitiert: *Degtev*, PiĖ 2005, Nr. 8, S.

Derjugina, Tat'jana Viktorovna
Ob''ekty servitutnogo pravootnošenija (Objekte eines Servituts)
Žurnal Rossiskogo Prava 2001, Heft Nr. 5, S. 44
zitiert: *Derjugina*, ŽRP 2001, Nr. 5, S.

Dikusar, V. M.
Spornye voprosy, svjazannye s perexodom prava na zemel'nyj učastok (Strittige Fragen im Zusammenhang mit dem Übergang der Rechte am Grundstück)
Pravovye Voprosy Nedvižimosti 2005, Heft Nr. 2, S. 27
zitiert: *Dikusar*, PVN 2005, Nr. 2, S.

Dmitriev, A.
Častnyj servitut – problemy pravoprimenenija v uslovijach gorodskogo zemlepol'zovanija (Privates Servitut – Probleme der Rechtsanwendung in Verhältnissen städtischer Bodennutzung)
Chozjajstvo i Pravo 2005, Heft Nr. 9, S. 49
zitiert: *Dmitriev*, ChiP 2005, Nr. 9, S.

Dovlatova, E. V.
Osobennosti regulirovanija „edinogo ob''ekta nedvižimosti" i ob''ektov nedvižimosti, svjazannych „edinoj sud'boj" (Besonderheiten der Regulierung eines „einheitlichen Immobilienobjekts" und Immobilienobjekten, die durch ein „einheitliches Schicksal" verbunden sind)
Zakonodatel'stvo 2007, Heft Nr. 8, S. 38
zitiert: *Dovlatova*, Zakonodatel'stvo 2007, Nr. 8, S.

Dozortsev, Viktor A.
Trends in the development of Russian Civil Legislation during the transition to a market economy
Review of Central and East European Law 1993, Volume 19, No. 5, p. 513
zitiert: *Dozortsev,* RCEEL 1993, S.

Efimova, L. G.
O sootnošenii veščnych i objazatel'stvennych prav (Über das Verhältnis dinglicher und obligatorischer Rechte)
Gosudartsvo i Pravo 1998, Heft Nr. 10, S. 35
zitiert: *Efimova*, GiP 1998, Nr. 10, S.

Efremova, O. N.
Spory po pravam na zemel'nye učastki (Streitigkeiten über Rechte an Grundstücken)
Žiliščnoe Pravo 2008, Heft Nr. 8, S. 69
zitiert: *Efremova*, ŽP 2008, Nr. 8, S.

El'nikova, Elena Vasil'evna
Pravo postojanogo (bessročnogo) pol'zovanija: novelly i problemy pravoprimenenija (Ständiges (unbefristetes) Nutzungsrecht: Gesetzesnovellen und Probleme der Rechtsanwendung)
Zakony Rossii: opyt, analiz, praktika 2007, Heft Nr. 10, S. 10
zitiert: *El'nikova*, ZR 2007, Nr. 10, S.

dies.
O pravach zastrojščika na čužoj zemel'nyj učastok v sovremennom rossiskom zakonodatel'stve (Über die Rechte des Bauherrn am fremden Grundstück in der gegenwärtigen russischen Gesetzgebung)
Civilist 2007, Heft Nr. 2, S. 43
zitiert: *El'nikova*, Civilist 2007, Nr. 2, S.

dies.
Problemy realizacii prinzipa edinoj sud'by zemel'nych učastkov i pročno svjazannych s nimi ob''ektov (Realisierungsprobleme des Prinzips eines einheitlichen Schicksals von Grundstücken und fest damit verbundenen Objekten)
Bjulleten' notarial'noj praktiki 2005, Heft Nr. 4, S. 28
zitiert: *El'nikova,* BNP 2005, Nr. 4, S.

Emel'janov, V. S.
K voprosu o tolkovani p.1 st. 35 Zemel'nogo kodeksa RF (Zur Frage der Auslegung des Art. 35 Abs. 1 Bodengesetzbuch der RF)
Graždanin in Pravo 2007, Heft Nr. 6, S. 46
zitiert: *Emel'janov*, GriP 2007, Nr. 6, S.

Erš, A.
Nekotorye problemy otkaza ot pravo postojannogo (bessročnogo) pol'zovanija i prava požiznennogo nasleduemogo vladenija zemel'nym učastkom (Einige Probleme des Verzichts auf das ständige (unbefristete) Nutzungsrecht und das Recht auf lebenslangen Erbgrundbesitz an einem Grundstück)

Chozjajstvo i Pravo 2006, Heft Nr. 10, S. 28
zitiert: *Erš*, ChiP 2006, Nr. 10, S.

Feldbrugge, F. J. M.
The New Civil Code of the Russian Federation
Review of Central and East European Law 1995, Volume 21, Nos. 3-4, p. 237
zitiert: *Feldbrugge*, RCEEL 1995, S.

Gabbasov, R. A.
Kačestvo zakona i voprosy regulirovanija oborota nedvižimosti (Die Qualität des Gesetzes und Fragen der Regulierung des Immobilienverkehrs)
Pravovye Voprosy Nedvižimosti 2005, Heft Nr. 2, S. 3
zitiert: *Gabbasov*, PVN 2005, Nr. 2, S.

Galinovskaja, Elena Anatol'evna
O pravovych osobennostjach obrazovanija zemel'nogo učastka (Über die rechtlichen Besonderheiten der Bildung eines Grundstücks)
Chozjajstvo i Pravo 2009, Heft Nr, 1, S. 11
zitiert: *Galinovskaja*, ChiP 2009, Nr. 1, S.

dies.
K voprosu ob oformleni prav na zemel'nye učastki (Zur Frage über die Ausgestaltung von Rechten an Grundstücken)
Pravo i Ėkonomika 2003, Heft Nr. 1, S. 94.
zitiert: *Galinovskaja*, PiĖ 2003, Nr. 1, S.

Gerasin, Sergej
Sroki i stoimost' pereoformlenija prav na zemel'nye učastki i raspoložennye na nich inye ob''ekty kak rasdel'nuju nedvižimost' (Fristen und Kosten der Umwandlung von Rechten an Grundstücken und darauf befindlichen Objekten als getrennte Immobilien)
Chozjajstvo i Pravo 2008, Heft Nr, 2, S. 71
zitiert: *Gerasin*, ChiP 2008, Nr, 2, S.

ders.
Die Anpassung des Sachenrechts der DDR an das der Bundesrepublik Deutschland: Deutsche Erfahrungen für Russland?
Wirtschaft und Recht in Osteuropa 2005, Heft 10, S. 297
zitiert: *Gerasin*, WiRO 2005, S.

Getalova, M. A.
Nekotorye voprosy primenenija zemel'nogo i graždanskogo zakonodatel'stva (Einige Fragen der Anwendung der Boden- und Zivilgesetzgebung)
Zakonodatel'stvo i Ėkonomika 2005, Heft Nr. 4, S. 41
zitiert: *Getalova*, ZiĖ 2005, Nr. 4, S.

Gorochov, D. B.
Gosudarstvennaja registracija prav na zemel'nyj učastok kak vid nedvižimogo imuščestva (Die staatliche Registrierung von Rechten an einem Grundstück als Form unbeweglichen Vermögens)
Zakonodatel'stvo i Ėkonomika 2002, Heft Nr. 6, S. 8, Heft Nr. 7, S. 10
zitiert: *Gorochov*, ZiĖ 2002, Nr., S.

Grechova, E. A.
Zemel'nyj učastok kak ob''ekt nedvižimogo imuščestva (Das Grundstück als Objekt unbeweglichen Vermögens)
Pravo i Politika 2007, Heft Nr. 5, S. 141
zitiert: *Grechova*, PiP 2007 Nr. 5, S.

Grišaev, Sergej Pavlovič
Osobennosti pravovogo režima nedvižimosti (Besonderheiten der rechtlichen Regelung von Immobilien)
Civilist 2007, Heft Nr. 3, S. 27
zitiert: *Grišaev*, Civilist 2007, Nr. 3, S.

ders.
Gosudarstvennaja registracija veščnych prav (Die staatliche Registrierung dinglicher Rechte)
Žurnal Rossiskogo Prava 2006, Heft Nr. 10, S. 85
zitiert: *Grišaev*, ŽRP 2006, Nr. 10, S.

ders.
Graždansko-pravovoj režim zemel'nych učastkov (Zivilrechtliche Regelung von Grundstücken)
Civilist 2006, Heft Nr. 4, S. 46
zitiert: *Grišaev*, Civilist 2006, Nr. 4, S.

ders.
Veščnye prava na nedvižimoe imuščestvo (Dingliche Rechte an unbeweglichem Vermögen)
Zakon 2004, Heft Nr. 2, S. 14
zitiert: *Grišaev*, Zakon 2004, Nr. 2, S.

Grišin, A. A.
Specifika pravovoj prirody ograničennych veščnych prav na zemlju (Die Besonderheit der Rechtsnatur beschränkt dinglicher Rechte an Grund und Boden)
Advokat 2008, Heft Nr. 6, S. 31
Zitiert: *Grišin*, Advokat 2008, Nr. 6, S.

Gros', Ljudmila Aleksandrovna
O sopostavlenii ponjati „graždanskoe zakonodatel'stvo", „graždanskoe pravo" i „zemel'noe zakonodatel'stvo" i veščnych pravach na zemel'nye učastki (Über die Gegenüberstellung der Terminologie „Zivilgesetzgebung", „Zivilrecht" und „Bodengesetzgebung" und dingliche Rechte an Grundstücken)
Žurnal Rossiskogo Prava 2002, Heft Nr. 9, S. 42
zitiert: *Gros'*, ŽRP 2002, Nr. 9, S.

Hoffmann-Hampe, Hubertus/Pietschmann, Marek
Das russische Bodengesetzbuch – ein zaghafter Reformversuch
Osteuropa Recht 2003, Heft Nr. 1, S. 33
zitiert: *Hoffmann-Hampe/Pietschmann*, OER 2003, S.

Ikonickaja, I. A.
Novyj zemel'nyj kodeks Rossiskoj Federacii: nekotorye voprosy teorii i praktiki primenenija (Das neue Bodengesetzbuch der Russischen Föderation: Einige Fragen der theoretischen und praktischen Anwendung)
Gosudarstvo i Pravo 2002, Heft Nr. 6, S. 5
zitiert: *Ikonickaja*, GiP 2002, Nr. 6, S.

dies.
Novyj zakon o zemle: problemy i rešenija (Das neue Gesetz über Grund und Boden: Probleme und Lösungen)
Sovetskoe Gosudarstvo i Pravo 1990, Heft Nr. 9, S. 14
zitiert: *Ikonickaja*, SGiP 1990, Nr. 9, S. 14 (20 f.).

Il'in, Dmitri Igorevič
Zakonodatel'stvo o nedvižimosti: problemy soderžanija upotrebljaemych ponjati (Gesetzgebung über Immobilien: Probleme des Inhalts der verwendeten Begriffe)
Žurnal Rossiskogo Prava 2005, Heft Nr. 8, S. 144
zitiert: *Il'in*, ŽRP 2005, Nr. 8, S.

Ivanov, A. A.
O proekte Koncepcii razvitija zakonodatel'stva o veščnom prave (Über das Projekt einer Konzeption zur Entwicklung der Gesetzgebung zum Sachenrecht)
Vestnik Vysšego Arbitražnogo Suda RF 2009, Heft Nr. 4, S. 102
zitiert: Konzeption zum Sachenrecht (russ.), VVAS RF 2009, Nr. 4, S.

ders.
Prava na zemlju i inoe nedvižimoe imuščestvo – osnova stabil'nogo graždanskogo oborota (Rechte an Grundstücken und anderem unbeweglichem Vermögen – Grundlage eines stabilen Privatrechtsverkehrs)
Vestnik Graždanskogo Prava 2007, Heft Nr. 2, S. 18
zitiert: *Ivanov*, VGP 2007, Nr. 2, S.

ders.
Kačestvo zakonov i dejatel'nost' arbitražnych sudov (Die Qualität der Gesetze und die Tätigkeit der Wirtschaftsgerichte)
Žurnal Rossiskogo Prava 2005, Heft Nr. 4, S. 3
zitiert: *Ivanov*, ŽRP 2005, Nr. 4, S.

Kazancev, V./Koršunov, N.
Vozroždenije servitutnogo prava v Rossii (Wiedergeburt des Servituts in Russland)
Rossiskaja Justicija 1997, Heft Nr. 5, S. 22.
zitiert: *Kazancev/Koršunov*, RJu 1997, Nr. 5, S.

Kim, Dmitri Čingynovič
Problemy teorii i praktiki primenenija častnogo servituta (Probleme der Theorie und Praxis bei der Anwendung des privaten Servituts)
Žurnal Rossiskogo Prava 2007, Heft Nr. 6, S. 132
zitiert: *Kim*, ŽRP 2007, Nr. 6, S.

Kindeeva, Elena
Zemlja i zdanie ediny (Boden und Gebäude sind einheitlich)
Biznes-Advokat 2002, Heft Nr. 20 (verfügbar über die Rechtsdatenbank Consultant Plus)
zitiert: *Kindeeva*, B-A 2002, Nr. 20

Kiseleva, Tat'jana Vjačeslavovna
O problematike sovremennoj koncepcii ponjatija nedvižimost' (Über die Problematik des gegenwärtigen Immobilienbegriffs)
Zakony Rossii: opyt, analiz, praktika 2007, Heft Nr. 9, S. 129
zitiert: *Kiseleva*, ZR 2007, Nr. 9, S.

Knieper, Rolf
Der Staat im Zivilrecht
Wirtschaft und Recht in Osteuropa 2008, Heft Nr. 7, S. 193
zitiert: *Knieper*, WiRO 2008, S.

Kopcev, A. N.
Servituty v Rossiskom prave: problemy pravovogo regulirovanija (Servitute im russischen Recht: rechtliche Regulierungsprobleme)
Graždanskoe Pravo 2007, Heft Nr. 1, S. 43
zitiert: *Kopcev*, GP 2007, Nr. 1, S.

Kornienko, Dmitri Vasil'evič
Pereoformlenie prava postojannogo (bessročnogo) pol'zovanija zemel'nym učastkom: pravo ili objazannost'? (Umwandlung des ständigen (unbefristeten) Nutzungsrechts am Grundstück: Recht oder Pflicht?)
Arbitražnaja Praktika 2007, Heft Nr. 4, S. 23
zitiert: *Kornienko*, AP 2007, Nr. 4, S.

Kornilova, N. V.
Vidy ograničennych veščnych prav (Arten dinglicher Rechte)
Ėkonomičeskoe pravosudie na Dal'nem Vostoke Rossii 2008, Heft Nr. 1 (verfügbar über die Rechtsdatenbank Consultant Plus)
zitiert: *Kornilova*, ĖP DVR 2008, Nr. 1

Kosarev, I. Ė
Pravo ograničennogo pol'zovanija čužim nedvižimym imuščestvom - Servituty (Recht der beschränkten Nutzung fremden unbeweglichen Vermögens - Servitute)
Izvestija vysšich učebnych zavedeni: Pravovedenie 1996, Heft Nr. 3, S. 99
zitiert: *Kosarev*, Pravovedenie 1996, Nr. 3, S.

Kostina, Ol'ga
K probleme sootnošenija zemel'nogo i graždanskogo zakonodatel'stva v regulirovanii sdelok s zemel'nymi učastkami (Zum Problem des Verhältnisses der Boden- und Zivilgesetzgebung in der Regulierung von Rechtsgeschäften mit Grundstücken)
Pravo i Ėkonomika 2007, Heft Nr. 6, S. 99
zitiert: *Kostina*, PiĖ 2007, Nr. 6, S.

Kozyr', O. M./Makovskaja, A. A.
„Edinaja sud'ba" zemel'nogo učastka i raspoložennych na nem inych ob''ektov nedvižimogo imuščestva („Einheitliches Schicksal" des Grundstücks und anderer auf ihm belegener Immobilienobjekte)
Vestnik Vysšego Arbitražnogo Suda RF 2003, Heft Nr. 2, S. 95
zitiert: *Kozyr'/Makovskaja*, VVAS RF 2003, Nr. 2, S.

Kozyr', Oksana
Ponjatie nedvižimogo imuščestva v rossiskom graždanskom prave. Sdelki s nedvižimost'ju (Das Verständnis von unbeweglichem Vermögen im russischen Zivilrecht. Rechtsgeschäfte mit einer Immobilie)
Zakon 1999, Heft Nr. 4, S. 18
zitiert: *Kozyr'*, Zakon 1999, Nr. 4, S.

Koževnikova, A. G.
Pravo pol'zovanija zemel'nym učastkom pri perechode prava sobstvennosti na ob''ekty nedvižimogo imuščestva, nachodjaščiesja na čužom zemel'nom učastke (Das Nutzungsrecht am Grundstück beim Übergang des Eigentumsrechts an einem Immobilienobjekt, welches sich auf einem fremden Grundstück befindet)
Notarius 2009, Heft Nr. 1, S. 14
ztiert: *Koževnikova*, Notarius 2009, Nr. 1, S.

Krasnova, Svetlana Anatol'evna
Veščnye iski titul'nych vladel'cev (Dingliche Klagen rechtmäßiger Besitzers)
Žurnal Rossiskogo Prava 2004, Heft Nr. 9, S. 81
zitiert: *Krasnova*, ŽRP 2004, Nr. 9, S.

Kuss, Klaus-Jürgen
Methodische Fragen der Ost-West-Rechtsvergleichung im Zeichen des Systemwechsels in Osteuropa
Zeitschrift für vergleichende Rechtswissenschaft 1992, S. 405
zitiert: *Kuss*, ZvglRWiss 1992, S.

Larin, Dmitri Vjačeslavovič
Zaščita prav učastnokov servitutnych otnošeni (Rechtsschutz der Beteiligten an Servitutsbeziehungen)
Zakony Rossii: opyt, analiz, praktika 2007, Heft Nr. 10, S. 23
zitiert: *Larin*, ZR 2007, Nr. 10, S.

Latyev, A. N.
Veščno-pravovye sposoby v sisteme zaščity graždanskich prav (Dingliche Mittel im System des Rechtsschutzes bürgerlicher Rechte)
Jurist 2003, Heft Nr. 4, S. 22
zitiert: *Latyev*, Jurist 2003, Nr. 4, S.

Ljušnja, A. V.
Zaščitnye vozmožnosti negatornogo iska (Rechtsschutzmöglichkeiten der negatorischen Klage)
Zakon 2007, Heft Nr. 2, S. 141
zitiert: *Ljušnja*, Zakon 2007, Nr. 2, S.

dies.
Problema primenimosti negatornogo iska dlja zaščity servitutov v Rossiskom prave (Das Problem der Anwendbarkeit der negatorischen Klage zum Schutze von Servituten im russischen Recht)
Zakonodatel'stvo 2006, Heft Nr. 1, S. 17
zitiert: *Ljušnja*, Zakonodatel'stvo 2006, Nr. 1, S.

Lopuchin, D. A.
Problemnye aspekty primenenie istočnikov pravovogo regulirovanija oborota zemel'nych učastkov (Problematische Aspekte der Rechtsanwendung im Grundstücksverkehr)
Graždanskoe Pravo 2005, Heft Nr. 4, S. 6
zitiert: *Lopuchin*, GP 2005, Nr. 4, S.

Lotnikova, N. P.
Problemy pereoformlenija prava postojanogo (bessročnogo) pol'zovanija (Probleme der Umwandlung des ständigen (unbefristeten) Nutzungsrechts)
Vestnik Vysšego Arbitražnogo Suda RF 2007, Heft Nr. 2, S. 40
zitiert: *Lotnikova*, VVAS RF 2007, Nr. 2, S.

Makovskaja, A.
Analiz nekotorych popravok k Federal'nomu zakonu „O gosudarstvennoj registracii prav na nedvižimoe imuščestvo i sdelok s nim" (Auswertung einiger Änderungen im Föderalen Gesetz „Über die staatliche Registrierung von Rechten an unbeweglichem Vermögen und damit verbundenen Rechtsgeschäften")
Chozjajstvo i Pravo 2003, Heft Nr. 9, S. 9
zitiert: *Makovskaja*, ChiP 2003, Nr. 9, S.

Maleina, M. N.
Dogovor o častnom servitute (Der Vertrag über das private Servitut)
Vestnik Graždanskogo Prava 2008, Heft Nr. 4, S. 80
zitiert: *Maleina*, VGP 2008, Nr. 4, S.

dies.
Obremenenie častnym ili publičnym servitutom zdani i sooruženi (Die Belastung eines Gebäudes oder einer Anlage mit einem privaten oder öffentlichen Servitut)
Chozjajstvo i Pravo 2006, Heft Nr. 7, S. 105
zitiert: *Maleina*, ChiP 2006, Nr. 7, S.

dies.
Publičnye servituty (Öffentliche Servitute)
Zakonodatel'stvo 2004, Heft Nr. 4, S. 8
zitiert: *Maleina*, Zakonodatel'stvo 2004, Nr. 4, S.

Manannikov, O. V.
Aktual'nye problemy nasledovanija zemel'nych učastkov i prav na nich (Aktuelle Probleme der Erbfolge an Grundstücken und Rechten an diesen)
Notarius 2005, Heft Nr. 6, S. 23
zitiert: *Manannikov*, Notarius 2005, Nr. 6, S.

Man'ko, E. A.
Real'nyj servitut: soderžanie, osnovanija vozniknovenija i prekraščenija (Realservitut: Inhalt, Entstehungs- und Beendigungsgründe)
Pravo i Politika 2008, Heft Nr. 10, S. 2483
zitiert: *Man'ko*, PiP 2008, Nr. 10, S.

Markovich, Inez M.
Real Estate Transaction in Russia: New Land Code Gives Green Light to Foreign Investment
The Journal of East European Law (Columbia University) 2001, Vol. 8, Nr. 2 & 3, S. 129
zitiert: *Markovich*, J.E.Eur.L. 2001, S.

Masljaev, Aleksej Ivanovič
Ponjatie i vidy veščnych prav (Verständnis und Arten dinglicher Rechte)
Zakon 2004, Heft Nr. 2, S. 3
zitiert: *Masljaev*, Zakon 2004, Nr. 2, S.

Medvedev, S.
Nekotorye aspekty realizacii prava postojanogo (bessročnogo) pol'zovanija zemel'nym učastkom kommerčeskoj organizaciej v kontekste oborota nedvižimogo imuščestva (Einige Aspekte der Verwirklichung des ständigen (unbefristeten) Nutzungsrechts an Grundstücken durch unternehmerische Organisationen im Verkehr unbeweglichen Vermögens)
Chozjajstvo i Pravo 2005, Heft Nr. 5, S. 66
zitiert: *Medvedev*, ChiP 2005, Nr. 5, S.

Metel'skaja, Viktorija Valer'evna
Problemy pravovogo regulirovanija servitutov (Probleme der rechtlichen Regelung privater Servitute)
Arbitražnaja Praktika 2009, Heft Nr. 2, S. 18
zitiert: *Metel'skaja*, AP 2009, Nr. 2, S.

Minaeva, Anna
Olympiade in Sotschi – bodenrechtliche Besonderheiten
Osteuropa Recht 2010, Heft Nr. 1, S. 38
zitiert: *Minaeva*, OER 2010, S. 38

Minaeva, Anna/Tischendorf, Falk
Priobretenije zemel'nogo učastka pod zdaniem v g. Moskve (Erwerb des Grundstücks unter einem Gebäude in Moskau)
Korporativnyj Jurist 2006, Heft Nr. 11, S. 10
zitiert: *Minaeva/Tischendorf*, KJ 2006, Nr. 11, S.

Misnik, Nikolaj Nikolaevič
Privedenie graždanskogo i zemel'nogo zakonodatel'stva v sootvetstvie drug s drugom: popytki, itogi, puti (Anpassung der Zivil- und Bodengesetzgebung aneinander: Versuche, Ergebnisse, Wege)
Zakon 2008, Heft Nr. 3, S. 53
zitiert: *Misnik*, Zakon 2008, Nr. 3, S.

ders.
Ešče raz o sootnošenii graždanskogo i zemel'nogo zakonodatel'stva pri regulirovanii zemel'nych otnošeni (Nochmals über das Verhältnis der Zivil- und Bodengesetzgebung bei der Regulierung bodenrechtlicher Beziehungen)
Gosudarstvo i Pravo 2006, Heft Nr. 4, S. 18
zitiert: *Misnik*, GiP 2006, Nr. 4, S.

ders.
K ponjatiju zemel'nogo učastka (Zum Begriff des Grundstücks)
Gosudarstvo i Pravo 2005, Heft Nr. 10, S. 57
zitiert: *Misnik*, GiP 2005, Nr. 10, S.

Mitjagin, K. S.
Pravovaja priroda zemel'nogo učastka: naučno-praktičeskie mežotraslevye pravovye podchody (Rechtsnatur eines Grundstücks: wissenschaftlich-praktische interdisziplinäre Rechtsbetrachtung)
Zakonodatel'stvo 2008, Heft Nr. 1, S. 63
zitiert: *Mitjagin*, Zakonodatel'stvo 2008, Nr. 1, S.

ders.
Ponjatie „zemel'nyj učastok" (Begriff des „Grundstücks")
Zakonodatel'stvo 2007, Heft Nr. 5, S. 14
zitiert: *Mitjagin*, Zakonodatel'stvo 2007, Nr. 5, S.

Monachov, D. A.
Vindicatio Servitutis kak osnovnoj sposob sudebnoj zaščity servitutov v rossiskom prave (Vindicatio Servitutis als grundlegende gerichtliche Rechtschutzmöglichkeit von Servituten im russischen Recht)
Pravo i Politika 2007, Heft Nr. 5, S. 70
zitiert: *Monachov*, PiP 2007, Nr. 5, S.

Mozolin, Viktor Pavlovič
Razvitije graždanskogo zakonodatel'stva na sovremennom ètape (Entwicklung der zivilrechtlichen Gesetzgebung zur gegenwärtigen Zeit)
Žurnal Rossiskogo Prava 2005, Heft Nr. 7, S. 33
zitiert: *Mozolin*, ŽRP 2005, Nr. 7, S.

Neshataeva, Tatiana Nikolaevna
International Civil Procedure in the Russian Federation: Sources and Issues
Review of Central and East European Law 2002-3, Volume 28, No. 1, p. 137
zitiert: *Neshataeva*, RCEEL 2002-3, S.

Okunev, A. I.
Problemy administrativno-pravovogo regulirovanija zemel'nych otnošeni: aktual'nye voprosy (Probleme der verwaltungsrechtlichen Regelung von Bodenbeziehungen: Aktuelle Fragen)
Jurist 2008, Heft Nr. 11, S. 34
zitiert: Okunev, Jurist 2008, Nr. 11, S.

Orlovskaja, Jana Olegovna
Spornye voprosy primenenija zemel'nogo zakonodatel'stva (Umstrittene Fragen der Anwendung der Bodengesetzgebung)
Arbitražnaja Praktika 2006, Heft Nr. 2, S. 75
zitiert: *Orlovskaja*, AP 2006, Nr. 2, S.

Ostrovska, Kateryna
Gibt es den gutgläubigen Erwerb nach russischem Recht?
Wirtschaft und Recht in Osteuropa 2005, Heft Nr. 10, S. 293
zitiert: *Ostrovska*, WiRO 2005, S.

Pellegrino, Mario
Übergang zur Marktwirtschaft und allgemeines Vertragsrecht im neuen russischen Zivilgesetzbuch
Recht der Internationalen Wirtschaft 1998, Heft Nr. 7, S. 501
zitiert: *Pellegrino*, RIW 1998, S.

Pevnicki, S. G.
Vindikacionnyj i negatornyj iski v sistme zaščity prava sobstvennosti na nedvižimoe imuščestvo (Die Vindikationsklage und die negatorische Klage im System des Rechtsschutzes des Eigentumsrechts an unbeweglichem Vermögen)
Arbitražnyj i graždanski process 2006, Heft Nr. 10, S. 40
zitiert: *Pevnicki*, AGP 2006, Nr. 10, S.

ders.
Aktual'nye problemy veščnych prav: institut prava postojanogo (bessročnogo) pol'zovanija zemel'nymi učastkami posle prinjatija Zemel'nogo kodeksa (Aktuelle Probleme dinglicher Rechte: Das Institut des ständigen (unbefristeten) Nutzungsrechts an Grundstücken nach Verabschiedung des Bodengesetzbuchs)
Notarius 2004, Heft Nr. 1, S. 23
zitiert: *Pevnicki*, Notarius 2004, Nr. 1, S.

Pfaff, Dieter
Immobilienerwerb und –nutzung in Osteuropa: Einführung
Jahrbuch für Ostrecht 1996, 2. Halbband, S. 267
zitiert: *Pfaff*, JOR 1996, S.

Pisarev, G. A.
Nasledovanie zemel'nych učastkov, prinadležaščich na prave požiznennogo nasleduemogo vladenija (Die Erbfolge eines Grundstücks, welches in das Recht des Erbgrundbesitzes auf Lebenszeit vergeben ist)
Nasledstvennoe Pravo 2008, Heft Nr. 3, S. 31
zitiert: *Pisarev*, NP 2008, Nr. 3, S.

Pjatkov, Dmitri Valer'evič/Frolov, Oleg Vasil'evič
Pravo ograničennogo vladenija zemel'nym učastkom: byt' ili ne byt'? (Beschränktes Besitzrecht am fremden Grundstück: Sein oder nicht sein?)
Žurnal Rossiskogo Prava 2004, Heft Nr. 7, S. 66
zitiert: *Pjatkov/Frolov*, ŽRP 2004, Nr. 7, S.

Psël, Ol'ga Pavlovna
Pravoye problemy realizacii principa edinoj sud'by zemel'nogo učastka i raspoložennogo na nem stroenija pri ich nasledovanii (Rechtliche Probleme der Verwirklichung des Prinzips eines einheitlichen Schicksals von Grundstück und darauf errichtetem Gebäude im Wege der Erbfolge)
Pravo i Politika 2008, Heft Nr. 1, S. 208
zitiert: *Psël*, PiP 2008, Nr. 1, S.

Raiser, Ludwig
Das Eigentum als Rechtsbegriff in den Rechten West- und Osteuropas
Rabels Zeitschrift für ausländisches und internationales Privatrecht, 26. Jahrgang 1961, S. 230
zitiert: *Raiser*, RabelsZ 26 (1961), S.

Rik, Tat'jana
Nalog na nedvižimost' (Immobiliensteuer)
Pravo i Ėkonomika 2008, Heft Nr. 12, S. 81
zitiert: *Rik*, PiĖ 2008, Nr. 12, S.

Rjabov, Aleksej Aleksandrovič
Otricatel'nye servituty i servitut vida v rossiskom graždanskom prave (Negative Servitute und Servitute auf Ausblick im russischen Zivilrecht)
Žurnal Rossiskogo Prava 2007, Heft Nr. 5, S. 67
zitiert: *Rjabov*, ŽRP 2007, Nr. 5, S.

Romadin, M./Koševev, Ja.
Otkaz ot prava na zemel'nyj učastok i priobretatel'naja davnost': novyj vzgljad na starye problemy (Verzicht auf das Recht am Grundstück und Ersitzung: neue Betrachtung alter Probleme)
Chozjajstvo i Pravo 2004, Heft Nr. 2, S. 116
zitiert: *Romadin/Košelev*, ChiP 2004, Nr. 2, S.

Romanova, G. V.
Obščaja Charakteristika prav pol'zovatelej zemel'nymi učastkami (Allgemeine Charakteristik von Nutzungsrechten an Grundstücken)
Jurist 2006, Heft Nr. 7, S. 26, Nr. 8 S. 54
zitiert: *Romanova*, Jurist 2006, Nr., S.

Rudokvas, Anton Dmitrievič
Častnye servituty v graždanskom prave Rossii (Private Servitute im Zivilrecht Russlands)
Vestnik Vysšego Arbitražnogo Suda RF 2009, Heft Nr. 4, S. 186
zitiert: *Rudokvas*, VVAS RF 2009, Nr. 9, S.

Rutkovskaja, Larisa Gennad'evna/Vasil'eva, Ol'ga Georgievna
Primenenije norm zemel'nogo zakonodatel'stva (Die Anwendung der Normen der Bodengesetzgebung)
Arbitražnaja Praktika 2008, Heft Nr. 7, S. 13
zitiert: *Rutkovskaja/Vasil'eva*, AP 2008, Nr. 7, S.

Rybalov, A. O.
Ograničennye veščnye prava: problemy obredelenija (Beschränkt dingliche Rechte: Definitionsprobleme)
Zakon 2007, Heft Nr. 2, S. 115
zitiert: *Rybalov*, Zakon 2007, Nr. 2, S.

Sadikov, Oleg
Das neue Zivilgesetzbuch Rußlands
Zeitschrift für Europäisches Privatrecht 1996, 4. Jahrgang, S. 259
zitiert: *Sadikov*, ZeuP 1996, S.

Samojlov, Evgeni Jur'evič
Publičnaja dostovernost' v graždanskom prave: teoretičeskaja konstrukcija i uslovija ispol'zovanija instituta (Der öffentliche Glaube im Zivilrecht: Theoretische Konstruktion und Anwendungsvoraussetzungen des Instituts)
Vestnik Graždanskogo Prava 2007, Heft Nr. 4, S. 63
zitiert: *Samojlov*, VGP 2007, Nr. 4, S.

Schroeder, Friedrich-Christian
Das neue russische Wirtschaftsstrafrecht
Zeitschrift für die gesamte Strafrechtswissenschaft 2002, Heft Nr. 1, S. 215
zitiert: *Schroeder*, ZStW 2002, S.

ders.
Recht und Rechtspflege in Rußland nach dem Sozialismus
Jahrbuch für Ostrecht 1995, 1. Halbband, S. 9
zitiert: *Schroeder*, JOR 1995, S.

ders.
Die Bedeutung der Ostrechtswissenschaft heute

Blick in die Wissenschaft. Forschungsmagazin der Universität Regensburg 3 (1994), S. 60 (Nachdruck in WGO-MfOR 1995, S. 91)

ders.
Das neue Bürgerliche Gesetzbuch der Russischen Sowjetrepublik
Recht in Ost und West 1965, Heft 1, S. 1
zitiert: *Schroeder*, ROW 1965, S.

ders.
Das Notariatswesen in der Sowjetunion
Deutsche Notar-Zeitschrift 1964, S. 645
zitiert: *Schroeder*, DNotZ 1964, S.

ders.
Das Eigentumsrecht in der UdSSR
Marxismusstudien, 4. Folge 1962, S. 219
zitiert: *Schroeder*, Marxismusstudien 4, 1962, S.

Semenov, Vjačeslav Vital'evič/Isaeva, Irina Vladimirovna
Sochranenie prav na zemlju pri perechode prava sobstvennosti na stroenie (Bestand der Rechte am Grundstück beim Übergang des Eigentumsrechts am Gebäude)
Arbitražnaja Praktika 2006, Heft Nr. 9, S. 25
zitiert: *Semenov/Isaeva*, AP 2006, Nr. 9, S.

Skvorcov, Andrej
Kogda v zakonach soglas'ja net (Wenn es in Gesetzen keine Übereinstimmung gibt)
EŽ-Jurist 2004, Heft Nr. 9 (verfügbar über die Rechtsdatenbank Consultant Plus)
zitiert: *Skvorcov*, EŽ-Jurist 2004, Nr. 9

Solotych, Stefanie
Immobilienerwerb und –nutzung in Osteuropa: Russische Föderation
Jahrbuch für Ostrecht 1996, 2. Halbband, S. 273
zitiert: *Solotych*, JOR 1996, S.

Sotbarn, Demian
Verjährung im russischen Sach- und Kollisionsrecht
Wirtschaft und Recht in Osteuropa 2007, Heft Nr. 1, S. 7
zitiert: *Sotbarn*, WiRO 2007, Nr. 1, S.

Spitsa, Natalia/Lowitzsch, Jens
Normenhierarchie und Verhältnis zwischen föderaler und regionaler Gesetzgebung in der Russischen Föderation
Wirtschaft und Recht in Osteuropa 2000, Heft Nr. 4, S. 138
zitiert: *Spitsa/Lowitzsch*, WiRO 2000, S.

Suchanov, Evgeni Alekseevič
O ponjatii i vidach veščnych prav v rossiskom graždanskom prave (Über das Verständnis und die Arten dinglicher Rechte im russischen Zivilrecht)

Žurnal Rossiskogo Prava 2006, Heft Nr. 12, S. 42
zitiert: *Suchanov*, ŽRP 2006, Nr. 12, S.

ders.
Ograničennye veščnye prava (Beschränkt dingliche Rechte)
Chozjajstvo i Pravo 2005, Heft Nr. 1, S. 5
zitiert: *Suchanov*, ChiP 2005, Nr. 1, S.

ders.
K ponjatiju veščnogo prava (Zum Verständnis des Sachenrechts)
Pravovye Voprosy Nedvižimosti 2005, Heft Nr. 1, S. 34
zitiert: *Suchanov*, PVN 2005, Nr. 1, S.

ders.
Veščnye prava v novom zemel'nom kodekse Rossiskoj Federacii (Dingliche Rechte im neuen Bodengesetzbuch der Russichen Föderation)
Ėkologičeskoe Pravo 2003, Heft Nr. 1, S. 50
zitiert: *Suchanov*, ĖP 2003, Nr. 1, S.

ders.
Ograničennye veščnye prava v graždanskom prave (Beschränkt dingliche Recht im Zivilrecht)
EŽ-Jurist 2003, Heft Nr. 3 (verfügbar über die Rechtsdatenbank Consultant Plus)
zitiert: *Suchanov*, EŽ-Jurist 2003, Nr. 3

ders.
Ponjatie i vidy ograničennych veščnych prav (Verständnis und Arten beschränkt dinglicher Rechte)
Vestnik Moskovskogo Universiteta, Serija 11 Pravo 2002, Heft Nr. 4, S. 3
zitiert: *Suchanov*, VMU Pravo 2002, Nr. 4, S.

ders./Kofanov, L. L.
Vlijanie rimskogo častnogo prava na novyj graždanski kodeks Rossiskoj Federacii (Einfluss des Römischen Rechts auf das neue Zivilgesetzbuch der Russischen Föderation)
Drevnee Pravo 1999, Heft Nr. 1, S. 7
Zitiert: *Suchanov/Kofanov*, DP 1999, Nr. 1, S.

Sultanova, Natalia
Immobilienrecht der Russischen Föderation
Recht der internationalen Wirtschaft 2002, Heft Nr. 10, S. 768
zitiert: *Sultanova*, RIW 2002, S.

Svit, Julia Pavlovna
Ograničennye veščnye prava na zemlju (Beschränkt dingliche Rechte an Grund und Boden)
Zakon 2004, Heft Nr. 2, S. 20
zitiert: *Svit*, Zakon 2004, Nr. 2, S.

Syrodoev, N. A.
Zemlja kak ob''ekt graždanskogo oborota (Der Boden als Objekt des zivilrechtlichen Verkehrs)
Gosudarstvo i Pravo 2003, Heft Nr. 8, S. 27
zitiert: *Syrodoev*, GiP 2003, Nr. 8, S.

ders.
O sootnošenii zemel'nogo i graždanskogo zakonodatel'stva (Über das Verhältnis der Boden- und Zivilgesetzgebung)
Gosudarstvo i Pravo 2001, Heft Nr. 4, S. 28
zitiert: *Syrodoev*, GiP 2001, Nr. 4, S.

Tereščenko, Tat'jana/Sergeev, Aleksandr
Regulirovanie otčuždenija nachodjaščichsja na zemel'nom učastke ob''ektov nedvižimosti (Regulierung der Veräußerung von auf Grundstücken befindlichen Immobilienobjekten)
Korporativnyj Jurist 2006, Heft Nr. 3, S. 44
zitiert: *Tereščenko/Sergeev*, KJ 2006, Nr. 3, S.

Tichomirov, Michail Jur'evič
Ograničennye prava na zemel'nye učastki v Rossiskoj Federacii (Beschränkte Rechte an Grundstücken in der Russischen Föderation)
Pravo i Ėkonomika 2008, Heft Nr. 7, S. 83
zitiert: *Tichomirov*, PiĖ 2008, Nr. 7, S.

ders.
Prava na zemlju v Rossiskoj Federacii (Rechte an Grund und Boden in der Russischen Föderation)
Chozjajstvo i Pravo 2008, Beilage zu Heft Nr. 5
zitiert: *Tichomirov*, ChiP-P 2008, Nr. 5, S.

Torkin, D. A.
O prave pol'zovanija zemel'nym učastkom sobstvennikom nedvižimosti (Über das Nutzungsrecht des Immobilieneigentümers am Grundstück)
Notarius 2008, Heft Nr. 5, S. 18
zitiert: *Torkin*, Notarius 2008, Nr. 5, S.

Viktorov, I./Ašitkova, T.
Nadzor za ispolneniem zakonodatel'stva o zemlepol'zovanii (Beachtung der Gesetzgebung über die Bodennutzung)
Zakonnost' 2004, Heft Nr. 2, S. 27
zitiert: *Viktorov/Ašitkova,* Zakonnost' 2004, Nr. 2, S.

Vitrjanski, V.
Puti soveršenstvovanija zakonodatel'stva o nedvižimom imuščestve (Wege der Vervollkommung der Gesetzgebung über unbewegliches Vermögen)
Chozjajstvo i Pravo 2003, Heft Nr. 6, S. 3
zitiert: *Vitrjanski*, ChiP 2003, Nr. 6, S.

Volkov, G. A./Goličenkov, A. K. /Kozyr', O. M.
Razvitije rynka zemli: pravovoj aspekt (Die Entwicklung des Grundstücksmarktes: der rechtliche Aspekt)
Gosudarstvo i Pravo 1998, Heft Nr. 2, S. 50
Zitiert: *Volkov/Goličenkov/Kozyr'*, GiP 1998, Nr. 2, S.

Volodin, Maxim
Zur Frage des öffentlichen Glaubens des Immobilienregisters in Russland
Wirtschaft und Recht in Osteuropa 2005, Heft Nr. 2, S. 38
zitiert: *Volodin*, WiRO 2005, S.

Weisemann, Ulrich
Anspruch des Grundeigentümers auf Löschung von Baulasten
Neue Juristische Wochenschrift 1997, Heft Nr. 43, S. 2857
zitiert: *Weisemann*, NJW 1997, S.

Westen, Klaus
Funktion und Aufgaben der Ostrechtforschung in Gegenwart und Zukunft
WGO Monatshefte für Osteuropäisches Recht 1991, Heft Nr. 1, S. 11
zitiert: *Westen*, WGO-MfOR 1991, S.

Zakrojščikova, D.
Postojanoe (bessročnoe) pol'zovanie zemel'nymi učastkami (Ständige (unbefristete) Nutzung von Grundstücken)
Chozjajstvo i Pravo 2003, Heft Nr. 7, S. 118
zitiert: *Zakrojščikova*, ChiP 2003, Nr. 7, S.

Zentner, Eugen
Rechte an Grund und Boden in der Russischen Föderation
Wirtschaft und Recht in Osteuropa 2000, Heft Nr. 10, S. 333.
zitiert: *Zentner*, WiRO 2000, S.

Ščennikova, L. V.
Servituty v Rossii: zakonodatel'stvo i sudebnaja praktika (Servitute in Russland: Gesetzgebung und Rechtsprechung)
Zakonodatel'stvo 2002, Heft Nr. 4, S. 34, Nr. 5, S. 30
zitiert: *Ščennikova,* Zakonodatel'stvo 2002, Nr., S.

dies.
Veščnoe pravo v graždanskom kodekse: voprosy praktikujuščego jurista zakonodatelju (Das Sachenrecht im Zivilgesetzbuch: Fragen eines praktizierenden Juristen an den Gesetzgeber)
Zakonodatel'stvo 2000, Heft Nr. 10, S. 12
zitiert: *Ščennikova,* Zakonodatel'stvo 2000, Nr. 10, S.

Žarkova, O. A.
Perechod prav na zemel'nyj učastok pri perechode prava sobstvennosti na zdanie na čužom zemel'nom učastke (Übergang der Rechte am Grundstück beim Übergang des Eigentumsrechts am Gebäude auf fremdem Grundstück)

Arbitražnye Spory 2007, Heft Nr. 4, S. 141
zitiert: *Žarkova*, AS 2007, Nr. 4, S.

Ėjrijan, G.
Perechod prava na zemel'nyj učastok pri perechode prava sobstvennosti na zdanie, stroenie, sooruženie (Übergang des Rechts am Grundstück beim Übergang des Eigentumsrechts am Gebäude, Bau, Anlage)
Chozjajstvo i Pravo 2003, Heft Nr. 10, S. 106
zitiert: *Ėjrijan*, ChiP 2003, Nr. 10, S.

Monografien, Handbücher, Lehrbücher

Ahrens, Claus
Dingliche Nutzungsrechte
Berlin (Erich Schmidt Verlag), 2. Auflage 2007
Zitiert: *Ahrens*, Dingliche Nutzungsrechte, Rn.

Alekseev, Vadim Aleksandrovič
Nedvižimoe imuščestvo – gosudarstvennaja registracija i problemy pravovogo regulirovanija (Immobiliarvermögen – staatliche Registrierung und Probleme der rechtlichen Regelung)
Moskau (Wolters Kluwer) 2007
zitiert: *Alekseev*, Nedvižimoe imuščestvo, S.

Allenhöfer, Anke/Plagemann, Florian
Das Eigentum im Recht der Russischen Föderation
Berlin (LIT Verlag) 2007
zitiert: *Allenhöfer/Plagemann*, Eigentum im Recht der RF, S.

Anan'ev, A. G.
Servitutnoe pravo i pravootnošenie (Das Servitut und das Rechtsverhältnis)
Rjazan' (Parus) 2006
zitiert: *Anan'ev*, Servitutnoe pravo i pravootnošenie, S.

Arzinger, Rainer/Galander, Tanja
Russisches Wirtschaftsrecht
Berlin-Reinickendorf (Grundeigentum-Verlag), 2. Auflage 2002
zitiert: *Arzinger/Galander*, Russisches Wirtschaftsrecht, S.

Babaev, Aleksej Borisovič
Sistema veščnych prav (Das System dinglicher Rechte)
Moskau (Wolters Kluwer) 2007
zitiert: *Babaev*, Sistema veščnych prav, S.

Babenkova, Natalia
Die Grundstücksveräußerung nach deutschem und russischem Recht unter besonderer Berücksichtigung der Veräußerung an Ausländer
Würzburg 2006

(Im Volltext einsehbar unter: http://nbn-resolving.de/urn/resolver.pl?urn=nbn:de:bvb:20-opus-20693)
zitiert: *Babenkova*, Grundstücksveräußerung nach deutschem und russischem Recht, S.

Baranova, Elena Aleksandrovna
Oborot nedvižimosti v rossiskom i germanskom prave: sravnitel'noe issledovanie (Der Grundstücksverkehr im russischen und deutschen Recht: eine vergleichende Untersuchung)
Moskau 2005 (Dissertation)
zitiert: *Baranova*, Oborot nedvižimosti, S.

Barinova, Elena Aleksandrovna
Veščnye prava v sisteme sub''ektivnych graždanskich prav (Dingliche Rechte im System subjektiver bürgerlicher Rechte), in: *Šilochvost, Oleg Jur'evič* (Hrsg.), Aktual'nye problemy graždanskogo prava, S. 137
Moskau (NORMA), 6. Ausgabe 2003
zitiert: *Barinova*, Veščnye prava v sisteme sub''ektivnych graždanskich prav, S.

Baur, Fritz/Stürner, Rolf
Sachenrecht
München (C.H. Beck'sche Verlagsbuchhandlung), 17. Auflage 1999
zitiert: *Baur/Stürner*, § 33, Rn.

Belov, Vadim Anatol'evič (Hrsg.)
Praktika primenenija graždanskogo kodeksa Rossiskoj Federacii časti pervoj (Anwendungspraxis des Zivilgesetzbuchs der Russischen Föderation, erster Teil)
Moskau (Jurajt) 2008
zitiert: *Verfasser* in: *Belov, V. A. (Hrsg.)*, S.

ders.
Graždanskoe Pravo – Aktual'nye problemy teorii i praktiki (Zivilrecht – Aktuelle Probleme der Theorie und Praxis)
Moskau (Jurajt) 2007
zitiert: *Verfasser* in: *Belov* (Hrsg.), Graždanskoe pravo, S.

Bogoljubov, Sergej Aleksandrovič (Hrsg.)
Zemel'nyj učastok: voprosy i otvety (Grundstück: Fragen und Antworten)
Moskau (Justicinform), 5. Auflage 2008
zitiert: *Verfasser* in: *Bogoljubov* (Hrsg.), Zemel'nyj učastok, S.

Braginski, Michail Isaakovič/Vitrjanski, Vasili Vladimirovič (Hrsg.)
Dogovornoe pravo (Kniga 1) - obščie položenija (Vertragsrecht (Band 1) – Allgemeine Bestimmungen)
Moskau (Statut), 2. Auflage 2007
zitiert: *Verfasser* in: *Braginski/Vitrjanski* (Hrsg.), Dogovornoe pravo I, S.

dies. (Hrsg.)
Dogovornoe pravo (Kniga 2) – Dogovory o peredače imuščestva (Vertragsrecht (Band 2) – Verträge über die Übergabe von Vermögensgegenständen)

Moskau (Statut) 2006
zitiert: *Verfasser* in: *Braginski/Vitrjanski* (Hrsg.), Dogovornoe pravo II, S.

Breig, Burkhard
Eigentum und andere dingliche Rechte an Grundstücken in Russland unter besonderer Berücksichtigung der landwirtschaftlich genutzten Böden
Berlin (Berliner Wissenschafts-Verlag) 2009
zitiert: *Breig*, Eigentum und andere dingliche Rechte, S.

ders.
Kodifizierung des Bodenrechts der Russischen Föderation, in: *Schroeder, F.-C.* (Hrsg.), Die neuen Kodifikationen in Rußland, S. 189
Berlin (Arno Spitz), 2. Auflage 1999
zitiert: *Breig*, Kodifizierung des Bodenrechts, S.

Derjugina, Tat'jana Viktorovna
Graždansko-pravovoe regulirovanie instituta servituta v Rossii (Die zivilrechtliche Regelung des Instituts Servitut in Russland)
Volgograd 2002 (Dissertation)
zitiert: *Derjugina*, Graždansko-pravovoe regulirovanie instituta servituta, S.

Dobračev, Denis Viktorovič
Problemy sudebnoi praktiki v sfere oborota zemli (Probleme der Rechtsprechung im Bereich des Grundstücksverkehrs)
Moskau (Wolters Kluwer) 2005
zitiert: *Dobračev*, Problemy oborota zemli, S.

Epping, Wilhelm
Erbbaurecht im Volksgesetzbuch, in: *Schubert, Werner* (Hrsg.), Akademie für Deutsches Recht 1933-1945, Protokolle der Ausschüsse für Immobiliarkredit, Bodenrecht, Hypothekenrecht und Enteignungsrecht, S. 191
Berlin (Walter de Gruyter) 1995
zitiert: *Epping*, Erbbaurecht, S.

Erofeev, Boris Vladimirovič
Zemel'noe pravo Rossii (Das Bodenrecht Russlands)
Moskau (Eksmo), 10. Auflage 2008
zitiert: *Erofeev*, Zemel'noe pravo, S.

Falter, Manuela
Vertragsrecht, in: *Breidenbach, S.* (Hrsg.), Handbuch Wirtschaft und Recht in Osteuropa, Band 3, Länderteil Russische Föderation (RUS)
München (C.H. Beck), Stand: Oktober 2009, 88. EL
zitiert: *Falter* in: *Breidenbach* (Hrsg.), Handbuch WiRO, Bd. 3, RUS, D.II, Rn.

Fleck, Thilo
Das Recht auf privates Grundeigentum in Russland
Berlin (Berliner Wissenschafts-Verlag) 2007
zitiert: *Fleck*, Privates Grundeigentum, S.

Genkin, D. M./Bratus, S. N./Lunz, L. A./Novizki, I. B. (Hrsg.)
Sovetskoe graždanskoe pravo, Tom I, Moskau 1950; deutsche Übersetzung: Deutsches Institut für Rechtswissenschaft (Hrsg.), Sowjetisches Zivilrecht, Band 1
Berlin (VEB Deutscher Zentralverlag) 1953
zitiert nach der deutschen Übersetzung: *Verfasser*, in: *Genkin/Bratus/Lunz/Novizki* (Hrsg.), Sowjetisches Zivilrecht, Bd. 1, S.

Gerasin, Sergej
Sravnitel'nyj analiz sistemy registracii prav na nedvižimoe imuščetsvo v Rossii i Germanii (Vergleichende Untersuchung der Systeme zur Registrierung von Immobilienrechten in Russland und Deutschland), in: *Trunk, Alexander/Knieper, Rolf/Svetlanov G., Andrej* (Hrsg.), Russland im Kontext der internationalen Entwicklung: Internationales Privatrecht, Kulturgüterschutz, geistiges Eigentum, Rechtsvereinheitlichung, Festschrift für Mark Moiseevič Boguslavskij, S. 579
Berlin (Berliner Wissenschafts-Verlag) 2004
zitiert: *Gerasin*, FS Boguslavskij, S.

Grigor'ev, V. K.
Edinyj gosudarstvennyj zemel'nyj fond SSSR (Der einheitliche staatliche Bodenfond der SSSR), in: *Akademija Nauk SSSR* (Hrsg.), Voprosy kolchosnogo i zemel'nogo prava (Fragen des Kolchos- und Bodenrechts), S. 131
Moskau 1951
zitiert: *Grigor'ev*, Voprosy kolchosnogo i zemel'nogo prava, S.

Hamza, Gábor
Wege der Entwicklung des Privatrechts in Europa
Passau (Schenk Verlag) 2007
zitiert: *Hamza*, Entwicklung des Privatrechts in Europa, S. 203.

Holloch, Karin
Immobilienrecht, in: *Breidenbach, S.* (Hrsg.), Handbuch Wirtschaft und Recht in Osteuropa, Band 3, Länderteil Russische Föderation (RUS)
München (C.H. Beck), Stand: Oktober 2009, 88. EL
zitiert: *Holloch* in: *Breidenbach* (Hrsg.), Handbuch WiRO, Bd. 3, RUS, D.III, Rn.

Hoppenberg, Michael/de Witt, Siegfried (Hrsg.)
Handbuch des öffentlichen Baurechts
München (C.H. Beck), Stand: August 2008
zitiert: *Bearbeiter* in: *Hoppenberg/de Witt* (Hrsg.), Kap., Rn.

Horn, Norbert
Die Rolle des Privatrechts in der Transformation von Wirtschaft und Gesellschaft in Mittelosteuropa und Osteuropa, in: *ders.* (Hrsg.), Die Neugestaltung des Privatrechts in Mittelosteuropa und Osteuropa, S. 3.
München (C.H. Beck) 2002
zitiert: *Horn*, Die Rolle des Privatrechts, S.

Ikonickaja, Irina Aleksandrovna
Prava na zemlju inostrannych lic po novomu zemel'nomu zakonodatel'stvu Rossiskoj Federacii (Rechte an Grund und Boden ausländischer Personen nach der neuen Bodengesetzgebung der Russischen Föderation), in: *Trunk, Alexander/Knieper, Rolf/Svetlanov G., Andrej* (Hrsg.), Russland im Kontext der internationalen Entwicklung: Internationales Privatrecht, Kulturgüterschutz, geistiges Eigentum, Rechtsvereinheitlichung, Festschrift für Mark Moiseevič Boguslavskij, S. 125
Berlin (Berliner Wissenschafts-Verlag) 2004
zitiert: *Ikonickaja*, FS Boguslavskij, S.

dies.
Zemel'noe pravo Rossiskoj Federacii (Das Bodenrecht der Russischen Föderation)
Moskau (Jurist') 2002
zitiert: *Ikonickaja*, Zemel'noe pravo, S.

Jakobs, Otto-Wilhelm
Eigentumsbegriff und Eigentumssystem des sowjetischen Rechts
Köln (Böhlau Verlag) 1965
zitiert: *Jakobs*, Eigentumsbegriff und Eigentumssystem, S.

Knieper, Rolf
Rechtsform und Gesellschaftsform: Einige Anmerkungen zum (post-) sowjetischen Zivilrecht, in: *Geimer, Reinhold* (Hrsg.), Wege zur Globalisierung des Rechts, Festschrift für Rolf A. Schütze, S. 389
München (C.H. Beck'sche Verlagsbuchhandlung) 1999
zitiert: *Knieper*, FS Schütze, S.

Kopylov, Aleksandr Vladimirovič
Veščnye prava na zemlju (Dingliche Rechte an Grund und Boden)
Moskau (Statut) 2000
zitiert: *Kopylov*, Veščnye prava na zemlju, S.

Korneev, Aleksandr Leonidovič
Sdelki s zemel'nymi učastkami (Rechtsgeschäfte mit Grundstücken)
Moskau (Gorodec) 2006
zitiert: *Korneev*, Sdelki s zemel'nymi učastkami, S.

Krassov, Oleg Igorevič
Zemel'noe Pravo (Bodenrecht)
Moskau (Jurist'), 3. Auflage 2007
zitiert: *Krassov*, Zemel'noe Pravo, S.

Kraševninnikov, Pavel Vladimirovič/Solopova, Anna Alekseevna/Solopova, Elena Alekseevna
Sudebnaja praktika po zemel'nym sporam (Rechtssprechung zu Bodenstreitikeiten), Teil 3
Moskau (Statut) 2004
zitiert: *Kraševninnikov* (u.a.), Sudebnaja praktika, Teil 3, S.

Kruse, Tilman
Die personalistische Kapitalgesellschaft russischen Rechts
Frankfurt am Main (Peter Lang Verlag) 2002
zitiert: *Kruse*, Die personalistische Kapitalgesellschaft, S.

Küpper, Herbert
Einführung in die Rechtsgeschichte Osteuropas
Frankfurt am Main (Peter Lang Verlag) 2005
zitiert: *Küpper*, Rechtsgeschichte Osteuropas, S.

Kuzmishin, Alexey/Sevillano, Svetlana/Sultanova, Natalia
Länderteil Russland in: *Frank, S./Wachter, T.* (Hrsg.), Handbuch Immobilienrecht in Europa, S. 1089
Heidelberg (C.F. Müller) 2004
zitiert: *Kuzmishin (u.a.)*, Immobilienrecht Russland, Rn.

Kuz'mina, I. D.
Pravovoj režim zdani i sooruženi kak ob''ektov nedvižimosti (Die rechtliche Regelung von Gebäuden und Anlagen als Immobilienobjekte)
Tomsk 2004 (Dissertation)
zitiert: *Kuz'mina*, Pravovoj režim zdani i sooruženi, S.

Lassen, Tim
Die Hypothek nach russischem Recht als Kreditsicherungsmittel
Berlin (Verband deutscher Pfandbriefbanken) 2007
zitiert: *Lassen*, Die Hypothek nach russischem Recht, S.

Latyev, A. N.
Veščnye prava v graždanskom prave: ponjatie i osobennosti pravovogo režima (Dingliche Rechte im Zivilrecht: Verständnis und Besonderheiten der rechtlichen Regelung)
Ekaterinenburg 2004 (Dissertation)
zitiert: Latyev, Veščnye prava v graždanskom prave, S.

Litovkin, V. N./Suchanov, E. A./Čubarov, V. V. (Hrsg.)
Pravo Sobstvennosti – Aktual'nye Problemy (Eigentumsrecht - Aktuelle Probleme)
Moskau (Statut) 2008
zitiert: *Verfasser* in: *Litovkin/Suchanov/Čubarov* (Hrsg.), S.

Malfliet, Katlijn
On property rights in the Russian Federation, in: *Ginsburgs* u.a. (Hrsg.), The revival of private law in Central and Eastern Europe – Essays in honor of F. J. M. Feldbrugge, p. 281
The Hague (Martinus Nijhoff Publishers) 1996
zitiert: *Malfliet*, Property Rights, S.

Mattei, Ugo/ Suchanov, Evgeni Alekseevič
Osnovnye položenija prava sobstvennosti (Grundlagen des Eigentumsrechts)
Moskau (Jurist') 1999
zitiert: *Mattei/Suchanov*, Pravo sobstvennosti, S.

Meder, Walter
Das Sowjetrecht – Grundzüge der Entwicklung 1917-1970
Frankfurt am Main (Alfred Metzner), 1971
zititer: *Meder*, Sowjetrecht, S.

Mineev, O. A.
Sposoby zaščity graždanskich prav (Möglichkeiten des Schutzes bürgerlicher Rechte)
Wolgograd 2003 (Dissertation)
zitiert: *Mineev*, Sposoby zaščity graždanskich prav, S.

Novicki, Ivan Borisovič
Osnovy Rimskogo graždanskogo prava (Grundlagen des römischen Zivilrechts)
Moskau (Zercalo) 2007
zitiert: *Novicki*, Rimskoe graždanskoe pravo, S.

Novicki, Ivan Borisovič
Rimskoe Pravo (Römisches Recht)
Moskau (Teis) 7. Auflage 2000
zitiert: *Novicki*, Rimskoe Pravo, S.

Oda, Hiroshi
Russian Commercial Law
Den Haag (Kluwer Law International) 2002
zitiert: *Oda*, Russian Commercial Law, S.

Petev, Valentin
Sozialistisches Zivilrecht
Berlin (Walter de Gruyter) 1975
zitiert: *Petev*, Sozialistisches Zivilrecht, S.

Petrov, D. V.
Pravo chozjajstvennogo vedenija i pravo operativnogo upravlenija v sisteme veščnych prav (Das Recht der wirtschaftlichen Führung und das Recht der operativen Verwaltung im System dinglicher Rechte)
St. Petersburg 2002 (Dissertation)
zitiert: *Petrov*, Pravo chozjajstvennogo vedenija i pravo operativnogo upravlenija, S.

Piskunova, Marianna Girfanovna/Kindeeva, Elena Agzamovna
Nedvižimost': prava i sdelki (Immobilie: Rechte und Rechtsgeschäfte)
Moskau (Jurajt) 3. Auflage 2008
zitiert: *Piskunova/Kindeeva*, Nedvižimost', S.

Pokrovski, Iosif Alekseevič
Osnovnye problemy graždanskogo prava (Grundlegende Probleme des Zivilrechts)
1917 (Statut, Nachdruck 2003)
zitiert: *Pokrovski*, Osnovnye problemy graždanskogo prava, S.

Rachkov, Ilia
Das neue russische Bodenrecht
Arbeitspapiere des FOWI (Forschungsinstitut für mittel- und osteuropäisches Wirtschaftsrecht), Nr. 93
Wien 2003
zitiert: *Rachkov*, Das neue russische Bodenrecht, S.

Resch, Irma
Unternehmensrecht in Russland zwischen Privatisierung und Staatswirtschaft
Baden-Baden (Nomos) 2006
zitiert: *Resch*, Unternehmensrecht in Russland, S.

Roggemann, Herwig/Bergmann, Wilfried
Zivilgesetzbuch der Russischen Föderation (Erster Teil) von 1994
Berlin (Berlin Verlag) 1997
zitiert: *Roggemann/Bergmann*, Zivilgesetzbuch der RF (1. Teil), S.

Schaich, Christian
Rahmenbedingungen, in: *Breidenbach, S.* (Hrsg.), Handbuch Wirtschaft und Recht in Osteuropa, Band 3, Länderteil Russische Föderation (RUS)
München (C.H. Beck), Stand: Oktober 2009, 88. EL
zitiert: *Schaich* in: *Breidenbach* (Hrsg.), Handbuch WiRO, Bd. 3, RUS, A, Rn.

Schmitkel, Vitali
Notariatsverfassung in Russland – Das notarielle Verfahrensrecht unter besonderer Berücksichtigung des Erb-, Familien-, Immobilien- und Gesellschaftsrechts sowie des Internationalen Privatrechts
Hamburg (Dr. Kovač) 2009
zitiert: *Schmitkel*, Notariatsverfassung in Russland, S.

Schroeder, Friedrich-Christian
74 Jahre Sowjetrecht
München (C. H. Beck) 1992
zitiert: *Schroeder*, 74 Jahre Sowjetrecht, S.

ders.
Methodenprobleme der Ostrechtforschung, in: *Meissner, Boris/Roggemann, Herwig/ders./Westen, Klaus* (Hrsg.), Grundsatzfragen der Ostrechtsforschung, S. 79
Tübingen (Horst Erdmann Verlag) 1980
zitiert: *Schroeder*, Methodenprobleme der Ostrechtforschung, S.

Schultz, Lothar
Russische Rechtsgeschichte

Lahr (Moritz Schauenburg) 1951
zitiert: *Schultz*, Russische Rechtsgeschichte, S.

Schwab, Karl Heinz/Prütting, Hanns
Sachenrecht
München (C.H. Beck), 32. Auflage 2006
zitiert: *Schwab/Prütting*, Sachenrecht, Rn.

Schwarkewitsch, Roman
Hypothek nach russischem Recht und ihre Funktionalität
Frankfurt am Main (Peter Lang Verlag) 2004
zitiert: *Schwarkewitsch*, Hypothek nach russischem Recht, S.

Sergeev, Aleksandr Petrovič (Hrsg.)
Graždanskoe Pravo, Tom 1 (Zivilrecht, Band 1)
Moskau (Belbi) 2008
zitiert: *Verfasser* in: *Sergeev* (Hrsg.), Graždanskoe Pravo 1, S.

ders./Tolstoj, Ju. K. (Hrsg.)
Graždanskoe Pravo, Tom 2 (Zivilrecht, Band 2)
Moskau (Prospekt), 4. Auflage 2008
zitiert: *Verfasser* in: *Sergeev/Tolstoj* (Hrsg.), Graždanskoe Pravo 2, S.

Sinajski, Vasili Ivanovič
Russkoe graždanskoe pravo (Russisches Zivilrecht)
Moskau (Statut) 2002
zitiert: *Sinajski*, Russkoe graždanskoe pravo, S.

Sklovski, Konstantin Il'ič
Sobstvennost' v graždanskom prave (Eigentum im Zivilrecht)
Moskau (Statut), 4. Auflage 2008
zitiert: *Sklovski*, Sobstvennost' v graždanskom prave, S.

Skvorcov, Oleg Jur'evič
Sdelki s nedvižimost'ju v kommerčeskom oborote (Immobiliengeschäfte im Wirtschaftsverkehr)
Moskau (Volters Kluver) 2006
zitiert: *Skvorcov*, Sdelki s nedvižimost'ju v kommerčeskom oborote, S.

Solotych, Stefanie
Gesellschaftsrecht, in: *Breidenbach, S.* (Hrsg.), Handbuch Wirtschaft und Recht in Osteuropa, Band 3, Länderteil Russische Föderation (RUS)
München (C.H. Beck), Stand: Oktober 2009, 88. EL
zitiert: *Solotych* in: *Breidenbach* (Hrsg.), Handbuch WiRO, Bd. 3, RUS, D.I, Rn.

dies.
Das neue russische ZGB aus rechtsvergleichender Sicht, in: *Schroeder, F.-C.* (Hrsg.), Die neuen Kodifikationen in Rußland, S. 29

Berlin (Arno Spitz), 2. Auflage 1999
zitiert: Solotych, Das neue russische ZGB, S.

dies.
Das Zivilgesetzbuch der Russischen Föderation, Erster Teil
Baden-Baden (Nomos), 2. Auflage 1997
zitiert: *Solotych*, Zivilgesetzbuch der RF, Teil 1, S.

Stepanov, S. A.
Nedvižimoe imuščestvo v graždanskom prave (Unbewegliches Vermögen im Zivilrecht)
Moskau (Statut) 2004
zitiert: *Stepanov*, Nedvižimoe imuščestvo, S.

Suchanov, Evgeni Alekseevič (Hrsg.)
Graždanskoe Pravo, Tom I (Zivilrecht, Band I)
Moskau (Volters Kluver) 2. Auflage 2000
zitiert: *Verfasser* in: *Suchanov* (Hrsg.), Graždanskoe Pravo I, 2. Auflage, S.

ders. (Hrsg.)
Graždanskoe Pravo, Tom I (Zivilrecht, Band I)
Moskau (Volters Kluver) 3. Auflage 2007
zitiert: *Verfasser* in: *Suchanov* (Hrsg.), Graždanskoe Pravo I, S.

ders. (Hrsg.)
Graždanskoe Pravo, Tom II (Zivilrecht, Band II)
Moskau (Volters Kluver) 3. Auflage 2007
zitiert: *Verfasser* in: *Suchanov* (Hrsg.), Graždanskoe Pravo II, S.

ders.
Kodifikacija zakonodatel'stva o veščnom prave (Kodifikation der Gesetzgebung des Sachenrechts), in: *Medvedev, Dmitri Anatol'evič* (Hrsg.), Kodifikacija rossiskogo častnogo prava, S. 72
Moskau (Statut) 2008
zitiert: *Suchanov*, Kodifikacija zakonodatel'stva o veščnom prave, S.

Suchanow, Evgeny Alexeevitsch
Das Privatrecht in der modernen russischen Zivilgesetzgebung, in: *Horn, Norbert* (Hrsg.), Die Neugestaltung des Privatrechts in Mittelosteuropa und Osteuropa, S. 129.
München (C.H. Beck) 2002
zitiert: *Suchanow*, Das Privatrecht in der modernen russischen Zivilgesetzgebung, S.

Suhanov, E. A.
Probleme des Eigentumsrechts im Zivilgesetzbuch der Russischen Föderation, in: *Boguslawskij, Mark/Knieper, Rolf* (Hrsg.), Wege zu neuem Recht, S. 222
Berlin (Berlin Verlag Arno Spitz) 1998
zitiert: *Suhanov*, Probleme des Eigentumsrechts, S.

Tichomirov, M. Ju./Tichomirova L. V.
Zemel'nye prava v Rossiskoj Federacii (Bodenrechte in der Russischen Föderation)
Moskau (Tichomirov) 2008
zitiert: *Tichomirov/Tichomirova*, Zemel'nye prava v Rossiskoj Federacii, S.

Thomson, Rüdiger
Das persönliche Eigentum im Recht der UdSSR
in: Das Eigentum im Ostblock, Studien des Instituts für Ostrecht München, Band 5, S. 51
Berlin-West (Verlag für internationalen Kulturaustausch) 1958
zitiert: *Thomson*, Persönliches Eigentum, S.

Utkin, Boris Ivanovič
Gosudarstvennaja registracija prav na zemel'nye učastki i sdelok s nimi (Staatliche Registrierung von Rechten an Grundstücken und Rechtsgeschäften mit ihnen)
Moskau (Al'fa-Press), 2. Auflage 2007
zitiert: *Utkin*, Gosudarstvennaja registracija, S.

Vitrjanski, V. V./Kozyr', O. M./Makovskaja, A. A. (Hrsg.)
Koncepcija razvitija graždanskogo zakonodatel'stva o nedvižimom imuščestve (Konzeption zur Entwicklung der Gesetzgebung über unbewegliches Vermögen)
Moskau (Statut) 2004
(auch: http://www.privlaw.ru/downloads/council/koncept20040429.zip)
zitiert: Konzeption (russ.), S.

Vlasova, Marianna Valentinovna
Pravo sobstvennosti v Rossii (Eigentumsrecht in Russland)
Moskau (Eksmo), 2. Auflage 2007
zitiert: *Vlasova*, Pravo sobstvennosti, S.

Westen, Klaus
Einführung, in: *Brunner, Georg/Schmid, Karin/Westen, Klaus* (Hrsg.), Wirtschaftsrecht der osteuropäischen Staaten, Russische Föderation I
Baden-Baden (Nomos)
zitiert: *Westen* in: *Brunner/Schmid/Westen* (Hrsg.), WOS, RF I, Einführung, S.

Wieling, Hans Josef
Sachenrecht
Berlin (Springer-Verlag), 5. Auflage 2007
zitiert: *Wieling*, Sachenrecht, S.

Wilhelm, Jan
Sachenrecht
Berlin (Walter de Gruyter), 3. Auflage 2007
zitiert: *Wilhelm*, Sachenrecht, Rn.

Wölk, Cornelia Stefanie
Das Deliktsrecht Rußlands nach dem neuen Zivilgesetzbuch
Frankfurt am Main (Peter Lang Verlag) 2003
zitiert: *Wölk*, Deliktsrecht Rußlands, S.

Čerednikova, M. V.
O veščnych pravach po Graždanskomu kodeksu Rossiskoj Federacii (Über die dinglichen Rechte gemäß dem Zivilgesetzbuch der Russischen Föderation), in: *Alekseev, S. S.* (Hrsg.), Aktual'nye problemy graždanskogo prava, S. 106
Moskau (Statut) 2000
zitiert: *Čerednikova*, O veščnych pravach po Graždanskomu kodeksu RF, S.

Čubarov, Vadim Vital'evič
Kodifikacija rossiskogo zemel'nogo zakonodatel'stva (Kodifikation der russischen Bodengesetzgebung), in: *Medvedev, Dmitri Anatol'evič* (Hrsg.), Kodifikacija rossiskogo častnogo prava, S. 267
Moskau (Statut) 2008
zitiert: *Čubarov*, Kodifikacija rossiskogo zemel'nogo zakonodatel'stva, S.

ders.
Problemy pravovogo regulirovanija nedvižimosti (Probleme der rechtlichen Regelung von Immobilien)
Moskau (Statut) 2006
zitiert: *Čubarov*, Problemy pravovogo regulirovanija nedvižimosti, S.

Ščennikova, Larisa Vladimirovna
Veščnye prava v graždanskom prave Rossii (Dingliche Rechte im Zivilrecht Russlands)
Moskau (Bek) 1996
zitiert: *Ščennikova*, Veščnye prava v graždanskom prave Rossii, S.

Kommentare

Abova, Tamara Evgen'evna/Kabalkin, Aleksandr Jur'evič (Hrsg.)
Kommentari k graždanskomu kodeksu Rossiskoj Federacii, časti pervoj (Kommentar zum Zivilgesetzbuch der Russischen Föderation, Teil 1)
Moskau (Jurajt), 3. Auflage 2006
zitiert: *Verfasser* in: *Abova/Kabalkin* (Hrsg.), Kommentari k GK I, Art., Rn.

dies (Hrsg.)
Kommentari k graždanskomu kodeksu Rossiskoj Federacii, časti vtoroj (Kommentar zum Zivilgesetzbuch der Russischen Föderation, Teil 2)
Moskau (Jurajt), 3. Auflage 2006
zitiert: *Verfasser* in: *Abova/Kabalkin* (Hrsg.), Kommentari k GK II, Art., Rn.

dies. (Hrsg.)
Kommentari k graždanskomu kodeksu Rossiskoj Federacii, časti I, II (Kommentar zum Zivilgesetzbuch der Russischen Föderation, Teil I, II)
Moskau (Jurajt), 2. Auflage 2009
zitiert: *Verfasser* in: *Abova/Kabalkin* (Hrsg.), Kommentari k GK I, II, Art., Rn.

Abova, Tamara Evgen'evna/Boguslavski, Mark Moiseevič/Kabalkin, Aleksandr Jur'evič/Lisicyn-Svetlanov, Andrej Gennad'evič (Hrsg.)
Kommentari k graždanskomu kodeksu RF (Kommentar zum Zivilgesetzbuch der RF)
Moskau (Jurajt) 2005
zitiert: Verfasser in: *Abova u.a.* (Hrsg.), Art., Rn.

Barchatov, Maksim Vladislavovič (Hrsg.)
Kommentari k zemel'nomu zakonodatel'stvu Rossiskoj Federacii (Kommentar zur Bodengesetzgebung der Russischen Föderation)
Moskau (Jurajt) 2002
zitiert: *Verfasser* in: *Barchatov* (Hrsg.), Art. (Gesetz), Rn.

Bogoljubov, Sergej Aleksandrovič (Hrsg.)
Kommentari k zemel'nomu kodeksu Rossiskoj Federacii s postatejnymi materialami in sudebnoj praktikoj (Kommentar zum Bodengesetzbuch der Russischen Föderation mit atrikelbezogenen Materialien und Rechtsprechung)
Moskau (Jurajt), 2. Auflage 2007
zitiert: *Verfasser* in: *Bogoljubov* (Hrsg.), Art., S.

Bogoljubov, Sergej Aleksandrovič/Minina, Elena Leonidovna (Hrsg.)
Kommentari k zemel'nomu kodeksu Rossiskoj Federacii (Kommentar zum Bodengesetzbuch der Russischen Föderation)
Moskau (Justizinform) 2. Auflage 2002
ztitiert: *Verfasser* in: *Bogoljubov/Minina* (Hrsg.), Art., S.

Borisov, A. B.
Kommentari k graždanskomu kodeksu Rossiskoj Federacii (Kommentar zum Zivilgesetzbuch der Russischen Föderation)
Moskau (Knižnyj Mir), 9. Auflage 2009
zitiert: *Borisov*, Kommentari k GK, Art., S.

Braginski M. I. (Hrsg.)
Kommentari časti pervoj graždanskogo kodeksa Rossiskoj Federacii (Kommentar des Teil 1 des Zivilgesetzbuchs der Russischen Föderation)
Moskau (Spark) 1995
zitiert: *Verfasser* in: *Braginski* (Hrsg.), Art., S.

Čubukov, G. V./Tichomirov, M. Ju. (Hrsg.)
Kommentari k zemel'nomu kodeksu Rossiskoj Federacii (Kommentar zum Bodengesetzbuch der Russischen Föderation)
Moskau (Tichomirov) 2. Auflage 2007
zitiert: *Verfasser* in: *Čubukov/Tichomirov* (Hrsg.), Art., Rn.

Egorov, N. D./Sergeev, A. P. (Hrsg.)
Kommentari k graždanskomu kodeksu Rossiskoj Federacii čast' pervaja (Kommentar zum Zivilgesetzbuch der Russischen Föderation Teil 1)
Moskau (Prospekt) 3. Auflage 2006
zitiert: *Verfasser* in: *Egorov/Sergeev* (Hrsg.), Art., Rn.

Feoktistov, I. A./Filina, F. N.
Postatejnyj kommentari k časti vtoroj nalogovogo kodeksa Rossiskoj Federacii (Kommentar zu Teil 2 des Steuergesetzbuchs der Russischen Föderation)
Moskau (GrossMedia) 2007
zitiert: *Feoktistov/Filina*, Art., S.

Guev, Aleksej Nikolaevič
Postatejnyj kommentari k časti pervoj Graždanskogo kodeksa RF (Artikelbezogener Kommentar zu Teil 1 des Zivilgesetzbuchs der RF)
(Garant) 2009
zitiert: *Guev*, Kommentari GK I, Art., Rn.

ders.
Postatejnyj kommentari k časti tret'ej Graždanskogo kodeksa RF (Artikelbezogener Kommentar zu Teil 3 des Zivilgesetzbuchs der RF)
Moskau (Ėksamen), 2. Auflage 2006
zitiert: Guev, Kommentari GK III, Art., Rn.

Honsell, Heinrich/Vogt, Nedim Peter/Geiser, Thomas (Hrsg.)
Basler Kommentar Zivilgesetzbuch II
Basel (Helbing Lichtenhahn Verlag) 3. Auflage 2007
zitiert: *Verfasser* in: *Honsell/Vogt/Geiser*, Art., Rn.

Jalbulganov, A. A. (Hrsg.)
Kommentari k nalogovomu kodeksu RF časti vtoroj (Kommentar zu Teil 2 des Steuergesetzbuchs der RF)
Moskau (Eksmo) 2007
zitiert: *Verfasser* in: *Jalbulganov* (Hrsg.), Kap., S.

Maryševa, N. I./Jarošenko, K. B. (Hrsg.)
Kommentari k graždanskomu kodeksu Rossikoj Federacii, časti tret'ej (Kommentar zum Zivilgesetzbuch der Russischen Föderation, Teil 3)
Moskau (Infra-M) 2004
zitiert: *Verfasser* in: *Maryševa/Jarošenko* (Hrsg.), Art., Rn.

Maurach, Reinhart
Handbuch der Sowjetverfassung
München (Isar Verlag) 1955
zitiert: *Maurach*, Sowjetverfassung, Art., Nr.

Mozolin V. P./Maleina M. N. (Hrsg.)
Naučno-praktičeski kommentari k graždanskomu kodeksu Rossiskoj Federacii, časti pervoj (Wissenschaftlich-praktischer Kommentar zum Zivilgesetzbuch der Russischen Föderation, Teil 1)
Moskau (Norma) 2004
zitiert: *Verfasser* in: *Mozolin/Maleina* (Hrsg.), Art., Rn.

Münchener Kommentar zum Bürgerlichen Gesetzbuch
München (C.H. Beck), 5. Auflage 2007
zitiert: *Verfasser* in MüKo BGB, §, Rn.

Palandt, Otto
Bürgerliches Gesetzbuch
München (C.H. Beck), 68 Auflage 2009
zitiert: *Verfasser* in: *Palandt* (Hrsg.), §, Rn.

Popov, M.
Kommentari glavy 17 Graždanskogo Kodeksa Rossiskoj Federacii (Kommentar zum Kapitel 17 des Zivilgesetzbuchs der Russischen Föderation)
Chozjajstvo i Pravo 2001, Heft Nr. 7, S. 15
zitiert: *Popov*, ChiP 2001, Nr. 7, S.

Romanec, Ju. V. (Hrsg.)
Sudebno-arbitražnaja praktika primenenija Graždanskogo kodeksa RF, Čast pervaja (Arbitragerechtsprechung zur Anwendung des Zivilgesetzbuchs der RF, Teil 1)
Moskau (Norma) 2007
zitiert: *Verfasser* in: *Romanec* (Hrsg.), Sudebno-arbitražnaja praktika, Art., Rn.

Sadikov, O. N. (Hrsg.)
Kommentari k graždanskomu kodeksu Rossikoj Federacii, časti pervoj (Kommentar zum Zivilgesetzbuch der Russischen Föderation, Teil 1)
Moskau (Infra-M) 3. Auflage 2007
zitiert: *Verfasser* in: *Sadikov* (Hrsg.), Kommentari k GK I, Art., Rn.

ders. (Hrsg.)
Kommentari k graždanskomu kodeksu Rossikoj Federacii, časti vtoroj (Kommentar zum Zivilgesetzbuch der Russischen Föderation, Teil 2)
Moskau (Infra-M) 5. Auflage 2006
zitiert: *Verfasser* in: *Sadikov* (Hrsg.), Kommentari k GK II, Art., Rn.

Saj, S. I./Bogoljubov, S. A. (Hrsg.)
Kommentari k zemel'nomu kodeksu Rossiskoj Federacii (Kommentar zum Bodengesetzbuch der Russischen Föderation)
St. Petersburg (Piter) 2008
zitiert: *Verfasser* in: *Saj/Bogolojubov* (Hrsg.), Art., Rn.

Suchova, Elena Aleksandrovna
Sbornik normativnych aktov po zemel'nomu pravu s kommentarijami (Gesetzessammlung zum Bodenrecht mit Kommentaren)
Moskau (Al'fa-Press) 2005
zitiert: *Suchova*, Sbornik normativnych aktov po zemel'nomu pravu, Art., S.

Teljukina, M. V.
Kommentari k razdelu V graždanskogo kodeksa Rossiskoj Federacii (Kommentar zu Abschnitt V des Zivilgesetzbuchs der Russischen Föderation)
Zakonodatel'stvo i Ėkonomika 2002, Nr. 8 - 11
zitiert: *Teljukina*, ZiĖ 2002, Nr., S.

Tichomirov, M. Ju. (Hrsg.)
Kommentari k zemel'nomu kodeksu Rossiskoj Federacii (Kommentar zum Bodengesetzbuch der Russischen Föderation)
Moskau (Tichomirov) 2008
zitiert: *Verfasser* in: *Tichomirov* (Hrsg.), Art., Rn.

Volkov, G. A./Goličenkov, A. K. /Kozyr', O. M. (Hrsg.)
Postatejnyj naučno-praktičeski kommentari Zemel'nogo Kodeksa Rossiskoj Federacii (Artikelbezogener wissenschaftlich-praktischer Kommentar des Bodengesetzbuchs der Russischen Föderation)
(Consultant Plus) 2002, Moskau (Bek) 2002
zitiert nach Consultant Plus: *Verfasser* in: *Volkov/Goličenkov/Kozyr'* (Hrsg.), Art., Rn.

Übersetzungen

Bank, Helmut
Zivilgesetzbuch der RSFSR (1964)
Berichte des Osteuropa-Instituts Berlin 1965, Heft 67

Brockstedt, Kai-Christian/Kleinbub, Thomas
Föderales Gesetz Über ausländische Investitionen in der Russischen Föderation
in: *Breidenbach* (Hrsg.), Handbuch Wirtschaft und Recht in Osteuropa, Bd. 3, RUS, Nr. 380

Dietz, A.
Zivilgesetzbuch der Russischen Föderation, Teil 4 (Kap. 69-71)
Gewerblicher Rechtsschutz und Urheberrecht Internationaler Teil 2009, Heft 3, 4

Digmayer, Fritz W./Hüper, Christine/Rumjanzew, Igor
Russische Föderation: Gesetz „Über die staatliche Registrierung von Immobilienrechten und Immobiliengeschäften – Textdokumentation mit Einführung

Frenzke, Dietrich (Hrsg.)
Das Zivilgesetzbuch und das Ehe- und Familiengesetzbuch der Russischen Sowjetrepublik (RSFSR)
Berlin (Arno Spitz Verlag) 1988

ders.,
Die Verfassung der Russischen Föderation von 1993
in: Die russischen Verfassungen von 1978 und 1993, Berlin (Arno Spitz) 1995
und: Osteuropa Recht 1994, S. 296 ff.;

Himmelreich, Antje
Zivilgesetzbuch der Russischen Föderation, Teil 4 (Kap. 69)
Wirtschaft und Recht in Osteuropa 2009, Heft 11, 12

Knaul, Andreas/Wedde, Rainer/Solotych, Stefanie
Föderales Gesetz Über die Hypothek (Pfandrecht an Immobilien)
in: *Breidenbach* (Hrsg.), Handbuch Wirtschaft und Recht in Osteuropa, Bd. 3, RUS, Nr. 230

Lenga, Gerd/Wipplinger, Marion
Zivilgesetzbuch der Russischen Föderation – Teil II
in *Breidenbach* (Hrsg.), Handbuch Wirtschaft und Recht in Osteuropa, Bd. 3, RUS, Nr. 200

dies./Rommel, Ursula
Zivilgesetzbuch der Russischen Föderation – Teil I
in *Breidenbach* (Hrsg.), Handbuch Wirtschaft und Recht in Osteuropa, Bd. 3, RUS, Nr. 200

dies.
Einführungsgesetz zum Zivilgesetzbuch der Russischen Föderation – Teil I
in *Breidenbach* (Hrsg.), Handbuch Wirtschaft und Recht in Osteuropa, Bd. 3, RUS, Nr. 200a

Maurach, Reinhart
Allgemeine Grundsätze der Landnutzung und Landregelung der UdSSR
Zeitschrift für Ostrecht 1929, Heft 7, S. 981 ff.

Roggemann, Herwig/Bergmann, Wilfried
Zivilgesetzbuch der Russischen Föderation (Erster Teil) von 1994
Berlin (Berlin Verlag) 1997

dies.
Zivilgesetzbuch der Russischen Föderation (Zweiter Teil) von 1995
Berlin (Berliner Wissenschafts-Verlag) 2000

dies./Spitsa, Natalia
Zivilgesetzbuch der Russischen Föderation (Dritter Teil) von 2001
Berlin (Berliner Wissenschafts-Verlag) 2005

RSFSR (Hrsg.)
Agrarkodex der RSFSR mit einem alphabetischen Sachregister in deutscher und russischer Sprache, S. 5 ff.
Moskau (Zentralverlag der Völker des Bundes SRR) 1925

Solotych, Stefanie
Das Zivilgesetzbuch der Russischen Föderation, Erster Teil
Baden-Baden (Nomos), 2. Auflage 1997

dies.
Das Zivilgesetzbuch der Russischen Föderation, Zweiter Teil
Baden-Baden (Nomos) 2001

dies.
Das Zivilgesetzbuch der Russischen Föderation – Teil III
in *Breidenbach* (Hrsg.), Handbuch Wirtschaft und Recht in Osteuropa, Bd. 3, RUS, Nr. 200

Wedde, Rainer
Russische Föderation: Bodengesetzbuch
Wirtschaft und Recht in Osteuropa 2002, S. 109

Studien des Instituts für Ostrecht München

Begründet von Professor Dr. Reinhart Maurach
Herausgegeben von Professor Dr. Friedrich-Christian Schroeder,
Dr. h.c. (Breslau), Regensburg

Band 41 Manfred Gratzl: Die Reform der tschechischen Strafprozeßordnung nach 1989. Im Spannungsfeld von Rechtsstaatlichkeit, Verfahrensökonomie und Effizienz. 2002.

Band 42 Thomas Paintner: Die Insolvenz des Unternehmers in Polen. 2003.

Band 43 Niels von Redecker (Hrsg.): Deutsch-Estnische Rechtsfragen. 2003.

Band 44 Niels von Redecker: Die polnischen Vertreibungsdekrete und die offenen Vermögensfragen zwischen Deutschland und Polen. 2003. 2., durchgesehene Auflage 2004.

Band 45 Niels von Redecker: Das polnische Beamtenrecht. Entwicklung und Stand beim Beitritt Polens zur Europäischen Gemeinschaft. 2003.

Band 46 Cornelia Stefanie Wölk: Das Deliktsrecht Rußlands nach dem neuen Zivilgesetzbuch. 2003.

Band 47 Petr Bohata: Untersuchungshaft im deutschen und tschechischen Recht. 2003.

Band 48 Attila Széchényi: Das neue ungarische Strafprozessrecht im Spannungsverhältnis zwischen Rechtsstaatsprinzip, Verfahrensökonomie und Effizienz. 2003.

Band 49 Agnes Balawejder: Das polnische Telekommunikationsrecht. Umsetzungsbemühungen und -stand des telekommunikationsrechtlichen acquis communautaire im polnischen TK-Recht vor dem Unionsbeitritt Polens. 2004.

Band 50 Sven I. Oksaar / Niels von Redecker (Hrsg.): Deutsch-Estnische Rechtsvergleichung und Europa. 2004.

Band 51 Friedrich-Christian Schroeder (Hrsg.): Justizreform in Osteuropa. 2004.

Band 52 Herbert Küpper: Kollektive Rechte in der Wiedergutmachung von Systemunrecht. Teil I und Teil II. 2004.

Band 53 Sören Langner: Der GmbH-Geschäftsführer im tschechischen Recht. Organstellung und Anstellung im Rechtsvergleich. 2005.

Band 54 Herbert Küpper: Einführung in die Rechtsgeschichte Osteuropas. 2005.

Band 55 Anja Spitzweg: Das russische föderale Gesetz „Über Investmentfonds". 2007.

Band 56 Herbert Küpper: Die ungarische Verfassung nach zwei Jahrzehnten des Übergangs. Einführung mit Textübersetzung. 2007.

Band 57 Axel Boës: Die Gesellschaft mit beschränkter Haftung im russischen und deutschen Recht. 2007.

Band 58 Katrin Heinritz: „Defekte Demokratisierung" – ein Weg zur Diktatur? Turkmenistan und die Republik Sacha (Jakutien) in der Russischen Förderation nach dem Ende der Sowjetunion. 2007.

Band 59 Stefan Hülshörster: Recht im Umbruch. Die Transformation des Rechtssystems in der Ukraine unter ausländischer Beratung. 2008.

Band 60 Carsten Dewald-Werner: Versicherungsmarkt und Versicherungsaufsicht in der Russischen Föderation. 2008.

Band 61 Oleksiy Feliv: Die Hypothek im deutschen und ukrainischen Recht. Der systematische Vergleich des Hypothekenrechts in Deutschland und der Ukraine einschließlich der rechtstheoretischen Grundlagen und der Ausblicke für das gemeinsame Hypothekenrecht. 2009.

Band 62 Christoph Kurzböck: Die Abwicklung deutsch-tschechischer Erbfälle. 2010.

Band 63 Friedrich-Christian Schroeder / Herbert Küpper (Hrsg.): Die rechtliche Aufarbeitung der kommunistischen Vergangenheit in Osteuropa. 2010.

Band 64 Herbert Küpper / Wolfgang Brenn (Hrsg.): Rechtstransfer und internationale rechtliche Zusammenarbeit. Deutsche und japanische Erfahrungen bei der Kooperation mit Osteuropa und Zentralasien. 2010.

Band 65 Daniela Horner / Dragan Bataveljić: Grundeigentum und Registrierung von Liegenschaften in Serbien. Eigentumsschutz in der Praxis. 2010.

Band 66 Nail Mammadov: Die Straffreistellungsgründe im russischen und aserbaidschanischen Strafrecht im Vergleich zur deutschen Strafrechtsdogmatik. 2010.

Band 67 Matthias Farian: Dingliche Nutzungsrechte an fremden Grundstücken im russischen Recht. 2010.

www.peterlang.de